The 1st step to management

1からの経営学

加護野忠男
吉村典久
編著

第3版

発行所：碩学舎
発売元：中央経済社

第３版の刊行にあたって

再び、執筆者の思い

本書は『１からの経営学』の第３版です。初版の刊行は2006年12月12日、第２版は2012年４月15日のことでした。2006年といえば、本書を手に取られている方々の少なからずはまだ小学校入学前、2012年は小学生ではないでしょうか（ただし本書は是非、現役のビジネスパーソンの方々、経営者、経営者の予備軍からなりたてほやほやの方々まで、にも手に取っていただきたいと思っています。その理由は、すぐ後で）。そんな時代から今日にいたるまで『１からの経営学』は、多くの方々に経営学の学びのお手伝いをしてきました。

これからもお手伝いをつづけていきたい。その思いから、世の中の変化や学問の進化に合わせて事例や内容の見直しなどを施したのが本書です。ただし、です。そうした見直しはあるものの、経営学の学びに初めて取り組もうとする皆さんを読者とするなど、初版、第２版と基本的なコンセプトは一貫しています。初学者を対象とする、それゆえに基礎知識は求められない、求められるのは「学んでみたい」との意欲や志だけ。こうした基本的なコンセプトについては是非、この「第３版の刊行にあたって」につづく「第２版の刊行にあたって」と「（初版の）序文」をご覧ください。また、それらにある、大学で物事を学ぶ意義（初版）や経営学を学ぶ意義（第２版）についても是非、目を通して欲しいと思っています。『１からの経営学』の学びが必ずや、自分自身のキャリアや人生を豊かなものとする第一歩となることがおわかりいただけると思います。

学びのお手伝いのために

学びのお手伝いのために第３版では、各章にある具体的な事例、内容そしてコラムの入れ替えや修正をしています。くわえて、以下の点についても見直しました。

まずは、章末の、**？考えてみよう**です。ここを「予習のための」「復習のための」のそれぞれに分けました。大学の授業は通常、１コマ・90分（＋α）程度、それを15コマ程度で２単位の計算になっているかと。しかし本当は、１コマ・90分の授業につき、その数倍の予習・復習の時間が学生には求められています（「大学設置基準」たる決まりで）。予習を通じて各回の授業内容を一覧し、内容の理解がどうも進まない部分を明らかにする。明らかにしたうえで、授業に臨むことが求められています。復習では、授業内容がきちんと理解できているのかを確認、そして理解の定着を図る。くわえて、学んだ理論や枠組みなどを用いて例えば、具体的な事例の分析を自分自身で進めていく。こうした学びが求められているのです。そのお手伝いのため、予習と復習に分けての記載としました。

次に **次に読んで欲しい本** です。各章の学びを深めるために是非、お読みいただきたい本をこれまでもあげてきました。少しアドバンスドな教科書や専門書はこれまで通り、取り上げています。復習のために、あるいは自分自身が学んでいきたいより具体的な専門分野を見つけるためにも是非、それら本に手を伸ばしていただきたい。

くわえて、第２版でも少し取り上げましたが、「経済小説」と呼ばれるジャンルの小説も紹介しています。経済、その主たるプレイヤーたる企業を題材にした小説です。それゆえ「企業小説」などとも呼ばれます（近年、企業で働く個人を題材にした「お仕事小説」と呼ばれるサブ・ジャンルも誕生しています)。例えば、池井戸潤なる作家のお名前を耳にしたことはないでしょうか。「半沢直樹シリーズ」と呼ばれる一連の作品、『オレたちバブル入行組』、『オレたち花のバブル組』、『ロスジェネの逆襲』、『銀翼のイカロス』（いずれも現在、文春文庫で入手が容易です）はドラマ化され（前者２つを原作として2013年に「半沢直樹」と題して放送、後者２つで2020年に続編が放送)、大ヒットとなりました。巨大銀行を舞台に活躍する主人公・半沢直樹。銀行内外の理不尽や圧力に屈せず、反撃の際の「やられたらやりかえす。倍返しだ！」の決めゼリフは2013年の「新語・流行語大賞」の年間大賞に選ばれました。銀行を舞台にした小説だけでなく例えば、2020年にWOWOWでドラマ化もされた『鉄の骨』（講談社文庫）は建設会社を舞台に、業界に巣くう「談合」がテーマになっています。

東京経済大学の学長を務められた堺憲一先生は、経済小説の読み手としても有名です。堺先生は経済小説を読むことで「第一に、経済小説はフィクションに違いないが、時代背景や現状認識に関しては、膨大な取材や調査、資料分析などに基づいて記述されている。小説として楽しみながらも『真実』を学べる」「第二に、小説であるがゆえ、もしかしたら起こるかも知れない状況や影響を視野に入れ、事件や未来を大胆に、またある種の極限を見据えて表現することも可能となる。したがって、予想される事態とそれへの対応策を、具体的にとらえることができる」「第三に、専門書やビジネス書には見られない『生の人間の声や感情』が盛り込まれ、出来事、登場人物の行動・考え、専門用語など、すべて具体的かつわかりやすく説明されている（「経済小説から学ぶこと」『DIAMONDハーバード・ビジネス・レビュー』2006年12月号、166頁）と、読むことを推奨されています。

私も同感です。小説ですから「虚」ではありますが、「実」に限りなく近い記述が盛り込まれている。経営学が主たる研究対象とするのは、「企業」や「会社」と呼ばれる存在です（主たる、であり対象は拡がりを見せています）。それらで働いたことのない学生の皆さんにとっては各社・各業界の内実を知る、垣間見ることにつながるでしょう。また、特定の立場の行動・考え方だけではなく、小説内に登場する例えば、上司の立場のそれ、銀行、取引先やお客さんの立場のそれ、のそれぞれに異なる行動・考えも垣間見られる。それは、経営学が対象とする「企業」や「会社」と呼ばれる組織を動かすことがいかに難しいか、を教えてくれるでしょう。「半沢直樹」シリーズでも、半沢直樹の立場、半沢の上司の立場、融資先への銀行マンたる半沢の立場、銀行マンたる半沢への融資先の立場、それぞれの思惑がからみ合う場として銀行が存在しており、そのからみ合いをほぐすことの難しさが描かれています。経営学のなかで、組織を動かすこと、この問題を特に論じているのが経営組織論と呼ばれる分野です。この分野の研究者である田尾雅夫・京都大学名誉教授も『企業小説に学ぶ組織論入門』（有斐閣選書、1996年）のなかで「組織の時代のバーチャル・リアリティを、これほどてっとり早く体験できるネタが、これほど身近にあるとすれば、これを利用しないということはないだろう（５頁）」と述べられているように、疑似体験から多くのことを学んでいただきたい、考えていただきたいと思います。

こうした経済小説は、「半沢直樹」シリーズがそうであったようにドラマ化、あるいは映画化もされています。そうした映像作品も一部、取り上げています（「Column２－１」をご覧ください）。

働きながら「学ぶ」意義

冒頭で「ただし本書は是非、現役のビジネスパーソンの方々、経営者、経営者の予備軍からなりたてほやほやの方々まで、にも手に取っていただきたいと思っています」と書きました。なぜ、そう思うのか（以下、大学などに入学したての学生の方々にはなかなか、「ピンとこない」話かと。しかし、ビジネスの現場に入られたら是非、再読をお願いします。「ピンとくる」と思います）。

「リカレント（recurrent）教育」、聞いたことはあるでしょうか。仕事に就いてから再度、学校に帰って教育を受けなおすことです。日本語に直せば、「受けなおし教育」になろうかと。その方法は２種類です。１つは仕事を辞めて学校に戻るという方法、もう１つは働きながら通学するという方法です。米国のビジネス・スクール（経営学を学ぶ大学院であり、より実践的な知識の提供が中心となり、MBA（Master of Business Administration）の学位が授与される）は１つ目の方法が多いのに対し、日本では２つ目の方式が標準となっています。私は長年、神戸大学のビジネス・スクールで教鞭を執ってきました。同大学を含め関西、そして東京を中心とする関東には働きながら学ぶことのできるMBAコースが存在しています。

この、働きながら、の方式にはすぐれたお手本があります。それは江戸時代の享保９（1724）年に創設された学問所、懐徳堂です（大阪大学の源流の１つとされます）。大阪の商業の古くからの中心である船場の商人たちが子弟や従業員の教育のために設立した学校で、仕事に就いている人々が中国の古典を学ぶ学校でした。懐徳堂には仕事を優先せよとの原則があり、遅刻には寛容でした。働きながら学ぶという方式には欠点もあります。仕事も勉学も中途半端になるというのが最大の欠点でしょう。しかし働きながら学ぶという方式には、他の方式に代えがたい効用もあります。それを考えてみましょう。

仕事と学校教育とのかかわりに関して、現在のパナソニックの創業者である松下幸之助（明治27年－平成元年）、本田技研工業の本田宗一郎（明治39年－平成３年）、ダイエーの中内㓛（大正11年－平成17年）の三氏には共通点があります。３人とも仕事に従事してから学校に通って学んでいることです。松下は大阪電灯（現関西電力）に勤務しながら関西商工学校（現関西大倉学園）夜間部予科に、本田は会社を経営しながら浜松高等工業学校（現静岡大学工学部）に通っていました。また中内も、神戸・三宮の闇市で仕事をしながら神戸経済大学（現神戸大学経営学部）の第二学部（夜間部）に通っていました。神戸大学の夜間部はその後廃止されましたが、学徒動員で学業半ばにして戦場に送られた兵士たちに、復員後の大学教育を提供しようとして終戦直後の昭和22年に設置されたものでした。日本では戦後すぐにリカレント教育が実施されていたのです。日本はリカレント教育の先進国であるといえるかもしれません。この経験が近年のMBA教育の土台になっています。日本で最初の夜間・週末方式のMBAコースが神戸大学に開設されたのは偶然ではないのです。

彼ら３人の目的は、卒業証書を得ることではありませんでした。実際に松下も中内も、卒業せずに中途退学されています。純粋に知識を得るのが目的だったからでしょう。３人が得ようとされたのは、仕事に役立てるための基礎知識であったのでしょう。

仕事を経験しながら学校で知識を得ることには３つの効用があります。第１の効用は、もう一度基本を学びなおすことによって、応用力の幅が広がることです。応用のための知識を得るには、職場での体験学習（OJT：On-the-Job Training）がより効果的です。ただし、先輩や上司から得る応用知識は効果的ですが、その効果の幅は限られます。仕事条件や環境条件が変わると知識が通用しなくなります。一方で基礎教育がしっかりしていると、応用の幅が広がります。西尾久美子・京都女子大学教授の『京都花街の経営学』（東洋経済新報社、2007年）によると、京都の花街の芸妓や舞妓は、現役を続けるためには女紅場（にょこうば）と呼ばれる学校に通い続けなければならない、とのこと。この学校での学びの成果の発表会は様々な名称で呼ばれていますが、よく知られているのは都をどりと鴨川をどりです。女紅場で学ぶのは日本舞踊、邦楽の唄と楽器（例：三味線）、茶道等でこれらが基本です。

働きながら学ぶことの第２の効用は、何を学ばなければならないのかがより明確になるために、必要な知識がより効率的に吸収できることです。そして第３の効用は、現場では得られないタイプの知識が得られることです。中内が亡くなられる前にインタビューを行ったことがあります。このインタビューで私は、ある質問をしました。「現在の神戸大学経営学部につながる学校で学んだ授業のなかで、最も役に立った科目は何でしたか」。その返答は、経営学者の私には残念なものでした。私が専門とする経営学ではなく、教養課程の日本国憲法だった、との返答でした。日本国憲法を学べば、日本がどんな国になるかがよく分かったと、中内は言っておられました。

MBAコースをはじめとする専門職大学院では、応用知識の提供を文部科学省は求めています。そのために、実務経験を持つ教員の増員を求めています。これは間違いである、と私は考えています。実務経験を持つ学生が欲しているのは応用知識ではない。応用知識は職場でいくらでも手に入ります。学生が欲しているのは、現場では手に入らない基礎知識のはずです。大学は応用知識を提供するのは得意ではありません。そのことは受講生が一番よく知っています。私が知っているベンチャー企業の経営者は、学部の聴講生として経営学を学んでいます。彼は学部レベルの基礎的な授業で目を開かれることが多いと言います。これを聞いて、大学が提供すべきは基礎知識であるということを再確認しました。

働きながらの学習の効果を高めるための学校側の工夫としては、応用だけでなく基礎的な知識をきちんと提供する。これ、です。手前味噌になりますが、神戸大学のMBAコースの人気が高いのは、高度な研究をもとにした深い基礎知識を提供できるからでしょう。この知識を求めて関西だけではなく、名古屋や東京から多くの学生が通学しているのです。

リカレント教育でも、働きながら学ぶという方式には固有の長所もあります。その中で最大の効用は、学んだことをすぐに実践できるという効用です。そうすれば、獲得した知識はどのようにすれば応用できるかを学ぶことができますし、また、職場の仲間に分かってもらうためには、自分が得た知識をどのように伝えれば同僚に分かってもらえるかを考えなければなりません。そうすれば、獲得した知識をよりよく咀嚼することができます。こう考えていけば、リカレント教育をより効果的にするための方法、学ぶ側の工夫も明らかになってくるでしょう。

さあ、始めましょう

熱が入ってしまい、今回も長い前置きになってしまいました。それでは一緒に、経営学の学びを楽しんでいきましょう。

執筆者を代表して

神戸大学社会システムイノベーションセンター特命教授

加護野　忠男

第２版の刊行にあたって

✂執筆者の思い

本書は『１からの経営学』の第２版の刊行です。2006年12月に世に送り出された初版は、ありがたいことに、思いがけないほど多くの方々の手に取っていただくことができました。まずは、心より感謝申し上げます。

さて、この第２版の刊行では、章立てが変更されたり事例が見直されたりなど、初版の相当な部分に手がくわえられました。

ただし、経営学をはじめて学ぶ人々を読者と想定するなど、基本的なコンセプトについて初版と第２版の刊行の間に変わりはありません。経営学の学びを強力に後押ししたいという、執筆者一同の思いの詰まったものとなっています。初版と同様に、読者に求められる基礎知識は何もありません。求められるのは、経営学を「学んでみたい」という意欲や志のみです。読者の多くは大学生、それも１年生や２年生の方が多いのではないかと思います。くわえて、経営に関わる知識を学ぶ必要性に迫られたビジネスパーソンの方もいらっしゃるかもしれません。いずれにせよ、経営学を「１から」学ぼうとする方々でしょう。この「第２版」では、そうした方々の学びのサポーターであり続けたいと切に願っています。

『１からの経営学』が目指すところは、まずはつぎの２つです。１つは、経営学の基礎的な知識を提供することです。そして、読者のみなさんが学ぼうとされている経営学が主たる研究対象とするのは、「企業」あるいは「会社」と呼ばれる存在です。本書が目指すところのもう１つは、社会全体そして個々人の生活にまで多大なる影響を及ぼす、この企業あるいは会社というものの存在に、より関心を払うようになってもらうことにあります（ただし経営学が生み出してきた知識は、学校、病院、行政機構などの経営のあり方、さらには大学・高等学校における部活動の運営のあり方にまで幅広く応用できるものです）。

「経営学にまつわる基礎知識など、……」「『企業』といわれても、……。実際、その内部がどうなっているのかなど、皆目見当がつかない」。多くの読者の「現在の姿」はこのようなものでしょう。今はそれでも、まったく問題ありません。

しかし、本書を手にとって経営学の学びに乗り出したからには、ゆくゆくは知識が体系化され、企業活動というものにも大いに関心があるという状況へと読者自身を大きく変革していただきたい。こうした、わたしたちの考える「あるべき姿」へと読者を是非とも、誘いたい。これは、本書の執筆に参加したものの切なる願いです。

「夢」を持つ－経営学を学ぶ意義

初版の「序文」において、大学で物事を学ぶ意義について考えてみました。今回は、大学（あるいは社会）において経営学を学ぶ意義について考えてみましょう。

経営学とは一体、どんな学問でしょうか。わたしは、経営学とは「良いことを上手に実現するための方法を学ぶ学問」であると考えています。経営学が主たる研究対象とするのは、「企業」あるいは「会社」であることは、さきほど指摘した通りです。これらが良いこと、あるいは正しいことを上手に実現するための手段について研究を深めてきたのが、経営学という学問です。

良いことを上手に実現するための方法を必要としてきたのは、企業だけではありません。たとえば、その昔から、「国家」というものもそうした方法論を必要としてきました。その意味において、高等学校の「現代社会」の教科書でお馴染みの古代ギリシアの哲学者プラトン、彼の主著と目される『国家』にまで経営学の歴史をさかのぼることができるかもしれません。

しかし、企業あるいは国家という存在だけが、そうした方法論を必要としてきたり、必要としているわけではありません。わたしたち一人ひとりも、より良き人生を歩んでいくためにはこうした方法論を身につけておくことが重要です。本書を手にされた読者のみなさんには是非、こうした方法論を学んでおいていただきたいと思っています。

ただし、方法論を真に自らの人生に活かしていくためには是非、「夢」というものを持っていただきたい。わたしは、そう強く思っています。自らが生涯をかけて何をしていきたいのか。そうした夢を持ち続けておく。これは、じつに大切なことです。

夢さえ持っていれば、実現するための方法を教えてくれる人はゴマンといます。しかしながら、夢そのものを人から教えてもらうことはできないのです。このため、わたしの研究室の学生には卒業するまでに夢を持ち、それを膨らませるようにという指導をしてきました。本書の読者にも是非、まず夢を持ち、それを膨らませていっていただきたいと思う次第です。

夢が定まるとつぎは、法や倫理、社会規範に照らして、その夢が正しいかどうかを判断しなくてはなりません。この判断は重要です。正しいことではなく、誤ったことを上手に実現してしまう。これほど悲劇的なことはないからです。

自分の頭でしっかりと考えて判断する。ただし、独り善がりになってはいけません。先生や先輩、友人との間に深い人間関係も築くようにしてください。そうした人間関係は必ずや、読者の判断をより正しいものへと導く大切な一助となることでしょう。また、先人の知恵の塊である書物にもじっくりと向き合う。そうしたことにも、十二分に時間を費やすようにしてください。

「金儲け」は正しいことか？

企業の経営について話を少し戻しましょう。近年の企業社会の動向を見ていると、この判断がおざなり、あるいは誤っていたとしか思えない事例が目につきました。現在も、そうした事例は後を絶ちません。正しいことではなく、誤ったことをじつに上手に実現してしまっている。誤ったことを実現しているのですから、真の意味でわれわれにとってありがたい果実が生み出されているわけではありません。それが生み出しているのは、たとえば日本企業の競争力の低下、いわゆる「首切り」の横行や「フリーター」や「ハケンさん」に代表される非正規雇用の増大といった雇用問題の深刻化などの諸問題なのです。

資本主義の社会にある企業においては、企業の目的は利益（利潤）の最大化、利益の追求にあるとされます。経済学の標準的な教科書を開いてみても、同様の説明があります。最近の経済学者にとって、これは疑う余地のない大前提です。経済学者だけでなく、読者をふくめて世間一般の人々にとっても、企業は利益を追求するもの、というのは常識でしょう。

もし手元に、高等学校時代の「現代社会」あるいは「政治・経済」の教科書が残っていれば、企業経営に関わる記述のあるページを開いてみてください。わたしは以下のように、いくつかの教科書から企業の目的に関する記述をひろってみました。

「企業は、できるだけ多くの利潤を獲得することをめざして活動する……（『改訂版 新現代社会』第一学習社、70頁）」「企業の目的は利潤を獲得することである……（『現代社会』東京書籍刊、83頁）」あるいは「個人企業にしろ法人企業にしろ、利潤をできる限り大きくすることが企業の主たる目的である……（『政治・経済』東京書籍刊、111頁）」「企業は、利潤率を高めることを目標として……（『改訂版 政治・経済』第一学習社、99頁）」とあります。

大学の教科書のみならず、高等学校の教科書でもこのように、企業の目的として利益が大切だと説明がされているのです。読者がお持ちの教科書にも、本質的には同じ趣旨の記述があったかと思います。

しかしながら、企業経営の実態を眺めてきた経営学者の立場からすると、こうした記述について首を縦に振ることは決してできません。納得できるものではないのです。読者のみなさんが学んできた教科書の記述や世間の常識を、まったくの間違いであると主張するつもりは毛頭ありません。ただし、企業の目的は利益（利潤）の最大化であるという前提に立ち、企業の目的の是非を判断することは、限りなく間違いに近いことである。このように指摘せざるを得ない。利益を求めると企業経営を間違った方向に導いてしまうことがじつに多い。これが、企業経営の現場を観察し続けてきた経営学者としての偽らざる思いです。

もちろん、利益は重要です。これを完全に否定することはできません。労働者への賃金支払い、取引業者への各種の支払い、銀行への利払いなど、こうした支払い義務のすべてを果たした後に残るのが利益だからです。つまり利益が出ているというのは、必要な支払い義務が果たせているということを意味しているのです。しかし、利益を経営の目的にしてはいけないのです。人は呼吸をしないと生きていけません。しかし、呼吸をすることが生きる目的ではありません。これと同じで、企業は利益を考えないと生きていけません。しかし、利益を求めるだけでは企業は発展することはできないのです。これは、企業経営の現場にある数多の事例が明らかにしていることです。

もう一度、「政治・経済」の教科書の記述に戻りましょう。ある教科書では、企業の目的は利益の追求にあるとして、それを「目標として（企業は：筆者挿入）厳しい競争を展開する。この過程で新しい商品が開発され、技術革新や経営改善が進み、経済の発展が実現される（『改訂版 政治・経済』第一学習社、98頁）」とあります。利益が目的とされ、こうした形で企業の経営が現実に展開され、それが経済全体の発展に寄与するならば、わたしたちの社会にとってこれほどありがたいことはありません。理想的な姿といえましょう。

しかしながら、現実はどうでしょうか。利益、とくに１年、時には半年や四半期といったごく短期的な利益を実現するために、理想的な姿とはかけ離れた所業が横行してきたのです。現在も、それは続いています。

リスクのある、しかし当たれば大きい「新しい商品の開発」に社運を賭する勇気を持った企業がどれほどあったのか。新しい商品を育て上げるどころか、多くの企業が取り組んでいたのは、不採算の（事業や）商品分野の洗い出し、それらからの早々の撤退・縮小でした。こうした撤退・縮小には多くの場合、人員削減（いわゆる「首切り」）がワンセットとなっていました。今は採算に合わなくとも、将来、「大化け」するかもしれないような商品であっても、目先の利益に貢献しないものは仕分けの対象とされたのでした。

画期的な「新しい商品」の背後には、「技術革新」が控えていることが少なくありません。しかしながら、そうした技術革新の種まきとなるような、将来を見越した研究開発投資も抑制気味でした。

大学を卒業後、会社勤めの身となる読者は少なくはないでしょう。みなさんが各社の門をたたく頃には、旧態依然とした技術しか持ち合わせていない、これからの競争力を後押しする新技術など持ち合わせていない、そして新技術の種まきもしていない、そんな会社が巷にゴロゴロしていることでしょう。また「経営改善」の名のもと、何が行われたのか。企業内で働く従業員が知恵を振り絞って改善策を練り上げてきたというよりも、より安直な手段で経営内容の改善、利益の捻出が行われてきたのです。

現在、「フリーター」や「ハケン」という言葉はごくありふれたものとなっています。その背後には、人件費の削減を狙って非正規雇用を企業が安直に増加させているという現実が横たわっているのです。

「経営の神様」と「金儲け」

企業の目的は利益にあらず。日本を代表する企業を作り上げ、日本の産業界・経済界をリードしてきた経営者も、企業の目的を「利益」には置いてはきませんでした。

戦後の日本経済の発展を牽引してきた産業分野として、エレクトロニクス分野があります。この分野の発展を間違いなく牽引した会社の１つは、パナソニック（旧・松下電器産業）でしょう。同社を一代で育て上げた人物が、「経営の神様」と称される有名な松下幸之助氏です。

同社の始まりは、幸之助氏が1918（大正７）年、大阪市に、旧・松下電器産業や旧・松下電工などにつながる松下電気器具製作所を創業、配線器具の製造を開始したことにあります。幸之助、妻、そして妻の弟、わずか３人からという小さな一歩でした。それが現在では、売上高（連結）８兆6,927億円（2011年３月期）、従業員数（連結）366,937人（2011年３月31日現在）を誇る一大企業グループ

【写真1　松下幸之助（1954年・59歳）】

写真提供：パナソニック株式会社

にまで成長を遂げています。

また、京セラもそうした会社の1つでしょう。同社の創業者は稲盛和夫氏です。幸之助氏は昭和の、そして稲盛氏は平成の「経営の神様」と称される人物です。

同社は1959（昭和34年）年、京都市に京都セラミックとして設立されました。従業員28人からのスタートでした。それが現在では、売上高（連結）1兆2,669億円（2011年3月期）、従業員数66,608人（2011年3月31日現在）にまで成長しています。稲盛氏はその経営手腕を買われ、「日本の翼」、日本を代表する名門企業であった日本航空（JAL）の再建を託されるに至っています。

日本を代表する企業を育て上げ、日本の産業界・経済界に大きな足跡を残したり、残している両氏ですが、その経営手法には非常に似通ったものがあります。それは、企業の経営において非常に利益というものにこだわったという点です。幸之助氏は「事業部制」「経理社員制度」そして、稲盛氏は「アメーバ経営」と呼ばれる管理手法をそれぞれ案出し、それを企業の経営の根幹に置きました。手法そのものの詳細はいずれ学んでいただくとして、いずれの手法も利益の綿密な計算を重視するという共通点を持つものです。

このように両氏の経営手法は、利益にこだわるという点で共通点を見せています。しかし、彼らは決して経営の目的を利益には置いてはきませんでした。幸之助氏は「企業の存在理由、使命は社会貢献にある」、稲盛氏は「全従業員の物心両面の幸せを追求するのが会社の目的」とそれぞれ語っているのです。彼らは繰り返し、繰り返し、これを口にしてきたのです。利益は、彼らが思い描く企業の目的を実現するための、あくまでも手段でしかありませんでした。

がむしゃらに頑張る

夢を実現するために人をいかにして動かすか。経営学は、この問題に答えようとして始まった学問であるともいわれることがあります。それゆえ、この方法を学ぶのが経営学の基本となります。これは、いかなる分野の人にも必要な素養といえます。海外では、大学院で教わることが多くなっています。

人を動かすには、利益を分配する「交換」、夢や目的への「共感」、かわいそうだなあという「同情」などさまざまな要素があります。「お金」だけでは決して人は動きません。米国でもてはやされた成果主義も、結局はうまく機能しませんでした。「人間は複雑である」ことを知る、学ぶことが大切です。人間を理解する、すなわち人間の気持ちを理解する。この気持ちというものを理解するためには、文化論、人文科学、社会科学、それぞれの分野の知的蓄積の力を借りる必要があります。

こうした人間理解にくわえて夢の実現には、不可能を可能にする強い意志を持つこともあわせて必要です。化粧品などを販売するメアリーケイという会社があります。同社では毎年、最優秀のセールスマンにマルハナバチの形をしたダイヤモンドを贈っています。このマルハナバチを贈る理由として、メアリーケイの経営者は「航空力学の専門家が分析すると、マルハナバチは羽の大きさに比べると体が大きすぎて飛べない。しかし、マルハナバチは飛んでいる。なぜ飛べるか。航空力学など考えずに必死に羽を動かしているから飛べるのだ」というのが口癖になっているそうです。夢に向かってがむしゃらに頑張ることの大切さを教えてくれている例です。

「失われた10年」あるいは「失われた20年」、「○×不況」……。世の中を見回すと、「不況」にまつわる表現があふれています。「長引く不況のために……」と、業績低迷の理由を不況に求める経営者も後を絶ちません。マクロの統計数値も、不況の現実をわたしたちに突きつけています。

しかし、そのような時代にあっても、しっかりとした成長を遂げている企業はいくらでもあるのです。成長を遂げることができた理由はさまざまに説明できますが、そこに共通しているのは経営者の経営に向けての姿勢です。彼らに共通していたのは、周囲から無理だ、無謀だといわれても「自分だけはやる」という強い姿勢を持っていたことです。先の見えないことでも、理屈ではなく勇気を持って決断する。こうした姿勢を貫く経営、経営者の存在が成長の原動力となっていたのでした。

しかし、不況下での成長だけではありません。それ以前の多くの企業における成長の歩みを振り返ってみても、じつに多くの経営者が「自分だけはやる」という勇気、志を抱いて経営の舵取りをしてきたことがわかっています。蛮勇と批判されても、夢の実現に邁進した結果が、企業の健全な成長につながっているのです。

戦後日本の経済成長、繁栄を生み出したのは、そうした勇気の積み重ねであったといえるでしょう。

さあ、始めましょう

またまた、長い前置きとなってしまいました。「夢を持つ」そして「がむしゃらに頑張る」。本書を手に取られた読者のみなさんには最後にもう一度、この言葉を贈りたいと思います。では、経営学の学びを始めることとしましょう。

執筆者を代表して
甲南大学特別客員教授（神戸大学経営大学院名誉教授）
加護野　忠男

序　文

「iPod」と「ウォークマン」

「iPod」。この本を手に取られた大学生の方であれば、「知らない」という方はまずいらっしゃらないでしょう。「もちろん、もってるよ」。そう口にしながら、自分の胸元にある「iPod」を指さす方もいらっしゃることでしょう。その数は少なくないと思います。学生の方だけではありません。通学電車に乗っている間に、30歳代後半あるいは40歳代のビジネスマン（いわゆる「中年サラリーマン」）の耳の辺りに、真っ白なコードを見かけることも、珍しいことではないでしょう。

堅めにいえば「携帯型音楽機器」と呼ばれるこの商品。コンピューター・メーカーとして有名な米国のアップル社の商品です。2001年末に発表されました。インターネットをつうじて好みの楽曲をお手軽にダウンロードして、外で音楽をお気軽に楽しむ。音楽を楽しむだけではありません。海外勤務を急に命じられて、あるいは自己研鑽のために、中年サラリーマンから新入社員までもが、ダウンロードした英語番組で英会話の勉強に励んでいる。こんな姿は、日常のごくごくありふれた風景となっています。

この携帯型音楽機器と呼ばれる商品。こうしたタイプの商品を世界に先がけて投入、普及させたのは、日本のソニーでした。「ウォークマン」です。カセット・テープをメディアに利用した１号機が発売されたのは、1979年のことでした。今から思えば、持ち歩くにはずいぶんと重たい商品でした。しかし発売当時は、その小ささ、「外でこんなに気軽に音楽を楽しめるなんて」とわれわれの常識を覆す商品でした。その後、小型・軽量化、カセットからコンパクト・ディスク（CD）、ミニ・ディスク（MD）へと進化を遂げ、それと同時に世界中に広まっていきました。販売開始後の20年で全世界における累計出荷台数は、カセット・タイプが１億8,600万台、CDウォークマンが4,600万台、MDウォークマンが460万台に達しました（1998年度末）。

この「ウォークマン」という商品名はソニーの造語でした。しかし1986年には、世界的に権威のある辞書、*Oxford English Dictionary*に“Walkman”が新しい英単語として掲載されるに至っています。これは、どれほど早く世界に普及したかを示す証拠です。

広がりをみせた携帯型音楽機器の市場には、パナソニック（松下電器）など数多の家電・オーディオ各社が商品を投入しました。ソニーの「ウォークマン」とはげしい競争を繰りひろげました。しかし「ウォークマン」の存在感が圧倒的という時代が長くつづき、「携帯型音楽機器といえば『ウォークマン』」でした。

「でした」と前文を過去形で終えました。今はどうでしょうか。「携帯型音楽機器といえば『ウォークマン』」でしょうか。そうではないでしょう。多くの方々にとって屋外で気軽に音楽を楽しむ機器の代表といえば、何といっても「iPod」ではないでしょうか。現に2004年や2005年、日本で一番売れたのはアップル社の商品でした。栄光あるソニーは、その後塵を拝しています。

「なぜ、こんな逆転劇が起こってしまったのか」「なぜ、そもそも、コンピューター・メーカーのアップル社が、音楽機器の分野に乗り込んできたのか」「なぜ、王者のソニーはトップに返り咲けないのか」。

みなさんがこれから学ぼうとする経営学。この学問はたとえば、こうした疑問を真剣に考えていこうとしています。経営学がとくに研究対象とするのは、ソニーやアップル社など「企業」「会社」と呼ばれる組織です。みなさんの生活にとって欠かせない、そして身近な存在に注目しています。その運営のあり方が議論されます。

自分の生活をふり返ってみてください。会社というものが提供する商品やサービス無しでの生活など、到底、考えられないでしょう。今、通学電車に揺られながら学校に向かっている方もいらっしゃることでしょう。電車を走らせているのは鉄道会社、鉄道車両を走らせる電力を供給しているのは電力会社、車両を組みたてているのは鉄道車両メーカー、車両の部品を作っているのは部品メーカー、駅舎を建てているのは建設会社……。その連鎖は延々とつづきます。そうした連鎖がわれわれの社会生活を支えています。

商品やサービスを提供してもらうだけではありません。みなさんが提供する側に立つことも、何ら珍しいことでもないでしょう。新入社員として営業の仕方を勉強中、あるいはファミリー・レストラン（ファミレス）のチェーン店でバイト中。バイトながらにして店の鍵をあずかり、お店の運営を一手に任されている学生さんもいらっしゃることでしょう。

「いろいろとバイト先を変えたけど、今のバイト先ではずっと働きたい。なぜ、そんな気持ちになってしまうのだろう」「店長代理として自分は頑張ってるんだけど、最近入ってきたバイトの子たちは、どうもやる気がない、どうしたものか」。

経営学では、こんな疑問も真剣に取りあげていきます。じつに身近な学問といってよいでしょう。また、非常にダイナミックかつ裾野が広い学問でもあります。研究対象である会社は、日々、「動いています」。王者であったソニーにたいして、アップル社の「iPod」が登場し王者の立場が揺らいでしまう。ソニーも黙ってはいません。各種の新商品を店先に、あるいはインターネット上のショッピング・サイトに投入しつづけています。そうなるとアップル社も、小型・軽量化、デザイン変更など新しい「iPod」を世に送り出しています。より安い（合法的な）「もどき」の商品を販売する会社も出てきます。彼らのターゲットは、「iPod」「ウォークマン」といったブランドにはこだわらないお客さんです。日々、研究対象に動きがあり、研究テーマが生みだされている。経営学とは、そんな学問です。

「最近入ってきたバイトの子たちは、どうもやる気がない、どうしたものか」。経営学研究者がこうした疑問を考えていく途中では、他の学問分野の優れた研究の成果を「お借りしてくる」ことが度々です。「人のやる気」について長年、真剣に考えてきたのは心理学の分野です。そのため、たとえば「部下のやる気を高めるのは」について考えいくには、この心理学で培われてきた知識を大いに活用します。心理学以外にも、社会学、社会心理学、経済学……、と「お借りしてくる」先はさまざまです。経営学を深く学習することで、こうした関連する学問分野のエッセンスにも触れることができます。

「学ぶ」意義

この本を手に取られている方の多くは、大学生、とくに１回生や２回生の方が多いかと思います。そこで少し、大学で物事を学ぶ意義について考えてみましょう。

大学は、みなさんがこれからの人生をよりよく生きるための土台を作るところです。世の中の変化には、目まぐるしいものがあります。長い人生をよりよく生きていくために、われわれは学びつづけなければなりません。学ぶための土台を是非、大学で作ってください。かためてください。土台ができていないと、大きな誤りを犯すことになります。

学ぶための土台となるものには、いくつかがあります。１つは、人間関係を築くことです。何もかも一人で学ぶことはできません。その道に詳しい師に聞くのが早道です。大学ではさまざまな人と出会います。その多くは、将来の人生の師となる可能性があります。ただし、自分が一方的に聞くだけでは人間関係は成り立ちません。自分も他人に提供できるものをもたねばなりません。どんな道でもよいですから、ひとつの道について深い知識をもってください。何でもいいです。ゲームが好きな人はゲームについて深い知識をもってください。それが人間関係につながります。

もう１つは、学問と書籍です。これらは考えるための武器です。学問はすぐに役に立つわけではありません。しかし、皆さんが人生の岐路に立ったとき、深く考えるための手がかりになります。大学では基本的なことを学んでください。多くの本を読むことをお薦めます。しかし、すぐに読まなくてもよい。「積ん読」でも結構です。少なくともしておくべきことは、自分の蔵書を作ることです。将来読むかもしれない本も買っておいて棚に並べておくことです。大学の教科書や参考文献は、この蔵書としてきっと役に立つでしょう。

この本は経営学の入門書です。経営学の基本的なことを学ぶことができます。ごく基本的な、しかし重要な事柄が豊富な事例とともに説明してあります。第１章から第４章までは導入部です。企業経営というものの大枠や経営学の学問としての特性が説明してあります。第５章から第８章までは、「なぜ、こんな逆転劇が起こってしまったのか」……、といった企業間の競争や企業の成長にかんするトピックの説明があります。堅めにいえば、経営学のなかでも「経営戦略論」と呼ばれる分野の基礎が説明されています。つづいて第９章から第11章では、会社のなかにいる「ヒト」に注目します。会社というものは通常、複数の「ヒト」から成り立っています。それぞれの「ヒト」がやる気を出し、「ヒト」と「ヒト」との活動がうまく調整されることで、高い成果を生みだすことができます。「経営組織論」分野の基礎が説明されています。さらに第12章と第13章では、経営学の新しい動きに注目します。インターネットに代表される情報技術の進歩には、目を見張るものがあります。企業経営の現場では、それの活用が重要な経営課題となっています（お金をはたいて最新の機器を導入すれば済む、というわけではありません。導入することと上手に活用することは別問題です）。また、社会的に重要な組織体であるにもかかわらず、経営学研究では見のがされてきた組織体があります。その代表はたとえば、病院組織です。今、そうした見すごされてきた組織体の経営についても、多くの研究者の目が注がれるようになっています。

この本を徹底的に読みこみ、経営学の基礎を学んでください。バイト先やテレビ、新聞、雑誌。身の回りを眺めるだけでも、説明される理論に深く関係する具体的な事例が見つかるはずです。経営学を深く学ぶことは、さまざまな学問分野の基礎を学ぶことにもつながります。それは、これからのあなたの人生をより豊かなものとする第一歩となるでしょう。

なお大学生の方々だけでなく、現役のビジネスウーマンやビジネスマンの方々にも、本書を一読されることをお薦めします。会社のなかで数年、数十年、働きつづけていると、知らず知らずのうちに会社や業界の「常識」というもので頭の中が支配されている場合があります。たとえば、激しい「安売り」競争が日常化している業界にいると、それが当然であり「より安くするためには、どうすればいいか」とついつい、考えがちです。なかなか「本当にお客さんが望んでいるのは、お安い商品なのか」「高い商品でも、品質・性能いかんでは大ヒットするかも」「ターゲットとするお客さん、誰と特定してこなかったけれども、年配の人だけをターゲットにしてみると、どうなるのか」。この本は入門書ですがじっくりと読みこめば、さまざまな事例、経営学が研究してきた多様なアプローチやものの見方を知ることができます。これは、「常識」に支配されがちなビジネスピープルの頭の中を必ずやリフレッシュしてくれるでしょう。

前置きが長くなってしまいました。それでは、経営学の学びをはじめましょう。

神戸大学大学院経営学研究科教授
加護野　忠男

CONTENTS

第1章

企業経営の全体像

■『もしドラ』の「ドラ」とは？

「経営学？」。本書を手に取られた読者の少なからずは、こうした思いをお持ちかも知れない。経営学が主たる研究対象として取り上げるのは「会社」あるいは「企業」と呼ばれる組織体である。それらが提供する商品・サービスでわれわれの生活の大部分は支えられており、現代社会にとって非常に大きな存在である。本章での学びを通じて、その存在の大きさを垣間見ていくこととしよう。

1 はじめに

『もしドラ』は読みましたか？

「新人マネージャーと野球部の仲間たちがドラッカーを読んで甲子園を目指す青春小説！」。これは、ベストセラーとなったある小説の帯にある宣伝文句である。アニメ化、映画化までされた『もし高校野球の女子マネージャーがドラッカーの「マネジメント」を読んだら』（岩崎夏海著、2009年、ダイヤモンド社刊）、略して『もしドラ』である。著者は、アイドルグループ・AKB48のプロデュースを手がけた方であった。主人公の川島みなみのモデルになったのが同グループの峯岸み

【写真1－1 『もしドラ』】

写真提供：株式会社ダイヤモンド社

なみであった（映画化の際には、同グループの前田敦子が演じた）。

小説の舞台は「けっして弱くはなかったが、強くもなかった（８頁）」都立の進学校の野球部。主人公はこの野球部の改革に敢然と立ち上がった女子マネージャー。「野球部を甲子園に連れていく（５頁）」との明確な目標をもった彼女、そして仲間たちが、「ある人物」の教えに背中を押されながら本気で甲子園出場を目指す。その結果は……（これ以上は、同書をお読みください）。

この「ある人物」とは、みなさんが学ぼうとしている経営学を生み出した１人、とくに「近代経営学の父」と称されてきた人物のことである。この人物とは、同書のタイトルにも登場するドラッカー（Peter F. Drucker）、その人である。気軽な小説仕立てながら、ドラッカーの教えが随所にちりばめられており、「父」たるドラッカーの教えのエッセンスを幅広く学び取ることができる。ベストセラーとなった背景にあったのは、同書のこうした特長であった。

「経営学？」「縁遠い、難しそう」

「経済学という言葉なら、少しはなじみがあるけど……」。経営学部あるいは経営学科といった学部・学科に入学した学生でさえ、経営学という言葉、学問分野にはなにか縁遠いものを感じてしまう。「とにかく、難しそう」。このような学生の方は少なくはなかろう。多いと思う（本章の筆者の１人も、大学入学時にはそうであった）。

しかし、本書で経営学を学ぼうとされるみなさんには、そのような心配はご無用である。経営学の基本的な理論の理解をできるだけ促すために本書では（野球部を舞台にして、との小説仕立てとはいかないが）、みなさんの身近あるいは興味をそそりそうな事例を具体的かつ豊富に紹介するようにした。これが本書の特徴（特長）であり、読者のみなさんには是非、「縁遠い、難しそう」との印象を払拭していただきたい。

では、本論に入っていこう。みなさんがこれから学ぼうとする経営学が研究対象とするのは主として、いわゆる「会社」の活動である。家計や政府とならぶ経済主体の１つである「企業」と呼ばれる組織のあり方に注目するものである。

企業は、資本（カネ）と労働（ヒト）による協働の１つのかたちである。また経営とは、この協働がうまくいくようにする活動である。経営学とは、この活動のあり方を考えていこうとする学問である。少しやわらかく表現するならば、会社とは一体、何ものか。会社を運営し、会社を成功へと導くにはどうしたらよいのか。こうした疑問を明らかにしていこうとする学問である。

ちなみに、経営学者としてのドラッカーが大いなる注目を集めたのは1946年に刊行された*Concept of the Corporation*なる著書であったが、そこで分析されたのは当時、そして現在においても（一度、倒産の憂き目を見たとはいえ）米国を代表する巨大自動車企業、ゼネラルモーターズ（GM）の活動であった。経営学の研究対象となってきたのは主として、各国を代表するような大規模な製造企業（メーカー）であった。たとえば、GMが米国を代表するのと同様に、日本を代表する巨大自動車企業であるトヨタ自動車であったり、ゼネラル・エレクトリック（GE)、IBM、日本を代表する巨大企業、日立製作所、日本電気（NEC)、パナソニック（旧・松下電器産業)、ソニー……、などであったりした。

ただし、それらだけが経営学の研究対象であったわけではない。とくに最近では、その研究対象の広がりには目を見張るものがある。たとえば、携帯電話キャリアのNTTドコモやソフトバンク、ゲームの任天堂やソニー・コンピュータエンタテインメント（PlayStationの会社、現ソニー・インタラクティブエンタテインメント)、さらにはエンタメの吉本興業や劇団四季、世界のディズニー（The Walt Disney Company）の経営までもが、研究対象として大まじめに目を付けられる。ネット通販の楽天やAmazon.comも、重要な研究対象である。

みなさんにとってなじみのある、身近な会社が研究のまな板に載せられる。経営学は、そんな学問である。「縁遠い、難しそう」といわず是非、最後までお付き合いいただきたい。

お付き合いいただく第一歩として本章では、その研究対象である「企業」というものの全体像をみなさんのお目に掛けていこうと思う。企業をリードする立場にあるトップ経営者（「社長」または「会長」と呼ばれる人々）がいかなる局面で苦悩し、意思決定を下しているのかを見ていこう。これをつうじて、「会社って、一体、何ものか？」との疑問を解き明かす手がかりを提供したい。おぼろげながら、で十分である。頭の中でイメージをふくらませて欲しい。これが、本章の目当てとするところである。

2 ドラッカーの「顧客の創造」

「顧客」への「価値」ある財・サービスの提供

経営者が頭を悩ませていることは何か。多くの経営者にとって重要な仕事の１つは、「わが社では、どの商売を手がけようか、どんなモノを世に送り出そうか」との悩みに決断を下すことである。そもそも企業が世の中に存在できるのは、それの提供する財・サービスを誰かが貨幣（お金）を払って購入してくれるからである。企業とお客さんによる貨幣をともなう交換のなかで、財・サービスは「商品」となる。購入するに値する魅力、「価値」を感じてもらう財を世の中に提供し、われわれの生活に貢献すること。このことに、企業の存在意義がある。

これをドラッカーは「顧客の創造」と呼んだ。**図１－１**は、彼の代表的な著作である*The Practice of Management*（1954年刊、p. 37）からの一節である（それほど、複雑な英語ではない。有名な一節であるので是非、目を通して欲しい）。

ある著名な経営者は、ドラッカーのこの「顧客の創造」という考え方を「企業経営の本質を突いた言葉だ」と綴っている。そして「『顧客の創造』というと難しく聞こえますが、企業は自分たちが何を売りたいかよりも、お客様が何を求めているのかを一番に優先して考え、付加価値のある商品を提供すべきである、ということを、この言葉は意味しています」「もっとわかりやすく言うならば、洋服屋であれば質の高い服を作り、青果店であれば安くて新鮮な野菜や果物を売る。新聞社であ

【図１－１　“to create a customer”】

If we want to know what a business is we have to start with its *purpose*. And its purpose must lie outside of the business itself. In fact, it must lie in society since a business enterprise is an organ of society. There is only one valid definition of business purpose: *to create a customer*.

ればいい紙面作りを心がける。そんな風に事業を通じて社会や人に貢献するからこそ、企業はその存在を許されているというのが、ドラッカーの企業に関する基本的な考え方なんです」と、その意味するところを説明している。

「顧客の創造」のケース

この著名な経営者とは誰か。「洋服屋」との記述から、ある経営者の顔を思い浮かべた読者があるかもしれない。そう、著名な経営者とは「ユニクロ」「ジーユー」「セオリー」などを擁するファーストリテイリング（FR）の創業者、柳井正である。FRは、インディテックス（スペイン、「ZARA」などを運営）、H&M（スウェーデン）に次いで、衣料品の販売額で世界3位（2018年）を誇っている。柳井は現在も会長兼社長の席にあり、その実績から、「現代のカリスマ経営者」と呼ばれて久しい人物である。

ドラッカーは、カリスマ経営者をして「ぼくにとっての経営の先生であるとともに、進むべき道、企業のあるべき本質的な姿を示してくれた羅針盤のような存在（この前後の引用はいずれも以下より。NHK「仕事学のすすめ」制作班・編『柳井正　わがドラッカー流経営論』NHK出版、2010年）（13-14頁）」と称える存在であった。

たとえば、ユニクロの名を世に知らしめたフリースやヒートテック。これら商品の誕生には、柳井が師と仰ぐドラッカーの教えに沿って上市された商品であった。

若い読者にとっては、ありふれた防寒着であろうフリース。しかし、1998年冬に高品質かつ低価格の商品がユニクロで販売されて大ヒットするまでは、アウトドア派、あるいは死語かもしれないが「山男」の愛用品でしかなかった。アウトドアウェアで有名なパタゴニアのフリースには1万円以上の値がつけられていた。またカラーヴァリエーションも、赤やネイビーブルーなどごく限られたものであった。

それを圧倒的な低価格の1,900円、そして圧倒的なカラーヴァリエーションにて販売し、フリースを一気に街中で着るカジュアル衣料としたのがユニクロであった。

大ヒットの数年前からユニクロでは、元祖とされる米国のモーデンミルズというメーカーに特注してフリースを販売していた。価格は4,000円台に抑えられており毎年、順調に売上を伸ばしていた。

このようにヒットの予兆はあったものの、後のようにカジュアルウェアとして注目されるようなレベルではなかった。しかし同社では、軽い、暖かい、発色がよい、

【写真１－２　ユニクロ１号店】

写真提供：株式会社ファーストリテイリング

【写真１－３　銀座店（グローバル旗艦店）】

写真提供：株式会社ファーストリテイリング

洗濯が簡単、といったフリース素材の機能性に注目し、カジュアルウェアとして市場に十分に受け入れられると考えた。そこで東京都心の第一号店舗となる原宿店の出店に合わせて、新しいカジュアルウェアとして提案、販売することとしたのである。現在からは想像できないが当時の店舗数は300店に満たず、広島と山口（FR発祥の地は山口・宇部）が中心であった。都心での知名度は皆無というレベルであった。

提案するに際しては4,000円台のままではインパクトに欠けるとの判断から、品質は維持しつつ、より低価格で販売することを目論んだ。しかし、高品質と低価格を両立させることは容易なことではなかった。当初は中国の工場に発注してみたものの、これまでユニクロで販売してきたモーデンミルズ製のフリースには太刀打ちできなかった。光沢、保温性、保湿性……の点で劣ったものしか仕上がってはこなかった。

こうした問題点を同社では、ビジネスの仕組みを見直すことで克服する。衣料品を取り扱う小売店のビジネスの場合、メーカーや卸から仕入れた商品をそのまま店頭に並べることが一般的であった。出来合いの商品を仕入れて売るのではなく同社では、商品企画からの段階から深くかかわる仕組みを構築・強化することとしたのであった。具体的には、合繊大手の東レから原材料となる糸を仕入れ、インドネシアで糸を紡ぎ、それを中国で縫製するという仕組みを確立させ、低価格・高品質を実現したのである。

「フリースに自信あります。1900円」。このような宣伝文句とともに、原宿店の１階から３階までをフリースが埋め尽くした。この商品に顧客は文字通り「飛びつき」、大ヒット商品となる。この業界においては、１品目あたり万単位で売れればヒットとされていた。しかし同社のフリースの販売は、上市された1998年の秋冬の販売は250万点、翌99年は850万点、翌々00年には2,600万点にまで拡大した。

一般には存在しなかった「フリース市場」を同社は作り上げたのである。ユニクロでフリースを購入してはじめて、フリースを着た人が多かった。顧客の潜在ニーズに応え、新たな市場を創造したのであった。

柳井はつぎのように語っている。「今考えると、ブラトップ（キャミソールやタンクトップにブラジャーをつけた商品－筆者挿入）やヒートテック、フリースのヒットに共通しているのは、どれもお客様の潜在的な需要をキャッチし、さらにそこに低価格や豊富なカラー、機能性といった付加価値をプラスしたという点にあると思いますね。結局、商品の開発においては『何を売ろうか』という企業側の発想ではなく『お客様が何を求めているか』を考えることが一番大切なんですよ（24頁）」。

「顧客の創造」？

「企業の目的の定義は一つしかない。それは、顧客を創造することである」。こうしたドラッカーの主張にたいしては、何通りかの反論がありうる。たとえば、伝統的・標準的な経済学の教科書をひもとく、あるいは高等学校時代の「現代社会」や「政治・経済」の教科書に目を転じてみても、「企業の目的は利益（利潤）を獲得することである」と書かれている。あるいは、「なにをきれいごとを言っているんだ。結局、商売や会社っていうのは儲けるためにあるんだろ（14頁）」というわれわれの素直な感情からくる反論もありうる。

経営学でも、利益を否定はしない。柳井は利益についてのドラッカーの考え方をつぎのように要約している。「もちろん利益を出すことも大切です。儲けが出なければ、どんなよい企業であっても存続不可能になってしまいますからね。ドラッカーも金儲けを否定してはいません。利益とは、社会の公器たる企業が、その役割を果たしていくために必要なコストであり条件であるというふうにも彼は述べています（14頁および16頁）」。

利益は、将来への投資の重要な原資となる。これを無視しては、明日はない。利益がもつ意味は、それだけではない。次節でくわしく見ていくが、企業にはさまざまな利害関係者（ステークホルダー）がいる。顧客以外にもたとえば、株主や銀行、部品メーカーや卸・小売などの取引業者などがいる。利益というのは、これら利害関係者への支払い義務を果たした後の残余である。利益が出ているということは、支払い義務が果たせているということを意味する。利益が出ていないということは、この支払い義務が果たせないあるいは果たせなくなりそうだということである。この意味において利益を重要なものと見なす。これが、利益というものにたいする経営学の基本的な考え方、姿勢である。

3 企業を取り巻くもの

企業と製品・サービス市場

財・サービスが提供され、誰かがそれを購入する場のことを「製品・サービス市場」とよぶ。あるいは、簡単に「製品市場」とよぶ。この市場は抽象的なものであり、東京・築地の魚市場や各地の青果（青物）市場のように目に見えるものではな

【図1－2　市場のなかの企業】

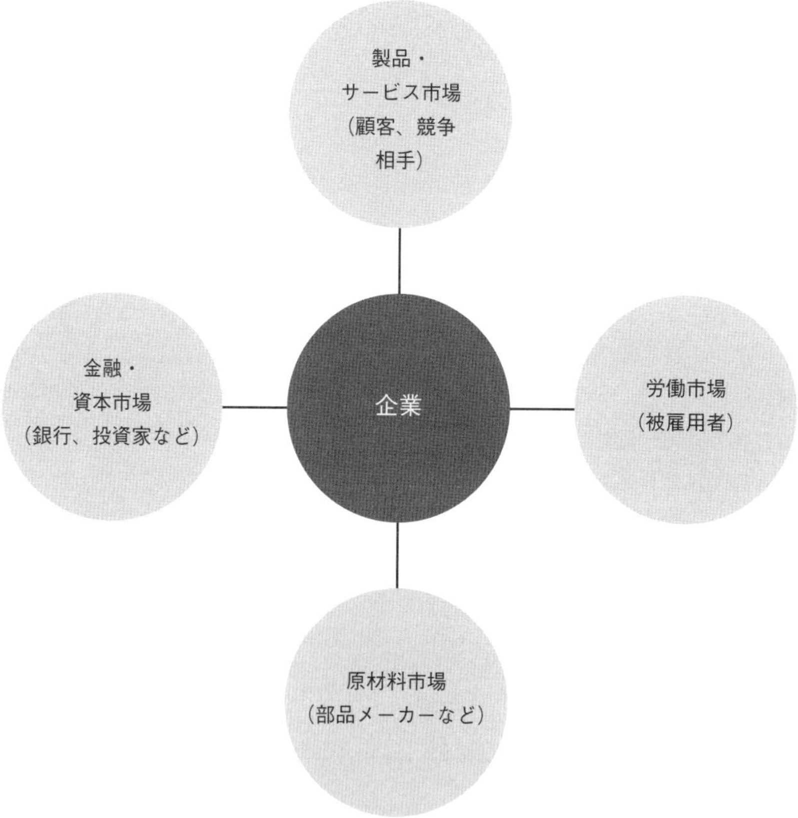

い。

購入した誰かは「お客様」、これを専門用語で「顧客」とよぶ。顧客が購入を決定し対価（代金）を支払ってくれることで、企業にはじめて「売上」が発生する。企業が継続的に財・サービスを世の中に提供しつづけるためには、売上をきちんとあげつづけることが、まずは大切である。

ただし、これは簡単なことではない。「価値」ある財・サービスを自社が提供したからといって、おのずと顧客が自社の商品を購入してくれるわけではない。世の中には、同様の価値を提供しようとする「競争相手」、ライバルが存在するためである。世の中の「お客様が何を求めているのか」の把握が比較的容易な場合には、多くの競争相手と熾烈な競争を繰り広げなくてはならない。把握が容易なものではなく、自社だけが価値ある商品を提供できた場合でも、遅かれ早かれ、競争相手が現れてくる。また、顧客の欲求も変化する。

製品市場には、英語で記せば“C”を頭文字とする３種類のプレイヤーが存在する。“Customer（顧客）”、“Competitor（競争相手）”、“Company（自社）”である。顧客獲得をめぐって、自社と競争相手がしのぎを削る。“Competition（競争）”を繰り広げる。これが製品市場の姿である。

企業とインプット市場

企業が生み出した財やサービスは市場で売れて、はじめて意味がある。そのため、お客さんの気をひこうと各社は躍起となっている。経営者の頭から、売上の数字がはなれることはない。ただし、企業、それをリードする経営者が考えねばならないこと、目配りすべきことに終わりはない。山積みである。

「ヒト・モノ・カネ」という言葉を聞いたことがあるだろうか。これら「経営資源」をどう工面するか。経営資源とは、経営活動をするうえで必要なさまざまな資源や能力のことである。これも経営者に課せられた重要な仕事である。

まず、原材料（モノ）の購入である。何から何まで自社内でまかなえる企業は皆無である。各社が製品市場にたいして財・サービスを提供するためには、外部から必要な原材料を購入しなければならない。メーカーであれば、たとえば、部品・部材をはじめとして、それを組み立てるための生産設備も必要である。設備を稼働させるためには電気、そして洗浄のためには水が必要である。事務所には、机、パソコンも。企業はこれらを「原材料市場」から購入する。原材料市場も基本的には、競争の世界である。部品メーカーは、価格なり性能なりをウリにした部品（財）を組立メーカーへ売り込むことに懸命である。そうした競争のおかげで、組立メーカーは「いい部品をより安く」仕入れることが可能となっている。逆にいえば、そうした仕入をせねばならない。

ただし、つねに組立メーカー優位で部品取引がなされるわけではない。不可欠な部品であるのに、それをごく少数の部品メーカーしか手がけていない場合がある。こうした場合、仕入価格が部品メーカーの言い値になる可能性がある。それを受け入れるか、あるいは自ら当該部品の生産に乗り出すか。部品購買担当者、最終的には経営者の判断となる。

また、経営者にとって、資金（カネ）の工面も重要である。部品の調達、従業員の給与支払い、さらには生産設備や販売拠点の整備や拡充にも、先立つものは資金である。世の中には、数多の「株式会社」がある。この類の会社は、「株」という方「式」で資金を調達できる。株式を購入した人や組織は「株主」とよばれる。他方、銀行から資金を調達、借入をする道もある。株式が発行され、流通している市場のことを「資本市場」とよぶ。銀行からの資金は「金融市場」を通じての調達とよばれる。調達された資金を企業内でどう配分するか。財務担当者とともに、これを考えるのも経営者の仕事である。

内部にため込まれたこれまでの儲け、これを「内部留保」とよぶ。内部留保が潤沢であれば、あえて外部から資金を調達する必要はない。銀行から借金をすれば、その対価として利子を支払わねばならないからである。しかし現実には、潤沢な企業であっても、銀行借入をつづけているケースは多い。製品市場での熾烈な競争を考えれば、未来永劫、儲けつづけられるとは限らない。こう考える経営者であれば、いざというときの備えとして銀行との良好な関係を維持することに努力するからである。

モノ・カネにくわえて、「ヒト」の工面も当然、経営者にとって重要な仕事である。商品を企画そして生産し、小売店へ営業に赴く。小売店で、新しい仕入れ方法や販売方法を検討する。いずれもヒトの労働力が必要である。この労働力を調達する場は「労働市場」とよばれる。大学生のみなさんであれば就職活動、いわゆる「シューカツ」が、労働市場とのはじめての本格的な接点となろう。

いかなる専門知識、技能をもった人材を、いかほど調達するか。それを社内の各部門に配分する。労働力の提供者にたいして、適切な報酬（賃金や給与）を支払う。優秀な人材を採用しかつ、会社につなぎ止めておく。また、現在必要な人材だけでなく、会社の将来を見すえた採用・教育も重要である。これらにかかわる決定を人事担当者とともに、そして最終的に決定するのは経営者である。

ライバル企業も、優秀な人材の採用、将来への準備を考えている。単純に考えれば、労働市場から優秀な人材を迎え入れることは簡単である。「カネにものをいわせる」。これである。しかしながら、「のんびりと、家族的な雰囲気の職場で働きたい」「カネじゃない、興味のある研究に没頭させて欲しい」「社会的に尊敬されている会社で働きたい」という人もいる。人間は複雑である。有能ではあるけれども、ワガママな人も多い。経営者は複雑さ、ワガママにも対応せねばならないのだ。

技術などの情報的経営資源

財・サービスの提供のためには、「ヒト・モノ・カネ」にくわえて「情報」とよばれる経営資源も必要である。この代表は各種の技術であろう。

大学や職場でよくお世話になるコピー機（複写機）。コピー機は、「写す」ことにかかわる光学技術や、精密部品の加工組立技術、エレクトロニクス技術の結晶である。こうした技術を高いレベルでもつからこそ、たとえば、（そもそもはカメラ専業メーカーであった）キヤノンの複写機事業は世の中に存在しつづけることが可能となっているのである。デジカメも、これらの技術が基礎になった商品である。製鉄会社のなかには、原材料となる鉄スクラップや鉄鉱石などを溶かし、それを成形し鋼材とする技術がある。

また、各種のスキルやノウハウもそうである。物作りにかかわるスキルから、営業現場でのセールス・トーク、さらにはお客さんのニーズを調査するノウハウも含まれる。さらに、一般に社風とよばれる、従業員に共有される思考や行動のクセといったものも情報である。

こうした企業内にある情報にくわえて、面白いことに企業外に蓄えられるものもある。たとえば、企業にたいするイメージや信用、ブランドなどである。こうした情報はお客さんの商品購入を左右するだけではない。金融市場にいる銀行や労働市場にいる求職者の行動をも左右する。「ブラック企業」なる用語がある。『デジタル大辞泉』によれば「労働条件や就業環境が劣悪で、従業員に過重な負担を強いる企業や法人。長時間労働や過剰なノルマの常態化、セクハラやパワハラの放置、法令に抵触する営業行為の強要といった反社会的な実態がある」企業である。このようなイメージを世の中にもたれてしまえば、求人のみならず、商品の販売にも悪影響

Column 1 - 1

コア・コンピタンス

企業の競争力ならびに事業展開の基盤となるもので、企業の経営資源を上手に使いこなす能力のことである。企業の競争力を企業の資源や能力にもとづくものと考える立場を資源ベース論という。日本の研究者によって考え方の基礎が提供され、1980年代になって米国などでも活発に展開されるようになった。そのなかで、G. ハメルとC. K. プラハラードが提唱したのが「コア・コンピタンス」である（一條和生訳『コア・コンピタンス経営』日本経済新聞社、1995年)。

話がそれるようだが、スポーツの世界を見てみよう。たとえば、野球の一流選手はバッティングやピッチングのフォームの特許を取っているだろうか。取っていない。特許を取らなくとも、競争相手は簡単には真似ができないためである。振り子打法を使えば、誰でもイチローと並ぶ打撃成績を残せるわけではない。優れたスポーツ選手は、特別の道具と体をもっているわけではない。材質など、使用できるバットには厳しい制限が課せられている。他の選手と同じ道具と体を、他の選手よりも上手に使いこなす能力をもっているだけである。これがイチロー、一流選手と他の選手を分かつものである。コンピタンスはこの能力のことである。

バブル経済崩壊前の1980年代、日本の企業の競争力が世界的な注目を集めた時代があった。米国をはじめとする海外の研究者の多くが、その源泉をあぶり出そうと研究を行った。研究が明らかにしたのは、日本の企業が特別の経営資源をもっているわけではないということであった。そうではなく、競争力の源泉は平凡な経営資源を上手に使いこなす能力にあることが明らかとなった。これをきっかけにして生み出された概念がコア・コンピタンスであった。

特別な技術そのものといった経営資源が競争優位の源泉になっているのであれば、それを超える技術を開発すれば、他社の優位を覆すことができる。しかし、平凡な技術を上手に使う能力はスポーツ同様、真似をすることは困難である。特別な結果は、無数の小さな工夫の産物である。工夫のすべてを本人が自覚しているわけではない。このような工夫は言葉では説明することはできない。

このような能力のなかで、顧客にとって価値を生み出し、その企業の差別性の源泉となり、事業展開の駆動力となるものが、中核の能力という意味で、コア・コンピタンスとよばれるのである。

大である。近年、こうした企業は厚生労働省のウェブサイトにて公表もされている。

こうした情報とよばれる資源は、外部の市場から購入することが困難な場合が多い。たとえば、生産ノウハウといわれるものは、工場内の作業者間、くわえて取引先の部品メーカーなどとの長い協働のなかで育まれていくものである。有名な「トヨタ生産方式」。その１つに、組立工場で必要となった分だけ、部品メーカーから部品が届けられるという仕組みがある。これは、トヨタ自動車と長年にわたる取引先である部品メーカーがコツコツと築きあげてきたものである。蓄積されてきたものである。

カネで簡単に買えるものではない。いいかえれば、簡単に買えるようなノウハウであれば、ライバルも購入して導入してしまう。競争業者との間の差の源泉とはなりえない。ブランドも一朝一夕には、高められない。

いずれの情報的経営資源も、ライバルではなく自社の商品に手を伸ばしてもらう「違い」を生み出すために重要であることは明らかであろう。しかし、簡単にはカネで買えない。それらをどう企業内外に「蓄積」していくか。経営者の知恵の絞りどころである。

世の中で存在が許される条件

このように外部から「ヒト・モノ・カネ」を取り入れ、インプット（投入）する。そして、財・サービスを生み出す、アウトプット（産出）する。このプロセスでは、「情報」が多大な影響を及ぼす。これが、企業を取り巻く各市場と企業の基本的な関係である。なお、労働市場、原材料市場、金融・資本市場は「インプット市場」とよばれ、製品・サービス市場は「アウトプット市場」ともよばれる。

こうした存在にある企業というものがそれぞれ、世の中に存在する意義があるかどうか。それを示す基本的な指標は「付加価値」である。付加価値とは、提供した財やサービスを市場で売り上げた金額と、外部から購入したインプットへの支払金額（たとえば、部品の購入費）の差額である。外部からバラバラに入手された資源を、企業がある財なりサービスなりに仕立てて市場で売ることに成功する。付加価値が示すのは、このプロセスにおいて企業が付加した価値である。値の張る高性能部品をふんだんに組み込み、最新鋭の工場で生産したのに、お客さんにそっぽを向かれ、安値でしか売れない商品があるとしよう。こうなると、付加価値はマイナスになってしまう。企業経営の面のみならず、社会的に見てもこれは資源のムダ遣いである。企業は顧客の求めるものを効率的に提供する必要がある。

この付加価値から、企業で働く人々の人件費や借入金の金利が支払われた残りが、

「利益」とよばれる数字である。これをきちんと上げていくことが、経営者に課せられた使命である。この利益から税金は支払われる。さらにその残りから、株主にたいして「配当金」が支払われる。株を買ってくれたことへのお礼である。

組織のマネジメント

この付加価値を生み出すプロセスは、通常、人々のチームとしての組織で行われる。人間の仕事には１人ではできない、複数の人間が協力して働くことでなし遂げられる仕事がある。企業でなされる仕事は、そうした性格をもっている。いいかえれば、企業という組織体が誕生するそもそもの理由は、個人の限界を超えることにある。自動車の生産・販売の仕事を１人でできるだろうか。時間をもてあましたお金持ちであれば、結構な趣味となろう。しかし市場をつうじて、付加価値、利益をきちんと上げることは不可能である。

１人で屋台を引いてたこ焼きを売る。うまくすれば、付加価値、利益を上げることは可能であろう。こうした個人事業も企業といえようが、平均像ではない。われわれがイメージする企業とは、やはり複数の人間がかかわる集合体としての性格をもつものである。こうした集合体は、「法人」として法律上の人格をもつように組織されることが多い。これがいわゆる「会社」である。これが企業の平均的なイメージであろう。

こうした組織内、とくに大規模な組織内では、「分業」が行われる。研究開発、生産、営業、アフターサービス、人事、経理……。さまざまな仕事が各人に割り当てられる。現実には、さらに細かく割り当てが行われる。自動車工場のなかをのぞいてみよう。部品メーカーから納入された部品の品質チェック、エンジンの組立て、その取りつけ、フロントパネル部分の取りつけ、塗装、完成後の性能チェック……。数多の作業があり、それが分担されている。分業は同時に、調整を必要とする。生産担当者に断りなく営業がお客さんから注文をとり続ければ、その末路は悲惨なものである。注文をさばくために工場は、連日連夜の夜なべとなろう。これは、非効率きわまりない。さばききれなければ、お客さんからの信頼は失われ、ものによっては違約金の支払いとなろう。

組織規模が小さければ、経営者自らが必要に応じて調整を行うこともできる。しかし、大規模組織となれば、それは現実的ではない。誰にどの仕事をまかせるか、誰が誰に命令するか、誰と誰が連絡を取りあうか。さらに、もめ事があった場合、誰が解決するか。これらを大筋で決定しておかねばならない。この決定も、経営者にとっての重要な仕事である。

くわえて、経営者がその基本的な枠組みを決定しておかねばならないことがある。それは、組織内の個々の人々にいかにして、一生懸命働いてもらうか、それも他者とともに。経営者が直接、「夢の実現にむけて、ともに頑張ろう！」と声をかける。それを意気に感じて、やる気を高める従業員がいるかもしれない。しかし組織が大規模になれば、これも非現実的である。協働を促す体系、仕組みが必要となる。とくに高い成果をあげた従業員には、高額のボーナス（カネ）で報いる。そうすることで、やる気が高まる場合もあろう。しかし、「つぎはこの仕事がやりたいんだ」という従業員には、カネで報いることにあまり効果はなかろう。部署内の特定の人だけが高額の報酬を得た場合には、部署内にイヤな空気がどうしても蔓延する。これは悲しいかな、人間の本性である。組織内の人びとにたいしていかに報いるか。個々のやる気を高め、同時に周囲との協力へとどう向かわせるか。本性の部分も無視せずに。とくに人事担当者と相談しながら、経営者が決定しなければならない重要事項である。

4 「良いことを上手に実現する」ための学問

「上手にするため」の学問

経営者が決定、行動しなければならないことは多い。もちろん、経営者が１人ですべてを決定しているわけではない。現実には、本社内の管理部門（財務、人事など）、売上を実際に生み出す現業部門（製品の企画、生産、販売などを担当する部門）のそれぞれの責任者やそのスタッフ、またその管理下にある人びとなど、さまざまなレベルに決定がゆだねられている。しかし最終的には、進むべき方向へと舵を切るのは、経営者の役割である。

しかし、そもそも、経営者は何を目的にして、必要な判断、決定を行うのだろうか。経営者を船の船長にたとえるならば、船長が舵を切って向かう先はどこか。

経営学は、企業を主たる研究対象とする学問であると定義されるが、「良いことを上手にするための学問であるとも定義される。近年の経営学研究、とくに米国で深められた研究では、「上手にする」ための手法については大いなる進歩が見られた。たとえば、顧客がいかなる商品を欲しているかを探り出すための手法については、経営学のなかでもとくにマーケティング論で各種の手法が開発されてきた。開発に際しては、心理学をはじめとして、文化人類学、最近では脳科学までの研究成果が活かされている。生産や販売の現場において効率的に仕事を進めていくための手法についても数多、提案がなされてきた。あるいは、従業員のやる気を高める手法についても、研究は日進月歩であったといえよう。

「良いことをするための」学問

ただし、「良いこと」にかかわる研究、専門的に記せば企業目的にかんする研究は深化を見せてはこなかった。隅に追いやられた、忘れ去られた研究分野となってきたのである。企業経営の現実がどうあるかについての研究に比べて、企業・経営者がいかにあるべきかの規範が論ぜられることはわずかでしかなかった。操舵の手法ばかりが議論され、どの方向に舵を切ることがよいのか、その判断を誰がすべきかについての議論は深まりを見せてはこなかった。

しかし20世紀から21世紀へと世紀をまたぐ時期になって、この「良いこと」をめぐっての議論が急激に活発なものとなってきた。その理由の１つは、明らかに「悪いこと」、違法行為に手を染める企業・経営者が各国で後を絶たなかったことにある。不正会計、暴力団など反社会的勢力とのつながり、横領、商品偽装……。英語で“Compliance（コンプライアンス）”、邦語で「法令遵守」が大きな社会問題となり、その解決が急務とされたのである。

くわえて、法律に照らして悪いことではないが、企業経営の健全な成長を考えたときに本当に「良いこと」かどうか判断がつきかねる、あるいは「良いこと」とは判断しがたい。こうした企業目的に向かって企業経営の舵が切られている。こうした問題も起こってきたのである。これが理由の２つ目である。

これは現在、英語で“corporate governance”、邦語ではそのまま「コーポレート・ガバナンス」あるいは「企業統治」や「会社統治」にかかわる問題として議論されている。このガバナンスとは、経営者がなす企業経営上の決定よりも上位になる概念である。ガバナンスとは、企業の目的そのものの決定にかかわる。決定された目的に照らして、企業経営が行われるように経営者を誘導し、適切な経営が行われているかどうかを監視する制度と慣行である。これら諸点にかかわる議論が

Column１－２

“公企業”

経営学の主たる研究対象をもう少し正確に記せば、私企業ということになろう。

企業は、カネの出し手である出資者の構成や出資と経営のあり方などから大きく、私企業にくわえて公企業、公私合同企業に分類される。出資者が民の私人であるか、公の国や地方公共団体であるかに従って類型化される。

営利を目的として民間のカネによって設立された企業が、私企業である。一方、公企業とは、公益性の高い事業領域や私企業では手がけがたく営利活動になじまない事業領域において、国または地方公共団体が所有し経営する企業のことである。身近なところでは、地方公共団体によって運営される上下水道・交通や公立病院などがある。

また公私合同企業には、国と民間が共同で出資する政府公私合同企業と、地方自治体と民間が共同出資する地方公私合同企業がある。日本電信電話（NTT）や日本たばこ産業（JT）にたいしてはみなさんがカネの出し手となる（株式を自由に購入する）こともできるが、両社ともに最大のカネの出し手（筆頭株主）は国（財務大臣）である。前者に該当する。後者は第３セクターともよばれ、地域振興（都市開発、観光）、交通（鉄道、空港）などの事業を手がけている場合が多い。

公企業や公私合同企業が営む事業分野では、公共性の観点から企業間の競争が皆無、あるいは制限されている場合が多い。一方、私企業は企業の大半を占めているだけでなく、生き残りをかけての競争も熾烈なものであることが多い。これが、私企業が主たる研究対象となってきた大きな理由である。

最近、活発となってきているのである。

現代の支配的な会社制度は「株式会社」である。株式会社とは、株主が出したお金（出資）で設立され、そのお金を元手に経営者が何らかの財・サービスの提供を行い、売り上げや利益をあげていくものである。株主にたいしては、出資への見返りとして利益の一部が還元される。これが配当金とよばれるものである。また、企業経営に関与する多様な権利を法律的に手中にしている。たとえば、株主は取締役とよばれる人たちを選ぶ。この取締役が、株主の代表として会社の経営をチェックする。取締役は、経営をゆだねる経営者（会長や社長）を選ぶ。これが株式会社の基本的な仕組みとなっているのである。

支配的な会社制度である株式会社のもとでは、企業経営の舵をどの方向に切るか、誰に操舵をゆだねるか。大きな権限が株主の手にあるのである。今、起こっている大きな問題とは、大きな権限をもっている株主が企業経営のあり方に過剰に口を挟む事案が後を絶たないことである。

本章の最初に「企業は、資本（カネ）と労働（ヒト）による協働の１つのかたちである。また経営とは、この協働がうまくいくようにする活動である」と書いた。しかしながら、法律的に大きな権限をもつ資本（カネ）の出し手が、それをもたない労働（ヒト）の利益を大きく損なう、それによって協働もうまくいかないという事案がそこかしこで目に留まる状況となっているのである。顧客の創造から売上・利益の獲得を思慮するのではなく、従業員の雇用削減（首切り）をつうじての利益の獲得を企てる。そうすることを経営者にそそのかし、配当金を確保する。あるいは、株価の上昇から利益を得る。労働（ヒト）の利益をものともせずに、己の利益獲得に邁進する。そのような資本（カネ）の出し手が確実に増えているのである。この結果、協働がうまくいかず、中長期的には従業員のみならず、株主をはじめとする多くの利害関係者が大きな損失を被る。こうした深刻な問題が企業経営の現場に突きつけられているのである。

5 おわりに

本書の最初の章では、経営学の主たる研究対象である「企業」、そしてそれをリードする立場にある経営者の意思決定、行動に注目した。企業が提供する財・サービスなしでは、われわれが日常生活を営むことは不可能である。義務教育、それ以上の教育を受けた後、われわれの多くは労働市場を介して企業で働くことになる。定年まで勤めあげれば、人生のかなりの時間をそこで過ごすことになる。われわれが銀行に預金したお金は、金融市場を介して企業に流れ込んでいる。

企業、会社というものは、じつに身近な存在なのである。身近に感じ、その活動に興味をもつことが経営学を学ぶ姿勢としては重要である。企業間のはげしい競争だけではない。「何を目ざして競争するのか」と、その目的そのものを深く考えねばならない時代でもある。興味の種は尽きないはずである。

？考えてみよう

[予習のために]

本文中に登場した（株）ファーストリテイリング（FR）のここ5年間の経営状況を調べてください。売上、利益、店舗数などの情報収集のためには、同社のホームページ、年4回発行される『会社四季報』（東洋経済新報社刊）などが便利です。より本格的には、有価証券報告書などを閲覧できるEDINET（Electronic Disclosure for Investors' NETwork）を利用することをお勧めします。

[復習のために]

1．ファストファッション、カジュアル衣料の国内市場におけるFR、そしてライバルの直近の占有率を調べてください。くわえて、ここ数年における占有率の動向も調べてみてください。『日本経済新聞』や『日経産業新聞』には毎年、さまざまな業界における市場占有率の調査結果が掲載されています。それをまとめた『日経業界地図（各年版）』（日本経済新聞出版刊）も参考になります。

2．米国の老舗の小売りの大手シアーズ・ホールディングス（「SEARS」の名前で店舗を展開していた）が2018年11月、実質的に倒産しました。同社は過去、その革新性をドラッカーが高く評価した会社でした。なぜ倒産にいたったのか、その理由を調べてみてください。

主要参考文献

加護野忠男『経営はだれのものか―協働する株主による企業統治再生』日本経済新聞出版社、2014年。

P. F. ドラッカー（上田惇生編訳）『マネジメント【エッセンシャル版】―基本と原則』ダイヤモンド社、2001年。

次に読んで欲しい本

伊丹敬之・加護野忠男『ゼミナール経営学入門（改訂三版）』日本経済新聞社、2003年。

安藤祐介『テノヒラ幕府株式会社』講談社文庫、2017年。

高杉良『小説ヤマト運輸』新潮文庫、2013年。

第2章

経営学の全体像

「お金もうけの学問ではないのですか？」。学問としての経営学には、このような偏見がつきまとってきた。経営学を学ぶことで確かに、多少なりともお金もうけの術を身につけることができるかも知れない。しかし、それだけではない。経営学を学ぶことは世の中をより良きものとする術を会得することでもある。後者に、学問としての経営学の本質がある。本章では、この本質的な部分に触れていくこととしよう。

1 はじめに

前章では、経営学が研究対象とする企業の諸活動を概観した。本章では、みなさんが学ぼうとしている経営学（あるいは商学と呼ばれる場合もある）という学問そのものの特徴について述べていくことにしよう。

この経「営」学という学問は、よく耳にされるであろう経「済」学と密接な関係にある。現役の大学生であれば、経済学部のなかにある経営学科あるいは商学科に在籍しているという方も珍しくはなかろう。経営学部や商学部という名称で独立した学部であっても、経済系の学部として一括りで紹介されることも多い。こうした事情から、読者を含めて一般の人々の間ではおそらく、経営学は経済学とほぼ同じもの、あるいは経済学の一分野だと思われているようである。

筆者自身、経営学部の教員を長く務めたが、経済学部の教員と誤解されることが少なくはなかった。経営学者ではなく、経済学者と紹介されることもあった。こうした場合、「光栄ですが間違っています」と訂正をお願いすることもあったが、お願いしないときもあった。お願いの後で、「経営学部？」「経営学（者）と経済学（者）、どう違うのですか？」と問われたときに、説明をするのが正直、おっくうだからであった。

なぜ、おっくうだったのか。この理由を振り返ることは経営学の性格の理解につながる。おっくうさを覆してくれる事例を紹介した後、それらの理由を振り返っていこう。

本章をつうじて、みなさんにもあるかもしれない経営学への偏見を取り払うとともに、経営学の基本的な性格を理解して欲しい。

2 事例：北里柴三郎と大村智

「研究を忘れた……」100年余し

「道徳を忘れた経済は罪悪であり 経済を忘れた道徳は寝言である」。江戸後期の農政家・思想家である二宮尊徳（金次郎）の言葉である。農家に生まれ苦学の末、没落した二宮家を再興した。その後、農業振興で諸村・諸村の復興にも尽力した人物である。薪を背負い、歩きながら本を読む。勤労・勤勉の教えの象徴たる「二宮金次郎像」は全国各所の教育機関などにおかれ、目にしたことがある読者も多かろう。教えの１つである「道徳を忘れた……」は道徳なく利益だけを追い求める経済は持続しない、しかしながら、「経済を忘れた……」と理想を追い求めるだけでも経済は回らないことを説いている。

「研究を忘れた金もうけは罪悪である 金もうけを忘れた研究は寝言である」。この言葉を発しているのは2015年、ノーベル生理学・医学賞を受賞された大村智（(学) 北里研究所 北里大学 特別栄誉教授）である。微生物から発見した新物質によって、数多くの医薬・動物薬・研究用試薬などの実用化に貢献してきた。ゴルフ場の土中から新たな放線菌を発見し、この菌が産生する化合物を米国の製薬会社・メルクと共同で改良して「イベルメクチン」を開発した。これは熱帯の寄生虫に起因する深刻な病気の治療薬となり、多くの患者を失明などから救う。こうした功績から、ノーベル賞受賞となったのである。「研究者は、研究をするからには成果を社会に還元しなければなりません。北里柴三郎先生（1853年～1931年）のいう『実学の精神』です」と、この言葉を大村は、自らが所属する北里研究所を設立した北里柴三郎が説いた精神を表現するものとしている。つづけて「人の役に立つものならば、必ずそれを買う人が出てきます。売れることで、利益を新たな研究資金

【写真２－１　研究室での大村智】

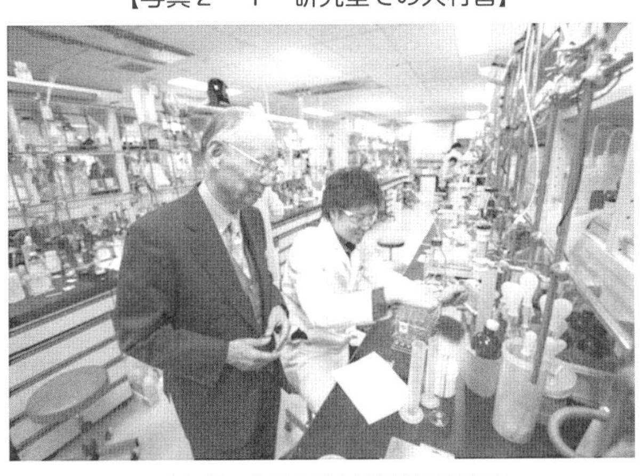

写真提供：北里大学大村智記念研究所

に向けることが出来ます」と、研究成果を世に送り出し、それが「金」の形で還流し新たな研究成果に、との循環を説いているのである。

北里柴三郎の「実学の精神」

「実学の精神」を説いた北里柴三郎は幕末の1853（嘉永6）年に生まれ、日本の予防医学を立ち上げた人物である。日本の「近代医学の父」、「細菌学の父」と称される。第1回のノーベル賞の候補ともなった。当時の東京医学校（現・東京大学医学部）卒業後、1886（明治19）年から6年間、ドイツに留学、結核菌やコレラ菌の発見で知られるロベルト・コッホに師事した。破傷風菌の純粋培養の成功や破傷風菌抗毒素の発見と血清療法の確立などを通じて一躍、世界的な研究者として名をあげる。

帰国後の1892（明治25）年、福澤諭吉や福澤と親交のあった森村市左衛門の支援を受け私立伝染病研究所を設立、所長に就任する。福澤は1890（明治23）年に慶應義塾に大学部を設け、私立として最初の総合大学とするなど、教育者として名をあげていた。森村は1876（明治9）年に弟の豊らとともに、日本の貿易業の草分けとなる森村組（現・森村商事、同組はノリタケカンパニーリミテドをはじめとする森村グループの源流となる）を立ち上げていた。同研究所にて北里は、伝染病予防と細菌学の研究に邁進する。翌年には福澤らの支援を受け、日本初の結核専門病院である土筆ヶ岡養生園（現・北里大学北里研究所病院）を開園した。当時、罹病患者が多く死亡率も高かった結核の予防と治療に邁進する。他国に比較して日本は青年の死亡率がとくに高く、福澤はそれを憂えていた。北里の名声もあり、全国から患者が集まった。

私立伝染病研究所は拡張され北里を所長としたまま、1899（明治32）年に国立となる。福澤は国立となることを認めつつ、研究所の運営について政府の方針転換の可能性を危惧、自己努力で蓄財することを忠告した。忠告するだけでなく養生園には、資金管理に強い人物を事務長として送り込んでもいた。福澤の危惧したことは1914（大正3）年、現実となる。所長の北里に断り無く、管轄が内務省から文部省に移管される。これは、当時の東京帝国大学の支配下に入ることを意味した。研究と教育が主体の文部省、大学の下では、実社会の予防疫学の実践が困難になると危惧された。即座に職を辞した北里に、全研究員も行動を共にする。養生園の収入の蓄財がここで役に立つ。それが元手で同年に医学の研究機関たる北里研究所設

【写真２－２　大村智とアフリカ・ガーナの子供達】

写真提供：北里大学大村智記念研究所

立となる。

北里は他にも例えば、1894（明治27）年にペストが蔓延する香港にてペスト菌を発見、対処法を編み出した。ペストは世界に拡大したが、過去の被害よりも小規模にくい止められた。1913（大正２）年には、日本結核予防協会（公益財団法人結核予防会の前身）を立ち上げている。これを資金面で支えたのが渋沢栄一であった。明治以降500社もの創業に関わり「資本主義の父」と呼ばれた人物である（奇しくも北里と渋沢は、2024年に改刷される新札の図柄に肖像が採用された）。渋沢は妻を伝染病のコレラで亡くしていた。1921（大正10）年には、現在の医療機器大手のテルモにつながる会社の設立にも参加している。北里は自ら資金を、あるいは、志を同じくする人物からの支援を受け、研究の成果を世に送り出し、また、つぎの研究へとつないでいたのである。

大村智の「研究を経営する」

大村は1935年生まれ、山梨大学学芸学部自然科学科にて化学を専攻した。卒業後、都立の工業高校夜間部の教員になる。夜学で懸命に勉学に励む学生の姿に打たれ、自らも再度、化学の研究の世界に戻る決意をする。東京理科大学大学院に入学し、昼は大学院で学生、夜は高校で教員と二足のわらじを履くこととなる。修士課程修了後の1963年、山梨大学工学部発酵生産学科の助手となる。ワイン醸造の研究を通じて微生物の能力の素晴らしさに目ざめ、専門の化学の力と微生物の力の掛け合わせを目指すこととなる。1965年に（社）北里研究所に就職後は、化学物質の構造決定の研究を進めた。後に研究の幅を広げ、物質を見つける研究も手がけることとなる。

メルクとのつながりは、1971年に米国のウエスレーヤン大学に客員研究教授として招かれたことで始まった。企業からの研究費を得て有用な物質を見つけ出し、占有実施権を企業に渡す。物質を使った製品が売れた場合、売上高に応じたロイヤルティーが支払われる方式とした。大村の研究室は数多くの物質を見つけ出し、製薬会社が開発研究を進め治療薬として製品化を進めていった。それにともない(社)北里研究所には数百億円レベルの莫大なロイヤルティーがもたらされ、それがつぎなる研究の原資となっていく。

大村個人の研究室の運営、後に手がけることとなる（社）北里研究所や（現・（学）北里研究所）の運営に際して大村は、「研究を経営すること」との考え方をもっていた。これには研究のアイデア、そのための資金投入、人材育成、得られた成果の社会還元の４つの要素があるとする。座して資金を待つのではない。社会が求める治療薬などにつながるアイデア、それなくして、また、つながった成果がなければ企業からの資金提供はままならない。また研究の効率を考えれば優秀な人材を育成・活用することが必須となる。こうした４つの要素を上手にからませ、回していくことを必須と考えたのである。

そのために必要な知識を大村は、（会計学をふくむ広い意味での）経営学の研究者から、あるいは、研究所の監事を務めていた複数の現役経営者から学んだ。そうした学びから大村は「研究を経営すること」を実践、研究室の経営者として数多くの成果をあげる。それだけでなく（社）北里研究所のワクチン部門、病院部門の業務改革、職員の意識改革を断行し、赤字続きで経営不振に陥っていた北里研究所の再建を果たした。新しい病院の建設までも成し遂げたのである。くわえて社団法人北里研究所と学校法人北里学園を統合させ、学校法人北里研究所として再生させた。法人の経営者としての手腕を見込まれ（そして同時に、絵画や美術に関する造詣の深さもあって)、多忙を極める最中、強く請われて女子美術大学理事長を二度、通算14年、務めてもいるのである。

3 なぜ、ためらうのか

体系と歴史？

なぜ、おっくうさを感じるのか。ためらうのか。

経営学と経済学の違いを説明しようとすれば、まず第１に、経営学とは何か、経済学とは何かという問いに答えなければならない。しかし、経済学のなかでもさまざまな細分化が起こっており、さまざまな主張がある。そのため、経済学とはどのような学問かを一口で説明することは難しい。経済学者の数だけ経済学がある、という話を聞いたこともあるが、経済学の中身を知れば知るほど、その定義はさらに難しくなる。

経営学もそうした事情はまったく同じである。しかし、その定義はさらに難しい。最大の理由は、経営学が経済学ほど体系化されていないからである。経済学には標準的な教科書がある。その主張に反対する人々でさえ、それが標準的な教科書であることは認めている。残念なことに、経営学には、そのような標準的な教科書はない。経営学の教科書の内容は千差万別である。読者が手にしている『１からの経営学』を標準的と思う経営学者もいれば、他の経営学者がこれを標準的だと認めてくれる保証はない。

体系化が進んでいない状況では、経営学とは何かを一口で説明しようとすると、自分自身でも「間違っているかな」「誤解を与えてしまうかな」と感じることをあえて口にしなければならなくなってしまう。「ウソ」をつかなければならなくなってしまう。堂々と他人に嘘をつくのはあまり気持ちの良いものではない。それゆえ、どうしてもおっくうさを感じてしまう。もちろん、ここでは嘘をつくわけにはいかない。後ほど、経営学とはどのような学問かを、嘘にならない程度でくわしく説明する。

おっくうさを感じるもう１つの理由は、経営学者としての複雑な心理である。経営学の歴史は、じつに浅い。やっと100年余りである。現在の経営学が成立したのは、20世紀に入ってからである。「経営学の父」と呼ばれることがあるF. W. テ

Column 2 - 1

学びを深めるために

第１章で述べているように、経営学を学んでいく上で現実の企業活動に興味をもつことは非常に重要である。また、そうすることで、学習することが楽しいものになる。

企業活動の実情を知るには、新聞をきちんと読むことをオススメする。『朝日』『読売』『毎日』といった一般紙の経済面にくわえて、日経四紙（『日本経済新聞』『日経産業新聞』『日経流通新聞（MJ）』『日経ヴェリタス』）をはじめとする経済・経営専門紙にも挑戦していただきたい。専門紙といっても最近は、専門用語に関する丁寧な解説がある。また、ヒット商品の分析など、ごく身近な話題を取りあげた特集もある。それぞれ、インターネットによる配信サイトも充実している。

くわえて、企業経営をネタにしたテレビ番組も少なくない。新製品の開発秘話、海外市場の開拓ストーリー、激安商品がわれわれに届くまで……。NHKでそうした放送がとくに多いイメージがあるかもしれないが、そんなことはない。他局でも多い。たとえば、日本経済新聞社を大株主にもつテレビ東京（系列局は以下。テレビ北海道、テレビ愛知、テレビ大阪、テレビせとうち、ティー・ヴィー・キュー九州放送）でも、経済専門ニュース番組をはじめとして、経済・経営にかかわる内容のものが多い。

企業について調べたいときは、インターネットで企業のホームページにアクセスするのもよいかもしれない。くわえて、会社の歴史を知るには社史もオススメである。最近の社史は各社のホームページで閲覧できることも多い。意外なエピソードなど、読者を飽きさせない工夫も施されている。社史についての入門書としては、『カイシャ意外史－社史が語る仰天創業期』（村橋勝子、2008年、日本経済新聞出版社刊）がある。またビジネスの現場の方には、『社史から学ぶ経営の課題解決』（阿部武司・橘川武郎編、2018年、出版文化社刊）もオススメである。

また、企業活動をネタにした映画・ドラマ・小説・漫画などに触れることも、関心を深めることにつながるであろう。とはいえ、まずは何を手に取ればいいか悩んでしまったときには以下のようなガイドブックが重宝する。

- 映画：『映画に学ぶ経営管理論（第３版）（松山一紀、2019年、中央経済社）、『新・シネマで法学』（野田進・松井茂記編、2014年、有斐閣ブックス）、『仕事に必要なことはすべて映画で学べる』（押井守、2013年、日経BP刊）、『(シネマ経済学入門）ローマの休日とユーロの謎』（宿輪純一著、2009年、東洋経済新報社刊）、『未来への経済論―映画で読み解く私たちの行方』（小村智宏、2007年、弘文堂刊）、『映画が語る 働くということ』（佐藤忠男、2006年、凱風社刊）などがある。リクルート ワークス研究所の機関誌『Works』（https://www.works-i.com/works/）の連載「人事は映画が教えてくれる」や「日経ビジネス電子版」の「押井守の『映画で学ぶ現代史』」（https://business.nikkei.com/atcl/seminar/19/00088/）も参考になる。

- 映画そしてドラマもふくめて：『(「王様のレストラン」の組織論から「フラガール」の経営戦略まで）ドラマで学ぶ経営学入門』（河西邦人、2007年、PHP研究所刊）、『踊る大捜査線に学ぶ組織論入門』（金井壽宏・田柳恵美子、2005年、かんき出版刊）、『「王様のレストラン」の経営学入門―人が成長する組織のつくりかた』（川村尚也、1996年、扶桑社刊）などが参考になる。
- 小説：『(ビジネスと人生の本質に迫る絶対オススメ78冊）この経済小説が面白い！』（堺憲一、2010年、ダイヤモンド社刊）、『文学で考える〈仕事〉の百年』（飯田祐子・日高佳紀・日比嘉高編、2010年、双文社刊）、『経済小説がおもしろい。―日本の未来を解く30冊』（斎藤貴男、2001年、日経BP社刊）、『小説で読む企業ガイド』（岩出博、1999年、文藝春秋刊）、『企業小説に学ぶ組織論入門』（田尾雅夫、1996年、有斐閣選書）などが参考になる。
- 漫画：『仕事マンガ！―52作品から学ぶキャリアデザイン』（2011年、梅崎修、ナカニシヤ出版刊）、『サラリーマン漫画の戦後史』（真実一郎、2010年、洋泉社刊）（同書には2018年刊の『サラリーマン漫画の戦後史（改訂版）―昭和・平成を越えていけ』との改訂版があり、AmazonのKindle版（電子書籍）にて入手可能）などが参考になる。

イラーの『科学的管理の原則』が出版されたのは1911年である。ドイツでJ. F. シェアーの『一般商事経営学』が出版されたのも1911年である。一方で、現在の理論化された経済学につながる最古の理論とされる『国富論』をアダム・スミス（ちなみに彼は「経済学の父」と呼ばれている）が出版したのは1776年である。これを嚆矢として経済学（古典派経済学）が、１つの独立した科学分野として着々と学問としての地位を固めてきた。

100年以上の歴史の差があるのである。20年を１世代とすれば、６世代以上の差があるのである。経済学は、経営学にとっては、曾おじいさんと曾孫以上の差のある先輩なのである。しかも、経済学は、社会科学のなかで最も体系化された学問なのである。それゆえに「社会科学の女王」とまで称されてきた。

このような立派な先輩をもっているから、「経営学とは何か」という疑問に答えようとすると「経済学とどう違うか」ということに触れざるをえない。このときの経営学者の気持ちはじつに複雑である。「自分とは何か」を説明するために、兄や父親との違いをまず説明しなければならない弟の気持ちとよく似ている。この複雑な気持ちを言葉で表現するのは難しいのだが、よくできる兄をもっている人々にはわかってもらえるかもしれない。

「金もうけ」の学問？

おっくうさを感じる第3の理由は、経営学に向けられた社会的偏見である。経営学や商学には、利益追求のための学問、「金もうけ」のための学問という偏見がつきまとってきた。実利的な文化をもつとされる米国でさえ、偏見は存在している。欧州では、言わずもがな、である。みなさんのなかにも、このような考えはないだろうか。

経営学の生成期のドイツでは、利益追求の学問は大学で教えるに値しないという理由で、経営学の研究者が大学から排斥されかねない事態さえ起こった。日本でも戦時体制下で、そうした偏見にもとづく悲劇があった。戦前の日本には、商学を学びビジネスエリートを育てる高等教育機関として各地に高等商業学校（略して高商）が設置されていた。戦時中、商業は、モノを生産することなく、それを右から左に流すことで利益を得ているだけであると、とくに軍部の目の敵とされ、高商の多くは経済専門学校（経専）と名称変更を強いられた（高商の流れをくむ大学に在籍されている学生であれば、学校の沿革をホームページなどでチェックされてみればよい）。こうした圧力のなかで大学の改称が強いられるという事態は、大学の歴史のなかでも希なことである。

こうした偏見は薄れてきたと思われるが、それでも利益追求のための学問との偏見は抜きがたいようである。一般の人々に一生懸命に経営学について説明した後、「要するにお金もうけの学問なのですね」とまとめられてしまうこともある。さらにやっかいであるのは「いや、違います」とはは っきり否定できないことである。

経営学は応用科学である。応用科学は、さまざまな目的に利用することができる。たとえば、医学も応用科学である。それゆえ、困った人々の救済に利用することもできれば、一部の医者や病院のように、お金もうけの恰好の道具ともなりうる。

経営学も性格としてはまったく同じである。しかし経営学には、利益追求の学問との偏見がつきまとう。その原因は、経営学が企業の経営という現象を主たる研究領域としているからである。資本主義社会の企業の目的は利益追求だという常識がある。この常識は一面では正しい。しかし、一面では誤っている。企業活動の主要な動機をみれば、この常識は誤っていない。しかし、具体的な活動に目を転じてみれば、企業の目的は千差万別である。さまざまな産業の企業も、良心的な病院と同じように、お客さんに役立つ価値の提供を目的としている。お客さんが買うに値すると思う商品やサービスを提供することに存在価値がある。それを提供することで利益を上げることができる。利益が上がるからこそ、われわれの生活を豊かにするであろう商品やサービスを引きつづき提供できる。

しかし悲しいかな、このようにはなかなか見てもらえない。さらにやっかいであるのは、経済学はその基本として、企業は利益を追求するものだという一面のみを強調してしまうことである。日本をはじめどのような社会にも、利益追求を好まない価値観がある。この価値観と一面の真実ゆえに、経営学にたいする偏見が生み出されてきたのである。

大村智の成し遂げたこと

ただし、ここで思い出して欲しい。大村智の事例である。大村は化学を修めるとともに、もう１つ、何を学んだか。（会計学をふくむ広い意味での）経営学である。

米国をはじめとする諸外国では、経営学教育は大学院レベルで行われることが多い。それらは一般に「ビジネススクール」と呼ばれ、そこで得られる学位がMBAである。日本で大学院といえば、研究者養成のイメージが強い。しかしビジネススクールでは、企業幹部あるいはそれを目指す企業人を対象として、たとえばマーケティング、ファイナンス、人的資源管理といった分野において経営実務に必要な専門知識を提供することがメインの授業となっている。授業の進め方も、教員が学生に向かって一方的に講義を行うスタイルではなく、現実に起こった企業事例を素材に教員と学生、学生間でディスカッションを行うスタイルをとる場合が多い。こうした教育スタイルが、ケースメソッドと呼ばれるものである。

こうした教育を行ってきたビジネススクールにたいしても、金もうけのノウハウを提供する場にすぎないとの批判があった。そうした批判は現在もある。確かに、そうした側面があることは決して否定できない。

しかし、大村の場合にはどうであったか。ビジネススクールで教育を受けたわけ

【写真２－３　オクスフォード大学サイード・ビジネススクールの授業風景】

写真提供：稲葉祐之

ではないが、研究者から経営学の知識を習得し、また、現役経営者から経営実務の立場から知見を得ていた。それを活かして「研究を経営する」サイクルを上手に回し、その結果、社会に求められる成果を提供、多くの命を助けつづけたのである。提供しつづけるための手段としての「金もうけ」は否定されるべきものではない。

4 経営学とは

狭義の経営学

経営学とはどのような学問か。経済学とどのような関係をもつのか。残念ながら、先に書いたように決定版といえる説明はできない。しかし、多くの研究者に納得してもらえるであろう説明を以下で行っていこう。

広い意味での経営学あるいは商学は、通常、３つの分野から構成されている。狭い意味での経営学、会計学、それに狭い意味での商学である。

狭い意味での経営学は、経営（マネジメント）という現象を研究対象にしている。

【図２－１　経営学とは】

（狭義の）経営学

・経営（マネジメント）という現象を研究の対象とする分野。マネジメントとは「『人々を通じて』『仕事をうまく』成し遂げること」。

会計学

・経営を会計数字という視点から捉えようとするための方法を研究する分野

（狭義の）商学

・取引関係を深く研究しようとする分野

マネジメントとは、「『人々を通じて』、『仕事をうまく』成し遂げること」である。そのための方法を研究するのが、狭い意味での経営学である。この分野には、大きく２つの研究の領域がある。１つは、「仕事をうまく」ということの定義にかかわる分野である。この判断は、企業の外部環境と深くかかわっているために、環境のマネジメントと呼ばれることもある。

環境のマネジメントには大きく分けて２つの分野がある。１つは経営の前提として、どのような仕事をすることが正しいことなのか、その判断を誰がすべきかという問題を研究する分野である。第１章にあった、組織体の「ガバナンス（統治）」にかかわる分野である。もう１つは、より具体的に、さまざまな環境に対応してどのような仕事をすべきかを研究する分野である。経営戦略にかかわる研究分野である。この研究分野は、現代の経営学の中心に位置している。

前者の統治の問題を深く学んでいくためには、会社法の理解が欠かせない。それが土台となっているためである。会社法の基本的な考え方に従えば、株式会社は「カネ」を提供する株主のものとされる。この株主が会社経営にあたっていかなる権限をもち、同時にいかなる責任をもつかについては、「会社法」といった講義で触れられている。「企業（形態）論」といった講義では、法制度の学習にくわえて、権限と責任にかかわる実態を学ぶことができることが多い。また、「コーポレート・ファイナンス」「企業財務論」といった講義科目も統治の問題を取り扱う。どのように「カネ」を工面するかが議論されているためである。
経営の研究のもう1つの分野は、「人を通じて」という部分にかかわる分野である。簡単にいえば、どのようにすれば人を動かすことができるか、働いてもらうことができるかという問題を研究する領域である。第1章にあった内部組織のマネジメントにあたる分野である。
この問題は、「経営組織論」といった講義でより深く学ぶことになろう。「経営労務論」、最近であれば「人的資源管理論」といった講義でも、この「人を通じて」という部分がメイン・テーマとされる。

研究対象の広がり

マネジメントは、さまざまな組織体で必要になる。企業組織だけではない。家庭でも、学校でも、病院でも、行政組織でも経営が必要である。したがって、経営学の知識、とくに経営組織論分野の知識は企業経営だけでなく、学校、病院といった組織の経営にも応用できるものである。
企業の経営についての研究が現在でも中心であり、最も進んでいるのは事実である。企業はうまく経営されなければすぐにつぶれてしまう。それゆえ、企業のマネジメントが最もダイナミックで経営学者の知的好奇心を引きつけてきたからである。
ただし最近では、他の組織体を対象とする経営学研究も急速に発展を遂げつつある。たとえば、学校である。少子化の進展という外部環境の変化、これは学校にとって「お客さんの減少」を意味する。研究が発展している背景には、何もせずとも受験生・入学生がある時代は過去となり、下手をすると「すぐにつぶれてしまう」現実が到来している。病院も、それを取り巻く経営環境はきびしさを増している。それに呼応して、病院経営も研究対象として注目を浴びている。国や多くの地方公共団体が財政難に直面しており、それらのマネジメントのあり方も問い直されている。それにともないたとえば、各地の多くの美術館・博物館、交響楽団などへの公からの財政支援がままならないものとなり、それらのマネジメントの現状や将来にも、黄信号や赤信号が灯っている（学校、病院、行政組織では、企業と同じやり方は通用しないから経営学はそもそも応用できないし、応用すべきではないという主張もある。しかし、機械的に同じやり方を受け継ぐことだけが応用ではないとすれば、この種の主張が間違っていることは明白である）。
このように経営学は、時代の変化に対応して多様な組織体を研究対象にくわえていく、じつにダイナミックな、生きた学問なのである。

会計学と狭義の商学

会計学とは、経営を会計数字という視点から捉えようとするための方法を研究しようとする分野である。この分野は大きく２つの下位分野から構成されている。１つは、財務会計である。経営の成果を正しく把握するための方法を研究する。組織体にはさまざまな集団が利害関係をもっている。株主、銀行、取引先、政府など、である。企業の従業員もそれにあたる。この利害関係を調整する基本中の基本は、企業経営の現実を正しく把握することにある。企業活動の財務的な成果を集計し、外部に示すものが財務諸表である。カネにまつわる利害関係者である株主や債権者（たとえば、銀行）にとれば、正しく把握されていない、つまり儲かっているのか、いないのかがよくわからない会社には、そもそも、こわくてカネは出せない。下位分野のもう１つは、管理会計である。会計的な数字をもとに、経営を行うための方法を研究する分野である。狭い意味での経営学と最も密接に結びついている。マネジメント・コントロールと呼ばれることもある。

前者を正しく把握するためのルールについては「財務会計論」や「財務諸表論」、具体的な計算の手順については「簿記論」といった講義で学ぶことになる。後者にかかわる大枠については「管理会計論」、そして具体的な計算の手順については「工業簿記」といった講義で学ぶことができよう。

また狭い意味での商学は、取引関係を深く研究しようとする分野である。経済学もこのような取引を研究するが、経済学では、どのような取引にでも成り立つ普遍的な論理の解明が追求されるのに対し、商学では、取引の性質ごとに成り立つ異なった論理が追求される。生命保険の取引も、牛肉の取引も、取引としては共通点があるが、そこに成り立つ論理は大きく異なっている。このような固有の論理を、金融、証券、交通、流通、保険などの分野ごとに研究していくのが商学である。

学際性

以上が経営学の主要分野のおおよその特徴と全体像の説明である。つぎに、経営学の基礎となっている学問分野との関連についてみていこう。

広い意味での経営学は、学際的な研究分野である。経済学のみならず、さまざま

Column 2 - 2

「人間は複雑である」

「近代経営学の父」なるドラッカーが「経営学の父」とあがめたのが、F. W. テイラーであった。1910年代から1920年代にかけては、テイラーの時代であるといってよい。

諸説あるが、経営学を「いかにして人をうまく働かせるか」という問題に答えようとして始まった学問であると書いても、大方の研究者の同意は得られるであろう。

この問題への最初の解答を提出したのが、テイラーであった。その答えとは、報酬と作業条件の工夫であった。ストップウオッチを用いた時間動作研究という科学的な方法で、現場の作業者の１日の標準的な作業量である「課業」(task) を決め、それをもとにした刺激賃金制度が高い生産性を生み出すと指摘した。課業を達成した労働者には高い賃率を適用する一方、達成できなかった労働者には低い賃率を用いることとしたのである。一種の成果主義である。そして、疲労を少なくし、作業を効率化するような作業条件を作り出す必要性も説いた。これらが解答だった。このため経営学は作業の科学として当時、工学の一分野、ヒューマン・エンジニアリング（人間工学、エルゴノミックス）であると考えられていた。

このような考え方に大きな変革がもたらされたのは、1920年代から30年代にかけてであった。きっかけとなったのは、有名な「ホーソン工場実験」である。米国の電話交換機組立工場で実施された研究で、その工場の名前をとってホーソン実験と呼ばれている。この実験は、どのような作業条件と報酬制度のもとで人々の働く意欲は高まるのか、具体的な組み合わせを明らかにしようとして開始された。目的は、人間工学、テイラーの仮説を精緻化することにあった。実施したのは、ハーバード大学の研究グループであった。

従業員のなかから実験に参加する人が選ばれ、実験室に集められて、さまざまな条件が設定され、実験が行われた。しかし、研究グループの予想に反して、どんな作業条件（照明や休憩時間など）・報酬制度を導入しても、選ばれた従業員からなる実験集団の作業効率は一貫して上昇し続けた。

研究グループは、なぜこのような結果になったのかが理解できなかった。被験者の従業員に聞くと「自分たちは実験のために選ばれた集団である。会社や研究グループの期待に応えるには実験に協力しなければならない」との気持ちをもって仕事に臨んでいたとのことであった。この気持ちが支えになって、お互いに励まし合うことによって、不利な作業条件のもとでも、効率は高まっていったのである。人間はお金を払えば働いてくれるという単純なものではない、研究グループは「人間は複雑である」との結論にいたる。成果主義よりも効果的なものがあることを指摘したのであった。

それ以降、経営学の性質が大きく変わった。工学の一分野、応用工学から、応用人文社会科学へと変貌を遂げることとなった。人間を理解することは、人間の気持ちを理解することである。気持ちは工学的な理解だけではなくて、文化論、人文科学、社会科学の研究成果も借用しないと理解できないという認識が生み出されることで、経営学は急速な発展を遂げることとなる。

な基礎学問と関係をもっている。経営学は、これら学問を、経営という現象に応用しようとした応用科学である。

上であげた３つの分野は、それぞれ経済学とのかかわりをもっているが、そこには濃淡がある。経済学と最も密接な関係をもっているのは商学である。誤解を恐れずにいえば、商学は、取引にかかわる応用経済学であるといってもよい。そのため、商学分野の「金融論」「証券論」「……論」を学ぶためには、経済学の基本をきちんと学習しておく必要がある。財務会計の分野も経済学と深い関係をもっているが、法学とも接点をもっている。

狭い意味での経営学でも、環境のマネジメントの統治や経営戦略の分野では、経済学と深い関係がある。これと比べると、内部組織のマネジメントの研究分野では、経済学との関連は希薄である。経済学よりは、社会学や心理学、社会心理学との関係がより緊密である。

さまざまな社会現象を、それを構成する個人に言及して理論的に説明しようとすると、何らかの人間モデルを前提にすることが必要である。経済学の標準型である新古典派経済学が想定するのは、いわゆる「経済人モデル」である。人間は、自分自身の利益のために、最大限の合理性を発揮して行動する。最小の努力で最大の成果を得ようとする。ときには、他人を犠牲にし、裏切ることもいとわない。このような功利的な人間観は、現代の市民社会の特徴をうまく捉えたものである。この章の筆者自身のなかにも、このような一面はたしかにある。また、このような極限的な人間観を前提にすることによって、ある種の社会現象を鋭く分析することもできる（もちろん、すべての経済理論がこうした人間観に基づいているわけではない。たとえば、行動経済学と呼ばれる分野では、合理的な経済人を議論の前提とはしない)。

経営現象も、この人間観であらかた説明ができる。統計学の決定係数でいうと、8割方説明できる。しかし、それでは説明できないものがいくばくか残る。自分の損得を度外視して仕事に熱中する、得だと思っても自分自身の信念に合わないことはしないといった行動である。しかし、経営現象、社会現象の理解にとっては、このいくばくかが決定的に重要な意味をもっている。このいくばくかを理解するには、心理学や社会学の知見が欠かせない。

5 おわりに

本書には、狭い意味での経営学にかかわる議論の基礎が収められている。それぞれをしっかりと理解するためには、基礎学問の学習も欠かせない。そのため、たとえば、一般教養の科目として「心理学」といった講義があるならば、是非、まじめに学習してほしい。経済系あるいは法律系の科目のいくつかも同様である。そうした積み重ねが、経営学の学習には非常に重要なことである。

?考えてみよう

[予習のために]

「経営学」と聞いて、何を学ぶと思っていましたか。また、何を学びたいと思っていましたか(また授業を受けて、思った通りでしたか、違いましたか)。ぼんやりとでいいので、思いを整理しておいてください。

[復習のために]

1. 経済学には「経済人モデル」と呼ばれる人間モデルがあることを紹介しました。人間モデルとは、人間をどう見るかという意味での人間観です。ヒトの心理や行動により関心を払う経営学の研究分野には、それとは異なった多様な人間モデルが存在します。「社会人モデル」や「自己実現人モデル」と呼ばれるモデルです。それぞれの特徴を整理してください。
2. 今後、経営学をより深く学習していこうと思っている大学生であれば、年度はじめに渡される『講義要項(シラバス)』を参考にして、どういった講義を今後、履修していけばよいか、自らの学習計画を立ててください。

主要参考文献

大村智『人をつくる言葉』毎日新聞出版、2016年。

大村智『ストックホルムへの廻り道―私の履歴書』日本経済新聞出版社、2017年。

加護野忠男「『鋭い刃物』が切り残すもの」『経済セミナー』２月号、1997年。

加護野忠男「経営戦略論」神戸大学経済経営学会編『経営学研究のために（第９版）』神戸大学経済経営学会、2006年。

馬場錬成『大村智物語―ノーベル賞への歩み』中央公論新社、2015年。

「特集 北里とノーベル賞―北里研究所・北里大学」『東京人 増刊』2019年12月増刊号（419号）。

次に読んで欲しい本

石原武政・忽那憲治編『商学への招待』有斐閣ブックス、2013年。

神戸大学経済経営学会編『ハンドブック経営学（改訂版）』ミネルヴァ書房、2016年。

日本経営協会監修・経営能力開発センター編集『経営学検定試験公式テキスト１ 経営学の基本（第６版）』中央経済社、2018年。

第3章

企業と会社

「企業と会社、どう違うの？」。商品やサービスの提供といった企業活動を実際に行っていく際には、各国の法に則って「会社」という器が用いられる。この器のなかに「カネ」や「ヒト」が集められ（集まり）、提供される商品やサービスが作り出される。本章では、現代社会を代表する会社形態である株式会社に焦点を当て、その特徴を浮き彫りにしていくこととしよう。

1 はじめに

第１章で、企業経営の全体像を説明した。企業活動を現実に進めていくためには通常、法律にそって「会社」というものが設立される。一口に「会社」といっても、法律上はさまざまな形態のものがある。この章では、日本のみならず世界を見まわしたときにも、最も普及した形態である「株式会社」に議論の焦点を絞る。第１章で少し触れた「株主」がどのような権限を手にしているのか、株式会社の設立の仕方、その制度や仕組みについて見ていくことにする。

株式会社の仕組みは「人類最大の発明」や「近代における最大の発明」とまで賞賛される。「カネ」には不自由している。けれども、知恵は持ち合わせている。このような人々が多くの人々から資金を募って業を企てる。これが株式会社の原型である。この仕組みなくしては、資本主義の繁栄、現代社会の繁栄はなかったと断言できる。

なぜ断言できるのか。本章では、株式会社の仕組みの概要・略史を理解することを通じて、なぜそのように断言できるのかを考えていくこととしよう。なお株式会社の仕組みについては、各国の商法あるいは会社法に規定がある。本章では、その基本的な共通点について論じていくこととする。

日本語の「会社」は、英語の“company”あるいは“corporation”を訳した用語である。

【表３－１　種類別会社数】

株式会社	253万7,667
合名会社	3,814
合資会社	1万6,112
合同会社	8万2,931
その他	6万6,103
＜合計＞	270万6,627（社）

出所：国税庁「平成29年度分会社標本調査」（同庁ホームページ掲載）より筆者作成。

この「カンパニー」なる用語と幕末の志士である坂本龍馬との間には、じつは浅からぬ縁がある。ブームとなっている、いわゆる「ご当地検定」の１つに長崎歴史文化観光検定がある。同検定の３級の問題として「坂本龍馬らが中心となって長崎にできた、日本最初のカンパニーと呼ばれるものは？」なる問いがなされたことがある。以下の「長崎株式会社」「土佐商会」「海援隊」「亀山社中」「九十九商会」の５つ選択肢から、正しいものを選ぶ形式の問いであった。正答は「亀山社中」である（当時は「社中」とだけ呼ばれたが、本拠とされた長崎・亀山の地にちなんで亀山社中と称されることが一般的となっている）。この亀山社中なる会社は後に、より知られた名であろう「海援隊」に衣替えすることとなる。

本章ではまず、日本における初の会社、日本における株式会社の原型となったとされるこの亀山社中（そして海援隊）とはいかなる会社であったのかを見ていこう。

2 事例：亀山社中（海援隊）

「竜馬がゆく」から「龍馬伝」へ

そもそも、坂本龍馬（以下、龍馬）の存在が世に知られるきっかけは、著名作家の司馬遼太郎が「竜馬がゆく」なる小説を『サンケイ』新聞（現・『産経新聞』）の夕刊に連載したことにある。これは史実に忠実な小説ではなく、実在の「龍馬」ではなく架空の「竜馬」を主人公にしたものではあったが、現在、世に流布する龍馬像を打ち立てることとなった。

この小説は単行本・文庫本化され、現在も読み続けられている。ロングセラーとなっているとはいえ、連載が開始されたのは半世紀以上前（1962年６月21日から1966年５月19日まで連載）のことであった。それゆえ本書の読者のなかには、2010年のNHK大河ドラマ「龍馬伝」で初めて、龍馬の活躍に胸を躍らせたという方も少なくはなかろう。主人公の龍馬を人気タレントの福山雅治が演じ、同じ藩出身の岩崎弥太郎（以下、弥太郎）をこれも人気俳優の香川照之が演じた。

後者の弥太郎は、現在の三菱商事、三菱重工業、三菱UFJ銀行（旧・三菱銀行）などにつながる三菱財閥を立ち上げた人物である。「龍馬伝」では、この弥太郎の視点から龍馬の人生が物語られた。

【写真３－１　坂本龍馬】

写真提供：高知県立坂本龍馬記念館

日本史に登場する数多の人物のうち、一、二を争う有名人、好きな人物に選ばれる存在となった龍馬であるが、そもそも、何を成し遂げた人物であるのか。ここで念のため、確認しておこう。

高知県立坂本龍馬記念館のホームページを訪れると「龍馬って何した人？」との質問に対して「簡単に言うとすれば、『龍馬は江戸幕府を倒すきっかけを作った人』といえます。当時の幕府は外国の要求を拒絶する力がなく、諸藩をまとめる力も弱くなっていました。しだいに、このような幕府では日本を守れないと考え、幕府を倒して天皇の下に統一された国家が必要だと考える人が現れました。龍馬もその一人でした（http://ryoma-kinenkan.jp/feat/)」とある。幕末の動乱期に日本の進路を見据え、明治維新のブレーンとして活躍したのが龍馬であった。幕末期の政治の舞台における重要なプレイヤーであったのである。

薩長同盟の裏側にあって

龍馬が生を受けたのは、1835（天保６）年11月に土佐藩、高知城下に坂本家の次男としてであった。武家の生まれであった若き龍馬が政治の世界に関心を寄せ、それに身を投じたことは、当時の政治状況を勘案すればそれほど意外なことではないかもしれない。龍馬19歳、1853（嘉永６）年には武芸修行のため江戸に出立し、尊皇攘夷運動を高まらせることとなったペリー来航も目撃している。

しかし生家の坂本家は、武家としての長い歴史を持つ家というわけではなかった。龍馬が生まれた頃の坂本家は下級武士の家柄とされるが、その先祖をたどれば商家として歴史を重ねてきた家柄であった。城下でも名の知れた豪商の流れをくむ家柄であり、江戸中期に金を出すことで武士としての身分を買い入れた経緯があった。龍馬が生まれた頃にも、坂本家の本家に当たる商家（才谷屋）が手広く商いをしていた。これらゆえに龍馬は、武家の生まれではありながらも、自由で合理的な商人気質、町人気質に触れながら育つこととなったのである。

倒幕の活動に身を投じた龍馬であるが、同じく同館のホームページに「龍馬は幕府を倒すために、まず幕府と対抗できる大きな力を持った薩摩藩と長州藩の同盟を成功させます。薩摩藩と長州藩は後々、武力によって幕府を倒そうと考えますが、龍馬は国内で戦争をしてはいけないと考えていましたので、平和的な倒幕である大政奉還を土佐藩に提案します。この案は土佐藩から徳川慶喜に進言され、慶喜もこれを受け入れて、形式上は幕府が消滅しました。そして、龍馬は新政府が進むべき道を船中八策によって示しました」とあるように、明治維新の道筋をつけることに尽力したのである。

反目し合っていた雄藩、薩摩藩と長州藩の仲に入り、1866（慶應２）年に西郷隆盛と桂小五郎（後の木戸孝允）を引き合わせて同盟の約束を取り交わさせた。いわゆる「薩長同盟」に深く関わるのが、日本初の会社、株式会社の原型となったとされる1865（慶應元）年に設立された亀山社中（以下、社中）であった。

反目し合っていた両藩であるが、両藩ともに、大きな問題を抱えていた。その当時の長州藩は幕府から対外貿易を禁止されており、兵器の調達に苦心していた。また薩摩藩も食糧不足にあえいでおり、兵糧米の調達に苦心していた。社中は薩長同盟の締結を目的とする政治的な組織であったが、同時に、活動資金はできるだけ自らの事業活動を通じて工面しようとする経済的な組織でもあった。政治的そして経済的な目的を達成するために、亀山社中は貿易業や海運業を営むこととなった。具体的には、武器や軍艦などの兵器を薩摩藩が購入するように見せかけ、実際にはそれの調達に苦心する長州藩に融通するなどしていた。亀山社中が取り持った実利的な結びつきが、険悪であった薩摩と長州の関係修復、同盟締結につながるのである。

日本初の「カンパニー」とその後

本章の「はじめに」で述べたように、「『カネ』には不自由している。けれども、知恵は持ち合わせている。このような人々が多くの人々から資金を募って業を企てる。これが株式会社の原型」である。

亀山社中の場合にはどうであったか。亀山社中の長であった龍馬には、政治的な考えがあったと同時に、貿易業や海運業を営むに必要な知恵、知識があった。それは、1862（文久2）年、龍馬26歳で土佐藩を脱藩、幕臣・勝海舟に巡り合い、神戸海軍操練所の開設に尽力、そこで師事することを通じてであった。勝から龍馬は近代国家のあり方を学ぶことで「日本の洗濯（改革）」を決意するだけでなく、近代航海術や海外事情なども伝授されていたのであった。こうした知恵、知識が貿易業、それに密接に関連する海運業を企てることを可能にした。

では、「カネ」はどうであったか。龍馬自身、あるいは生家や一族の蓄えだけでは、こうした業を営むことには無理があった。そこで龍馬が頼りとしたのは、薩摩藩であった。くわえて、当時、世界有数の貿易拠点であり、社中の本拠も置かれていた長崎の地にあった豪商にも頼ることとなる。持てる者から「カネ」を募って貿易業などを企てることが可能となったのである。

薩長同盟の締結という目的が果たされた後に社中は、土佐藩参与の後藤象二郎の骨折りで同藩の庇護を受けることとなる。1867年（慶應3）年4月、龍馬は長崎で海援隊長に任ぜられ、亀山社中がそのまま海援隊となった。当時の隊員数は約50名にのぼっていた。しかし同年11月、隊長の龍馬が京都で暗殺されてしまう。龍馬を失った海援隊は急激に勢力を弱めることとなってしまう。隊士はしだいに分散してしまい、翌年には土佐藩によって解散させられてしまった。

なお、土佐藩から経理担当者として海援隊に派遣されたのが、弥太郎であった。土佐藩の商社部門であった開成館長崎商会（通称、土佐商会）から龍馬のお目付役として派遣されたのである。紆余曲折はあったが弥太郎は後に、海援隊の流れをくむ九十九（つくも）商会を率いることとなる。海運業を営む同商会は、廃藩置県後に三菱商会

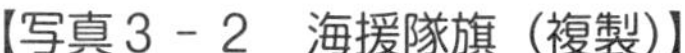
【写真３－２　海援隊旗（複製）】

写真提供：高知県立坂本龍馬記念館

と改名する。弥太郎は海運業を拡大するとともに、さまざまな事業を手がけることで三菱財閥の基礎を築いたのである。

3 株式会社と「カネ」

株式と株主

事業活動を営んでいくためには、本社や支社、工場や機械設備など多くの「モノ」が必要である。また、そこで働く「ヒト」に給料を支払う必要もある。亀山社中のように貿易・海運業を営むのであれば、何よりも船舶が必要である。また、船舶を操るという特殊技能を持った人々を雇い入れる必要もある。いずれも相応の「カネ」が必要となる。また、売れる商品やサービスを生み出す。工場を立ち上げ、正常に稼働させる。いずれにも相当の時間がかかる。投入されたカネがスグに回収できるわけではないのである。事業活動を進めていくためには、おのずと多くの「カネ」が必要となってくるのである。

事業活動の元手になる「カネ」は「資金」と呼ばれる。また、それを工面することは「資金調達」と呼ばれる。工面する方法はさまざまである。ゲーム会社でも何

Column 3 - 1

協同組合

人と人との助け合いを目的として作られた組織がある。協同組合がその１つである。個々人では経済的に弱者の立場になり得る農業や漁業の従事者や労働者、消費者、小規模の事業者が集まり組織される。組合自体の利潤は求めず、相互扶助が組織化の根本にあるとされる。同じ目的を持つ人々が集まって組合員となり、資金を出し合って、組合員の生活を向上させるための事業を行っている。協同組合は、こうした目的をもっていることをはじめとして、さまざまな点で株式会社と異なっている。たとえば株式会社は１株につき１票の議決権を有することを原則とし、株主は株を多く持つことで大きな影響力を持ち、より多くの配当金を受け取る。それに対して協同組合では、組合員１人につき１票を有し、組合の運営に参加している。協同組合として、農業協同組合（JA）や生活協同組合（COOP）がその代表である。

でもいい。あなたが何らかの事業を始めるとしよう。あなたが大金持ちであれば、資金調達など考えなくてもいい。それを元手にすればいい。しかし、普通はそうはいかない。

では、いかなる方法があるのか（資金調達の方法については、次の第４章にて詳細な説明がある）。スグに思いつくのは、銀行などの金融機関から資金を借り入れる方法だろう。ただし、現実はそう甘くはない。事業活動が緒に就いたばかりの頃に、おいそれとは貸してはもらえない。金融機関が門戸を開いてくれるのは、事業活動がある程度軌道に乗ってからである。借り入れのきちんとした返却を金融機関側が見込めるようになってはじめて、この手段が現実のものとなるのである。

他の方法としてあるのが、親類や友人・知人あるいは、あなたの事業に見込みがあると思ってくれた人など、周りの大勢から資金を出してもらう方法である。この際、資金を出してもらった証明のようなものが出される。これが「株」である。株を持った資金の出し手は「株主」と呼ばれる。資金を出したので、「出資者」とも呼ばれる。株は紙に印刷してあったため、「株券」とも呼ばれる（ただし、後で述べる証券取引所で取引されている株券については、2009年１月から電子化、ペーパーレス化されている）。

株式会社というのは、このように株という方法（方式）、つまり「株式」によって設立された会社というものである。法律的に見れば会社は、株主のものであり、株主が主権者とされる会社である。

「株を発行する」という表現を耳にしたことがあるかと思う。これは、資金を出そうとするものに対して株を渡すことで資金を工面することである。こうして株主から工面、調達された資金のうち、資本金に繰り入れられた額が「資本金」と呼ばれるものである。「資本」とは元手を意味し、資本金は会社を始める元手となる資金である。

この株式会社という仕組みが発明されたことで、個人の資金では到底、不可能な大規模な事業に要求される資金の調達が可能となったのである。

株主に与えられる権利

株主になることで、その株式を発行している会社との間で一定の権利を得ることができる。親兄弟や親友であれば、情にほだされて資金を提供することもあるかもしれない。つまり出資して、株主になることもあるかもしれない。提供することの見返りなど考えることなく、である。しかし通常は、何らかの利益、見返りを求めて資金は提供される。いかなる権利が得られるのだろうか。株主となることで得られる主たる権利には３つのものがあり、３大株主権あるいは株主の３大権利と呼ばれる（**図３－１**）。株主は原則として、自らが保有する株式の量に比例して権利を行使しうる。

第１は議決権である。これは、株式会社の最高意思決定機関である株主総会に出席して、総会にかけられた議案に対して賛否を投票することができる権利である。会社が決めた事業方針を認めたり認めなかったり、会社の経営を委ねる者（経営者）を誰にするのかを決めたりすることができる権利である（株主総会については、節をあらためて詳しく述べる。簡単に記しておくと、総会では取締役が選ばれ、この取締役が経営者を選ぶという段取りとなっている）。

総会における決議は一種の民主主義によって、基本的に１株１票の多数決によって行われる。そのため、より多くの株を保有している株主（大株主と呼ばれる）ほど、大きな影響力を発揮できる。

第２は剰余金配当請求権である。これは、配当金など、つまり利益の分け前を受け取る権利である。配当とは、会社が事業活動を通じて得た利益の一部を株主に分配することである。配当などの利益の分配は通常、年１回あるいは２回行われる。

【図３－１　株主に与えられる権利】

権利	内容
議決権	•会社の経営に参加する権利
剰余金配当請求権	•配当金などを受け取る権利
残余財産分配請求権	•会社が清算した時に残った会社の資産を受け取る権利

配当の大きさは、会社の利益に左右される。多くの利益を得た場合には配当が増加することもあれば、利益がわずかであった、あるいは利益がマイナスであった場合には配当が減額されたり、見送られたり（つまり、ゼロ）することさえもある。この権利についても、株式の保有量に応じて分配が行われる定めとなっている。

配当を実際に行うかどうかは株主総会で決定される。それゆえ、この剰余金配当請求権は必ず配当が受け取れるということを意味するものではない。もちろん、株主にとれば配当減少や見送りは望むところではない。それゆえ、株主総会における事業方針のあり方や経営者の選任に関わる議論においては真剣にならざるを得なくなる。

なお、配当しうる利益がないにもかかわらず行われた配当は「蛸（たこ）（足）配当」と呼ばれる。これは、食べるものがなく飢えた状態にある蛸は自分の足を食べるとのたとえから生まれた用語であるとされている。あたかも相応の利益があるように見せかける決算を行い（こうした行為は「粉飾」と呼ばれる）配当を行う行為は、会社を食いつぶす行為として違法とされている。

第３は残余財産分配請求権である。これは、会社が解散したときに残存する会社の資産を受け取る権利のことである。会社の意思で事業活動を停止して会社を解散した場合には、その会社の資産は売却するなどして、まずは資金を貸してくれた金融機関などへの返済資金に充当される。会社の資産とは、現金・預金や原材料など、あるいは工場（そこにある生産設備）や自社ビルなどである。それらへの優先的な返済がすんだ後、なお財産が余っていれば、株主は持ち株数に応じて残った財産の分配を受けることができる。

株主に課される責任

このように株主は、会社の経営に対して大きな権利を手にしている。こうした権利に対して株主に課される責任は、限定的なものである。これは「有限責任」と呼ばれる。

会社が赤字を抱えて倒産した場合を考えてみよう。この場合、会社の資産よりも借金の方が多いケースが通常である。借金の額がこれらよりも多い状況が、「債務超過」とされる状況である。こうした状況に陥ってしまえば、最終的に資産が残る可能性はきわめて低い。ない、というのが現実である。この場合、株主に対して課される責任は、出資した範囲に限定される。簡単に言ってしまえば、株を買った分だけ損をする、最悪でも株券がただの紙くずになってしまうことで済んでしまうのである（もちろん、紙くずになってしまうことは好ましいことではない。それゆえ総会にて、経営に口を挟むことが認められているのである）。

株主には大きな権利が与えられているとはいえ、株式会社が多額の借金を抱えて倒産しても株主が無限の責任を負うことはない。出した資金以上のものを請求されたり、会社が抱えている借金を引き受けたりする必要はない。逆に、出資金以上の金額や会社の借金の返済を求められる場合は「無限責任」と呼ばれる。株式会社制度が登場する以前には、これが普通であった。資金の出し手の責任が限定的とされたことは画期的なことであり、大きなリスクがつきものである大きな仕事に対しても資金を提供する者が現れやすくなったのである。

責任が限定的とされたことは、幅広い者から資金を集めることを可能とした。これにくわえて、いったん提供した資金を容易に換金できるようにしたことも、多くの人々が資金の提供に応ずることを促した。すでに述べたように、株式会社に資金を提供した、出資した株主には、資金を出したことと引き換えに株式が発行される。これは「資本の証券化」と呼ばれ、証券化された株式は第三者に対して自由に譲渡できる。他の株主の同意は必要ない。また、理由も問われない。こうした譲渡可能性が保証されたことが、資金の集中に寄与することとなった。ただし、当然のこととして譲渡するには相手が必要である。相手を探すのに、一対一で探していたのでは大変な手間がかかる。そこで生み出されたのが株式市場である。この市場には、株式を売りたい、あるいは、買いたいと思っている多数の人々が参加している。こうした市場が整備されることで、譲渡することによる換金がより容易なものとなった（株式市場については、第４章でさらなる記述がある）。

大勢の者から出資を仰ぎ、資金を集める。譲渡により出資者は変われども、会社側の資本に変化はない。株式会社制度によって会社は、永続的な存在となり得たのである。

日本の会社の中では、この株式会社が９割以上を占めているが、近年では合同会社が増加している。合同会社は2006年に導入された会社形態で、株式会社と同様に有限責任であるが、設立手続きの簡素化や決算公告の義務がない、あるいは会社のルールである定款に定めれば、損益の分配について出資者間で決めることもでき、株式会社よりも広範な定款自治が認められている。

4 株式会社と会社機関

株主総会

大勢の者から出資を仰ぐことができる株式会社においては、その利益の代理人としての取締役を株主総会で選任し、経営者による情報開示などを通じて提供した資金を保護することが図られている。

すでに述べたように株主総会は、株主が会社の経営に参加するための場であり、法律上、会社の最高意思決定機関であると定められている。基本的に年に１回、開催される。そこでは、会社の経営に関わる基本的な方針や重要な事項が決定される。たとえば、定款の変更がある。定款とは会社運営の根本を定めた文書であり、「会社の憲法」と呼ばれることもある。そこには「目的」「商号」「本店（本社）の所在地」「資本の総額」などが記載されている。会社の事業内容、会社の名称、本店（本社）の住所、そして会社運営の元手となるカネにまつわる記載があるのである。こうした運営の根幹に関わる変更は総会にかけられることとなる。

くわえて、会社の解散・合併の議決、取締役の任免、さらには取締役の報酬の決定や決算や配当金額の承認なども行われる。

このように株主総会は会社の最高意思決定機関であるが、会社の経営について何

Column 3 – 2

法　　人

株式会社を設立するためには、いくつかの条件がある。まず、人が集まることである。人が集まったら、次にそのグループに「法人格」を与えてもらうことが必要である。

法人格とは字の通り「法の上での人格」のことである。法人格を得ると１つの組織が社会的に人格を持つ存在として認められるようになる。たとえば銀行からお金を借りる場合、人間には人格が認められているからお金を貸してもらえる。法人格を得ると、個人がお金を借りるのと同じように、グループとして金融機関などからお金を借りることができるようになるのである。

もちろん、どのようなグループであっても法人格を得ることができるわけではなく、その条件は法律に定められている。法人格を持つことによって、運営資金を借りやすくなったり、社会的な信用が生まれたり、雇用契約が結べるようになる。この結果、事業活動が行いやすくなる。なお、ここでいう事業活動とは、基本的にモノやサービスを販売して利益を得ることである。

世の中には、株式会社などが持つような法人格を持たない企業もある。法人形態をとらず、個人名で事業を行う「個人企業」と呼ばれるものである。契約や借金・預金などすべての事業活動が、個人の名前で行われる。個人企業の場合、出資はほとんどの場合経営者である個人が行う。比較的小規模な小売業・飲食業・サービス業に向いている。

そのメリットは、①経営者の自由な意思決定が可能、②設立、運営に煩雑な手続きが不要といった点が上げられる。逆にデメリットは①資本の額が、個人財産によって制約される、②社会的信用が得にくい、③税金面での不利がある、④無限責任であることなどがある。無限責任というのは、債務不履行に陥った場合、個人の財産を処分してでも返済する義務があることを指す。個人事業が立ちゆかなくなった場合、経営者は自分の財産のすべてを売り払ってでも借金を返さなければいけないことになる。

もかもを決めることができるわけではない。株主総会では、上に挙げた定款の変更など会社にとって基本的な事項や配当など株主の利害に関わりの深い問題についてのみ決定され、具体的な事業活動に関する意思決定は取締役会に委ねられることとなっている。

なぜ、株主が決定できる事柄は少ないのか。理由がある。株式会社というのはそもそも多くの出資者を募り、多額の資金を集めることを目指す形態である。このことから、大きな会社になると株主の数は非常に多く、株主の居住している地域も全国に分散することになる。海外というケースもありうる。また株主の中には、株価が上昇すれば売却して利益を得たい、儲けたいという考えの人もいる。あるいは配当にのみ関心を示す人もいる。現実には、こうした株主が少なくはない。

こうした全国に散らばった、考えの異なる多くの人たちが共同で会社を経営していくことは不可能である。現実的ではない。そこで、株主は総会で基本的な事柄だけを決め、具体的な事業運営は経営者に任せることとなったのである。

取締役会

株主総会で選ばれた取締役により構成される、経営の意思決定機関が取締役会である。株主総会の方針に沿って、株主をはじめとする利害関係者のために、経営全般に関わる基本方針を決定する。取締役会で決められることは、株主総会の権限範囲を除いた、あらゆる業務執行上の意思決定に及ぶ。具体的には、最高経営責任者に対する監督と任免、財産の処分や譲り受け、工場や支店などの設置・変更・廃止など、多岐にわたる。

株式会社においては、株主総会にて取締役が選ばれ、この取締役が適切な人物を経営者に選ぶこととなっている。経営者の任免が２段階で行われることとなっている。

株式会社においては、取締役、取締役が選ぶ経営者は必ずしも株主である必要はない（もちろん、株主自らが取締役、経営者になることもできる）。そのような法的な規定はない。これも、それまでの会社形態に比較して画期的な点であった。株主となる者が必ずしも、企業経営に精通しているわけではない。幅広い社会階層から選ばれた有能な人材に経営を委ねることが、可能とされているのである。

こうして選ばれた株式会社の経営者は取締役会のみならず、さまざまな利害関係者から牽制を受ける。牽制を可能としているのは、株式会社の財務諸表が基本的に公表されている点にある。この財務諸表の正確さを担保するために、公認会計士の制度も整備されてきた。

「日本初の株式会社」・亀山社中（海援隊）

本章の第２節にて、自らの知恵、知識をもとに、雄藩であった薩摩藩や土佐藩、豪商からカネを引き出し、貿易業などの業を企てた人物として坂本龍馬、彼が率いた亀山社中、後の海援隊の事例を取り上げた。

「日本初の株式会社」とも称される亀山社中であるが、これまで見てきた現在における株式会社制度の基本的な仕組みに照らし合わせてみると、それを「日本初の株式会社」と呼ぶにふさわしいとは言い難い。「カネ」の出し手が会社経営の具体的な中身には関与しないなど、近代的な会社経営の萌芽は見られるが、株主総会、取締役会といった機関は設置されておらず、有限責任、議決権といった出資者の権利も明確に規定されてはいなかった。長州藩としては、最新鋭の武器という大きな利益（配当）を得たわけであるが、これはあくまでも事業の一環として亀山社中が行ったことであった。薩長同盟という副産物も生み出されたが、これもあくまでも政治的なものであり、直接に経済的なものではない。これらゆえに龍馬の海援隊は、日本における「株式会社の原型」とするのが適当であろう。

多少の法的な不備はあるものの、株式会社としての体裁を日本で最初に持ち合わせた会社は、1873（明治６）年に設立された第一国立銀行であるとされている。後の第一勧業銀行、現在のみずほ銀行につながる銀行である。「国立」とあるが同行は民間銀行であり、株主の有限責任制、利益計算に基づく配当実施、取締役会の設置などの特徴を備えていた。

「世界初の株式会社」・オランダ東インド会社

では、世界初の株式会社はどこにあるのか。それは今から400年以上も前、日本では関ヶ原の合戦（1600年）や江戸幕府開府（1603年）の時代である。1602年に設立されたオランダ東インド会社がそれである。独立していた６つの貿易会社が統合して誕生した。遠くオランダの地に設立された会社であったが、日本とも縁が深い会社である。江戸時代に長崎の出島にオランダ人を派遣し、欧州と日本との貿易を独占していたのが同社である。出島の商館長はさしずめ、同社の日本支店長という立場であった。

当時の欧州では、アジアとの航海貿易が活発に行われていた。たとえば、肉を保存するために必要なコショウなどの香辛料などが待望されており、それをかき集めて来られれば大きな利益を手にすることができた。しかし、喜望峰を回りアジアへと向かう遠路では、大型の船舶や乗組員への報酬など膨大な資金が必要とされた。資金が工面できたとしても、悪天候による沈没や海賊の襲撃などが待ち構えており、きわめて高いリスクを伴う事業となっていた。

従来は１回の航海ごとに出資者を募り、航海が無事に終わった場合にのみ出資者に出資分と利益を分配していた。しかし失敗すれば、配当のみならず出資金も返還されなかった。万が一の場合には、膨大な損害が出てしまっていた。

そこで、株式を発行して株主は10年間その株式を保有し、10年後に出資分や利益の分配とさらに次期の10年に出資する権利を株主に与える方式が導入された。１航海ごとに決算される時限的な性格は解消され、永続的な性格を持つものとされた。万が一の場合の損害も、全出資者が有限責任の出資者であると規定されていた。また、株式の譲渡性も保証されており、譲り渡す手続きも規定されていた。さらに、今日の取締役会に当たる会議体も整備されていた。こうした特徴を備えていたことで、オランダ東インド会社は世界初の株式会社と呼ばれることとなった。

こうした株式会社制度を取り入れたことで潤沢な資金と安定的な経営基盤を手にした同社は、1600年代に急成長を遂げることとなる。ライバルであるイギリスでも、イギリス東インド会社がアジアとの貿易を手がけていた。同社の設立はオランダのそれに先立つ1600年のことであったが、株式会社としての体裁を整えてはいなかった（株主の有限責任制などの体裁を整えたのは1662年になってからである。この際に、イギリス東インド会社は株主総会の制度を導入している。株主総会については、オランダ東インド会社では整備されてはいなかった）。

オランダ東インド会社の成功もあり、1611年にはアムステルダムの地に世界で初めての常設の株式市場も誕生している。同社は政府の管理下に入り事実上、経営を行う権利を失った1796年までに、4,785隻をアジアに送っている。これに対してイギリスは2,690隻である。この大きな差を生み出したのは、株式会社という制度の利用のあり方にあったのである。

5 おわりに

本章では、株式会社の基本的な仕組みについて説明した。400年以上も前に姿を現した、出資者のリスクを抑えながら、大きな資本そして大きな利益を可能とする株式会社の仕組みは、現代の資本主義経済社会においてもっとも代表的な企業形態である。その基本を再度確認しておくと、以下の３点にまとめられる。①有限責任制、②会社機関とくに取締役の制度、そして③資本の証券化である。有限責任制とは、所有者である株主がその投資を限度にして責任を負うという制度であった。取締役制度とは、経営陣の選任や牽制を取締役会に委ねようとした制度であり、形骸化しがちな株主総会の欠陥を補おうとした制度であった。さらに資本の証券化とは、会社の資本を小口の金額の株式に分割し、株式は流通可能な証券として自由に売買されることであり、それによって、一方で会社の永続性を維持しながら、他方で出資者である株主は出資金を容易に換金することが可能となった。

次章は、本章と密接に関連した内容となっている。「カネ」を工面する方法はもちろん、株を発行する方法だけではない。銀行からの借入れをはじめ、多様な方法がある。インプット市場の金融資本市場から「カネ」を工面する方法の大枠を論じていく。くわえて、同じくインプット市場である労働市場と企業との関係についても見ていこう。

？考えてみよう

[予習のために]

トヨタ自動車の大株主は誰であるのか。また、それぞれの所有比率を調べてください。

[復習のために]

1．出資を中心に、株式会社以外のさまざまな会社形態の特徴を整理してください。

2．ドイツには長年、株主だけでなく、従業員や労働組合が経営者の任免・監視に関与する仕組みがありました。この仕組みの概略について調べてみてください。

主要参考文献

小松章『企業形態論（第３版）』新世社、2006年。

坂本藤良『幕末維新の経済人―先見力・決断力・指導力』中公新書、1984年。

次に読んで欲しい本

宍戸善一『ベーシック会社法入門（第８版）』日経文庫、2020年。

原丈人『「公益」資本主義―英米型資本主義の終焉』文春新書、2017年。

吉村典久・田中一弘・伊藤博之・稲葉祐之『企業統治（【ベーシック＋】）』中央経済社、2017年。

牛島信『少数株主』幻冬舎文庫、2018年。

城山三郎『総会屋錦城』新潮文庫、1963年。

第4章

企業とインプット（金融資本・労働）市場との関わり

「経営資源としてのカネ、ヒトとは？」。企業活動を進めていくためには、何よりも「カネ」が必要である。たとえば、もの作りに必要な工場や設備、それを動かすための電気……。カネが必要である。カネだけではない。「ヒト」がいなければ、工場や設備はただの「モノ」である。もの作りに必要なノウハウなどの相当は設備そのものにではなく、ヒトのなかに宿っている。本章では、企業活動に不可欠なカネとヒトを企業がどのように工面してくるのか、を学んでいくこととしよう。

1 はじめに

前章では、株式会社制度の仕組みについて見てきた。企業活動を展開していくためには、「カネ」は不可欠である。本章ではまず、このカネの工面の手立て、株式を通じた工面をふくめて幾通りもある手立てについて見ていこう。

本章では、空き駐車場のシェアリング・サービス（「akippa」）の分野で成長を遂げているakippa株式会社の事例を取り上げている。金谷元気が５万円で、自分だけで立ち上げた会社がある。少なからぬ会社がそうであるように、サービスの立ち上げにいたるまではカネの工面には相当の難儀があった。金谷が仲間に支えられつつ、難儀をいかに克服していったのか。そのストーリーを見ていこう。

カネの問題にくわえて、「ヒト」と企業の関わりについても本章では論じていこう。経営学をこれから学ぼうと考えている人々にとって、カネと同じく企業活動に不可欠なヒトに関する問題は非常に重要なトピックである。立派な戦略を描くだけでは意味がなく、それを実行するヒトがあって企業経営は成り立つ。各人が懸命かつ創意工夫をこらして働いている。そんな各人が共通の目的を目指して協力して共に働いている、協働している。企業経営が健全に営まれていくためには、こうしたヒト、ヒトとヒトの存在が欠かせない。

変化する環境の中で、企業において組織としてまとまり、ヒトに効率的に働いてもらうためには、人材としてのヒトを適切に管理することが欠かせない。ヒトをどのように採用し、仕事をしてもらい、その仕事ぶりを評価し、対価として賃金を与えるのか。ここではこのような管理について触れていく。

2 事例：akippa（あきっぱ）

資本金５万円の合同会社からのスタート

例えば、有名な観光地。電車やバスで訪れることが、大変に不便な場合がある。そうなれば、重要な足となるのが自動車である。しかし、そんな場所に限っての

「あるある」がある。駐車場が手狭ですぐに満車になり、空くまで駐車場の周りをグルグルとなってしまう。そうした車でついに渋滞してしまう。観光地にくわえて、野球やサッカーの試合会場、各種のイベント会場、繁華街など、人が集う場所での「あるある」である。

こんな「あるある」を解消するサービスが「akippa」である（運営会社も同名のakippa株式会社）。個人宅やマンション、会社などの空き駐車場、空き地、さらには月極（つきぎめ）の駐車場で空きのスペースなど、それらの所有者がakippaに駐車場の登録・掲載、駐車場を利用したい者に一時貸しするサービスである。借りる側はakippaにて駐車場をインターネット上で簡単に予約、支払いが可能で、貸す側は利用料金に応じた報酬を受け取れる。「予約できる駐車場」として非常に注目を集めている。

【図４－１　akippaの仕組み】

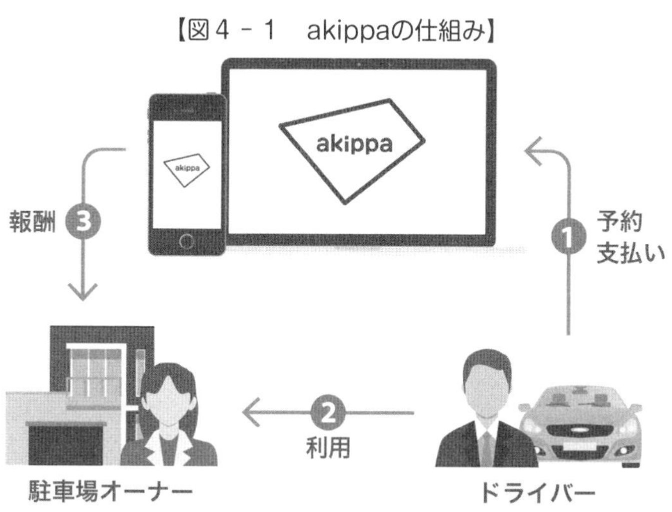

データ提供：akippa株式会社

このサービスを手がけたのは金谷元気とその仲間たちである。金谷はサッカー選手として世界一となることを夢見た少年であり、国体の選抜候補にも選出され、J2チームの練習生にまでなった選手であった。しかし、プロ契約にはいたらず夢は破れる。

サッカーの世界での夢は破れたが金谷は当時、もう１つの世界にも魅了されていた。ビジネスの世界である。急な雨が降る日に100円で買った傘が、急ゆえに困っていた人に300円で売れる。この経験から金谷は、ビジネスに目覚める。サッカーの練習に汗を流しつつ当時、飛ぶ鳥を落とす勢いのITベンチャーの経営者の書いたビジネス書をむさぼり読む日々。2006年には、後の起業の原点となる求人広告の個人事業に乗り出す。プロサッカー選手への夢が破れた後、まずはビジネスの基礎を学ぶことを目的に上場するIT機器の販売会社に入社する。法人相手に携帯電話を販売する仕事で営業の才を発揮、入社３ヶ月後には全国トップの売上を記録する。

2009年２月、金谷１人で、当時住んでいたワンルームマンションで会社を起こす。元手は会社員時代の貯金の５万円であった。「ヒト・モノ・カネ」が「ナイナイ尽くし」での起業であった。「株式会社」設立のつもりで役所に足を運ぶが、諸々で最低20万円ほどが必要なことを金谷は知る。役所の担当者が「合同会社」であれば６万円で設立可能なことを教えてくれ、合同会社の形態での設立となった。

ベンチャーキャピタルからの資金調達

平日は法人相手に携帯電話の販売、週末は例えば、ショッピングモールなどでウォーターサーバーを販売、と営業の仕事ばかりであり、現在のITを駆使する事業とはかけ離れていた。懸命に働くが起業のタイミングがリーマンショックの半年後でもあり、資金繰りは常時カツカツ、ギリギリであった。金谷の月給は10万円にもならなかった。

こうしたなか、知人などのネットワークから、あるいは新卒の形で徐々に従業員を増やしていく。金谷個人ではじめていた求人サイトの運営をビジネスとして本格的に展開するようになり、2012年４月には成功報酬型の求人サイトも開始する。これは、サイトの掲載店舗などでアルバイト採用が決定して、はじめて売上が入ってくるビジネスであった。従来型では求人サイトに掲載することで売上が発生する、それゆえに人手をかけて掲載店舗の数を増やすことだけに目が注がれていた。

成功報酬型の場合、従来型に比較すれば人手をかけずとも、採用がつづけば立てつづけに売上が入ってくる。しかし、採用がなければ売上はない。労働集約的な、人手をかける従来型のビジネスには限界を感じていた金谷は、成功報酬型をつづける決断をする。しかし、それゆえに当初、資金繰りには苦労することとなる。当時は資金を求めて、アイドルのLIVEイベントを企画するなどもした。

綱渡りのなか、銀行にも融資を申し込むも何行にも断られつづける。「火の車」の金谷は書店にて「資金繰りに困ったら読む本」の類いの本を手にする。これが金

【写真４－１　金谷元気】

写真提供：akippa株式会社

谷の運命を変える。ベンチャーキャピタル（VC）なる存在を知る。手当たり次第に申し込むも断られるが、３社目の大手VCが金谷の事業に興味を示し6,500万円の出資が決まる。

「akippa」のサービスへ、事業会社からの資金調達

しかしながら溜まっていた支払いなどもあり、資金に余裕はないまま。そのため、従来からの労働集約的なビジネスに注力、契約件数のみを追いかけることとなる。契約の増加はクレームの増加につながり、「何のために会社を運営していくのか？」。金谷は悩む。悩んだ結果、金谷のたどり着いたのが「"なくてはならぬ"をつくる」、電気・ガス・水道といったビジネスのように社会に不可欠なサービスを手がけていこう、との理念であった。この理念をより具体的に「困りごとを解決するサービス」と定義して、社内の壁に貼った模造紙に200個の困りごとを書き並べていった。そのなかの１つが、駐車場は現地に行って初めて満車だとわかるため困る、との書き込みであった。調べてみると、全国の月極やマンションの駐車場の２割は空き、その数はコインパーキングなど一時貸しよりも格段に多かった。「ビジネスになる」

とひらめいた金谷は、現在のサービスにつながる原型を作り始める。

2013年の秋からは持ち前の営業力で駐車場の開拓を開始、また、積極的な広報活動も仕掛けてTV・新聞・雑誌に数多く、登場する。これで投資家の目にもとまることとなる。また、2014年１月に開催されたベンチャービジネスのコンテストにも出場する。結果、インターネット企業大手のDeNAや海外ファッションの通販サイトの運営会社のエニグモの創業者らからの出資も得られた。2014年４月、「akippa」サービスが開始される。

金谷らが目をつけた「困りごと」に世の中の人々は本当に困っていた。2018年11月、サービスの会員数は100万人を超えた。この過程で多くの投資家から出資を受けるとともに、大手自動車会社、鉄道、コンビニエンスストアなどとの提携も進む。例えば、損害保険大手のSOMPOホールディングスからの出資と提携である。akippa単独で事業展開も可能であったが、困りごとの解決をより大規模に進めていくために出資を受け入れた。損害保険会社には、免許を返納した高齢者の情報が蓄積されている。返納後は自宅の駐車場が空きとなり、これを借りることとした。傘下の保険代理店を通じて、空き駐車場の保有者にakippaのサービスの提案を行う仕組みとした。また、駐車場内で起きた事故を補償する仕組みを同社が開発、akippaが加入して、駐車場シェアに特化した業界初の保険を生み出した。

2020年10月の時点では累計会員数が200万、拠点数が累計４万箇所となっている。

3 企業と金融資本市場との関わり

「借金」による調達

前章にて説明したように、事業活動の元手になるカネは資金と呼ばれ、それを工面することは資金調達と呼ばれる。資金調達の主たる手段には、①銀行などの金融機関から借り入れて（借金して）資金を集める手段、②債券（社債）を発行して集める手段、そして前章で見た③株式を発行して集める手段、の３つがある（**図４-２**）。

１つ目が、いわゆる「銀行から借金をする」手段である。銀行と名のつく金融機

【図４－２　資金調達の主たる手段】

銀行から借入

• 資金を借りた場合、期限が到来すれば資金を全額返す必要あり。また、一定期間ごとに利息を支払う必要あり。

債券（社債）を発行

• 直接、一般の人々や会社などの多くの投資家などに呼びかけて資金を借りて、その証拠として発行されるのが「債券」。企業が多くの投資家に呼びかけて資金を募り、資金を借りたことを証明しているのが「社債」。社債によって調達した資金はあくまでも、銀行からの借入と同様に借金。返済、利息の支払う必要あり。

株式を発行

関のみならず、信用金庫、信用組合、保険会社などからカネを借りる手段である。カネの工面といえば、すぐに思いつく手段であろう。しかし会社でありさえずれば、必ず借入ができるというわけではない。貸すに値する、きちんと返してくれる、との信用を金融機関側が持たない限り、貸してはもらえない。この信用を得るのは、事例のakippaがそうであったように、創業期の会社にとっては非常に困難なことである。

資金を貸した金融機関側には、貸した元々のカネ、元本（元金）と利息を受け取る権利がある。逆に借りた側には、元本と利息を支払う（返済する）義務がある。利息とは、一定期間ごとの借り賃、資金の使用料である。こうした義務を果たしうると判断された場合に初めて、金融機関から借入をすることができる。

２つ目の債券を発行して資金を集める手段であるが、これも銀行などからの借入と同様に借金である。期限が到来すれば全額、返却する必要がある。また、利息も一定期間ごとに支払う義務がある（なお、社債以外の債券としては、国が発行する国債、地方自治体が発行する地方債などがある）。

Column 4 - 1

ベンチャーキャピタル

「ベンチャー企業（venture business）」あるいは「ベンチャービジネス」とは、リスクを賭すことをいとわず、成長意欲にも満ちた起業家（entrepreneur）によって率いられ、新たな技術やアイデアをもとにして、大企業では実現しにくい革新的な事業展開を試みようとする企業のことである。創業して日が浅く、比較的小規模な非上場企業であることが多い。

創業して日が浅いベンチャー企業の場合、それへの信用力が十分なものではないため、銀行や一般の投資家からカネを集めてくることは容易ではない。こうしたベンチャー企業に対して資本を投資することを業とする組織や会社のことを「ベンチャーキャピタル（venture capital）と呼ぶ。ベンチャーキャピタルは、ベンチャー企業が展開しようとしている事業を評価する能力を持っており、銀行などに代わって資金の出し手となる。そのため、事例のakippaもそうであったようにカネが不足しがちなベンチャー企業にとっては、重要な資金供給源となる。

具体的には株式を取得することでカネを投下し、株式上場などによるキャピタルゲインによって利益を得る。こうした利益を実現するため、役員などを送り込むなどして経営に積極的に関与したり、販売先などのネットワークを紹介したりするなど、資金面以外の結びつきを持つ場合もある。

米国のインテル社やマイクロソフト社なども、ベンチャーキャピタルが背後にあって今日のような世界的な大企業にまで成長している。

「借金」と株式による調達の違い

3つ目の株式を発行して資金を調達する手段であるが、これによって手に入れた資金は金融機関からの借入や社債を発行して手に入れた資金とは大きく性格が異なっている。借金ではない。そのため、元本の返済や利息の支払いに悩まされることはない。

もちろん、企業活動によって得られた利益を獲得したときには、その分け前として配当を株主に支払わねばならない。しかし、これも義務ではない。無配とすることも可能である。無配とは、業績や会社の経営方針などにより配当が出ないことである。これは株価を下落させてしまう要因となったりしうるが、それが直ちに企業活動を停止させるわけではない。

このような違いの存在を考えると、企業経営を託された経営者にとっては、できるかぎり株式を発行して資金を集める手段を採用したくなると思われる。しかしながら、この手段を採るのはそれほど簡単な問題ではない。株式には、株主権としての議決権が与えられている。一方、銀行や社債の保有者には、こうした権利は与えられてはいない。株式を大量に発行して資金を手立てできたとしても、その株式を大量に買い占めて、大株主となる人が出てくるかもしれない。経営に不手際、無配あるいは減配ということになれば、その大株主が議決権を行使して、経営者の地位が危ういものとなるかもしれない。追われるまではいかずとも、総会にて厳しく質問されることは必至である。

くわえて、そもそも、株式を通じて多額の資金を集めることには相当のハードルがある。多額の資金を集めるためには、多数の人々に株式を購入してもらう必要がある。周りにいる少数の人々に頼っていては、集められる資金はどうしても限られてしまう。多数の人々に購入してもらうためには、株式を証券取引所に「上場」することが必要になる。上場するのは、簡単なことではない。多数の人々から資金を募るのであるから、彼らが自らの資金を安心して投資できるよう、企業業績などがそれなりのものしか上場することは認められない（上場については、さらに後に説明をする）。また上場を果たした後も、業績をそれなりに維持して、向上させる必要がある。低業績にあえぎ、無配あるいは減配を繰り返す会社の株式を好んで購入する投資家はいない。

間接金融優位とメインバンク

企業のみならず、政府・地方自治体が行政サービスや公共事業を行う場合にも、巨額の資金が必要となる。資金の余裕のあるところから、これら資金を必要としているところに資金を流す、融通することを「金融」と呼ぶ。資金の流れ方によって２種類の金融がある。

株式会社が株式を発行して資金を募る金融の手段を「直接金融」と呼ぶ。社債を発行して資金を集める方法も直接金融と呼ばれる。資金の余裕のあるものに対して直接に呼びかけて資金を集めるため、このように呼ばれるのである。資金の余裕のあるもの、資金の提供者の立場からすれば、彼ら自身が直接投資先を選択し、資金を提供することとなる。

この直接金融において重要な役割を果たしているのが、証券会社である。株式や債券が売買される場のことを「証券市場」と呼ぶが、証券会社はここで重要な役割を果たしている。企業が株式や債券などを発行する際にサポートをして、購入を考える顧客（投資家）の募集業務を取り仕切る。さらに証券会社は、投資家から購入代金を受け取り、それを株式や債券を発行した企業へと渡す。また、投資家には発行された株式や債券を引き渡す。証券市場において証券会社は、こうした機能を果たしている。

一方、会社が銀行などの金融機関から資金を工面してくることを「間接金融」と呼ぶ。なぜ、「間接」であるのか。その理由は、銀行から提供される資金は銀行自身の資金ではなく、世の中の人々や会社から預金として集めた資金であるためである。資金の最終的な提供者である預金者が直接、各社に資金を差し出すのではない。預金者は自らの預金が、いかなる会社に渡っているのかには関与しない。預金者に代わって、銀行などの金融機関が間に入って資金を提供する仕組みとなっているため、「間接」と呼ばれるのである。

この記述からも明らかなように、間接金融の仕組みにおいて重要な役割を果たしているのは銀行である。日本企業における資金調達の歴史を振り返ると、直接金融よりも間接金融、株式よりも銀行からの借入が主たる資金調達の手段となってきた。

そこで、「メインバンク」（「メーンバンク」とも記される）について説明しておこう。これは、日本企業と金融機関との取引関係を特徴づけるものである。事業会社は複数の金融機関と取引関係を持つことが一般的であるが、とくに深い関係を持つ主取引銀行のことをメインバンクと呼んできた。通常、複数の銀行のなかでも最大の貸し手（債権者）であるとともに大株主であることも多い。くわえて、役員派遣が行われている場合もある。資金面のみならず、人的な面でも深いつながりを保ってきた。高度成長期には、旺盛な資金需要に対して安定した資金のパイプとしてメインバンクは機能した。取引先の事業会社が成長することにより、メインバンク自身も大きく成長することができた。さらに、経営危機に直面した取引先企業に対しては、最後の拠り所（ラストリゾート）としても重要な役割を果たしてきたとされている。

証券取引所への上場

株式の売買などを行う場で、公正な価格（株価）を形成し、株式が活発かつ流動的に取引されるようにする役割を担っているのが「証券取引所」である。

日本国内には北から、札幌、東京、名古屋、福岡の証券取引所と、特定のプロ投資家向けのTOKYO PRO Marketがある。海外では、北米にニューヨーク証券取引所、欧州にロンドン証券取引所、アジアに上海証券取引所などがある。

株式の「上場」とは、証券取引所で株式の売買が認められることである。「上場会社」とは、それが認められた会社のことである。上場会社となれば、広範囲の投資家から資金を集めることが可能となる。

ただし株式会社でありさえすれば、上場することができるわけではない。上場に際しては、株式の発行数や株主の数、利益の状態、経営管理体制など、さまざまな条件をクリアする必要がある。クリアした株式会社だけが上場会社となることができる。上場後も、記載内容が詳細に決められた有価証券報告書の提出が義務づけられている。この記載内容については、会計士による監査も必要とされる。これにより、記載内容の正確さが担保されている。くわえて、売買に必要なさまざまな会社情報も適時に開示することが求められている。これらを適切に行わなかった場合には、上場が廃止されたり、程度によっては犯罪行為として取り締まられる可能性まである。

一定の条件をクリアした株式会社の株式のみが売買され、その企業経営に関わる情報も定期あるいは適宜、広く一般に発表することとされている。これにより、広く一般の人々が株式の売買に参加することが可能とされているのである。

上場することによって、資金調達が容易になるだけではない。上場そして上場を維持するためにさまざまな基準をクリアしていることが、会社の社会的信用もアップさせる。くわえて、社名がマスコミを通じて報道されることも増加するため知名度もアップする。信用や知名度のアップは、他社とのさまざまな取引や人材採用といった企業活動にプラスに作用する。

クラウドファンディング

「フィンテック」なる言葉が耳目を集めている。日本銀行のウェブサイト（https://www.boj.or.jp/announcements/education/oshiete/kess/i25.htm/）にもわざわざ、説明があるほど注目を集めている「カネ」に関わる動きである。「FinTech（フィンテック）とは、金融（Finance）と技術（Technology）を組み合わせた造語で、金融サービスと情報技術を結びつけたさまざまな革新的な動きを指します。身近な例では、スマートフォンなどを使った送金もその一つです」。学生の皆さんにとっては、送金の当たり前の姿かもしれない。しかし、金融機関にわざわざ足を運び、紙に送金先や額を記入して窓口で申し込む。そんな時代を知る者からすれば、技術進歩には驚かされるばかりである。

そうしたフィンテックの１つとされているのが「クラウドファンディング（CF）」なる資金調達の方法である。日本の民間銀行の団体である全国銀行協会のウェブサイト（https://www.zenginkyo.or.jp/article/life/others/5168/）でも「最近はITを活用したクラウドファンディングなどの新たな方法」と紹介され、拡がりを見せている。具体的には「インターネットを通じて個人から少しずつ資金を集め、企業や自治体と投資家を結び付ける」ものである。「群衆（Crowd）」と「資金調達（Funding）」を掛け合わせた、これも造語である。不特定多数の個人と特定の企業や自治体を結びつける仲介サイト上には、目的、目標額、募集期間など掲示され、目的に賛同する個人がそれぞれ、資金を提供する。個人と日本では、2011年の東日本大震災以降、普及を見せ始めた。津波で流されてしまった店舗や工場の再建を果たそうとする（自身も被災者である）経営者を悩ましたのは、「カネ」の問題であった。この際、多くの経営者を助けたのがこの手法であった。再建を検討する経営者が仲介サイトに再建内容を掲載し、それを見て「助けたい」と願う個人が少額とはいえ資金を出し、そうした個人が多数、ネット上に集うことでまとまった資金となる。これが再建の元手となったのである。今までにはない飲食店（例えば、鯖料理の専門店）の出店を考える経営者が、その元手をこの手法で集めた事例もある。また、2016年に公開されたアニメ映画『この世界の片隅に』やお笑いコンビ・キングコングの西野亮廣さんの『えんとつ町のプペル』も注目を集めた。ともに、公開・出版に向けての制作費などの工面を目的として、CFの形で資金を集めたのである。

こうした資金提供に対しては、純粋な寄付としてリターンを求めない場合（**図４－３**の「寄付型」）や、例えば、再開した水産加工場製のいくばくかの水産品がリターンとして送られた場合（「購入型」）など、リターンはさまざまである。購入型の場合、提供した金銭相応の商品・サービスがリターンとなる場合もあれば、上記のように感謝の気持ちの品程度がリターンとなる場合もある。

また「購入型」の場合には、資金調達を主たる目的とはしない場合もある。新商品の先行販売などの形で資金提供者を募り、どの程度、顧客に受け入れられるか、需要調査を主たる目的とする場合もある。

【図４－３　クラウドファンディングの主な種類】

寄付型

• 寄付金を資金提供して、リターンは求めない。

購入型

• 企業の商品・サービス開発などに資金提供して、リターンは商品・サービスなど。

投資型

• 新規事業やベンチャー企業などに対して投資や融資などで出資を募り、リターンは未公開の株式や金利。

出所：全国銀行協会のウェブサイト、ならびに各種の記事などから筆者作成。

「投資型」においては、一般的に流通することが少ない未公開の株式をリターンとして、不特定多数の個人から資金が集められる。１個人が提供できる資金には上限があるなど、通常の株式への投資とは違いがある。しかし従来に比較すれば、相当に幅広くから株式の形で資金を工面することが可能である。

資金の提供者には通常、将来に高い金銭的なリターンがあるか否か、が提供の基本にあった。それゆえ、将来の見通しがつきにくい各種の取り組み、特にそれが高額の資金を必要とするとき、資金を集めることは容易ではなかった。しかしながら、情報技術の発達により少額の資金を集めることが容易となり（以前は例えば、千円、百円単位のお金を不特定多数から集めるには、相当なコストがかかった）、また、見知らぬ会社や個人の取り組みであってもそれぞれの取り組みの内容が相当、インターネット上などで開示、説明され得る。それゆえ、高いリターンを求める人々ではなく、「少額なのだから、この会社、この起業家の夢にかけてみよう」「志が素晴らしい」と考える人々からの資金を集めることも可能となったのである。

【写真4－2　akippaの仲間たち】

写真提供：akippa株式会社

4 企業と労働市場との関わり

採用管理

ここからは人材としてのヒトをどのように管理するのかについて学んでいく。すでに触れているように、経営資源としてのヒト＝人的資源は企業にとって重要なものである。企業は労働力としてのヒトを適切に管理することが、人的資源を効果的に活用し、付加価値を生み出す上で欠かせない。ここではその管理、人的資源管理の諸活動についてみていく。

最初にみていく人的資源管理の活動は採用管理である。企業は労働者を企業の外、外部労働市場から従業員として採用する必要がある。しかし好き放題に採用するわけにはいかない。従業員を雇用し続けるためには賃金を支払う必要があり、そのための人件費が大きくなりすぎると、企業経営を圧迫するためである。したがって採用管理とは企業にとって必要な労働力を必要なだけ、労働市場から雇用する活動である。

実際の採用管理においては、⑴どのような能力を持った人材を採用するのか（能力要件）、⑵何人採用するのか（採用人数）、⑶どのような方法で募集・選考するのか（募集・選考方法）などを事前に考えた上で、要員計画としてまとめる。募集方法は採用する従業員区分などによって有効な方法が異なるため、店頭での張り紙などのインフォーマルなものから、公的な職業紹介機関（ハローワーク）や民間の職業紹介機関、新聞広告やネットでの募集まで、さまざまな募集方法を使い分ける必要がある。

募集・選考方法はその時々の社会情勢に少なからず影響を受ける。特に現在は情報技術の発達によって、より多くの新卒が企業の選考に応募することが可能になり、企業側にとっても採用ウェブサイトを工夫するなど、独自性を打ち出しやすくなっている。双方にとってイメージのミスマッチがないよう、企業側には適切な情報提供および透明性の高い募集・選考活動が求められる。参考になる考え方が「リアリスティック・ジョブ・プレビュー（RJP）」である（第12章Column12－１参照）。RJPは広報活動の際、マイナス面も積極的に伝えることを推奨している。それで応募する新卒が減ったとしても、入社後のギャップは小さく、満足につながるからである。RJPは透明性の高い採用活動のメリットを示しているのである。

配置と異動

外部労働市場から採用したヒトは、企業内の内部労働市場に移り、その企業の仕事をこなす従業員となる。そして企業は従業員を特定の職務（仕事）に振り分ける必要がある。それが配置であり、異なる職務に移動させることを異動という。異動は部署内の異動に加え、部署横断的、事業所横断的なものもあり、事業所横断的な異動がいわゆる「転勤」である。また階層を越えた異動がいわゆる「昇進」である。

配置と異動の目的は、第１に組織の人材ニーズに応えることである。人材を過剰なところから不足しているところに異動させることで、余計なコストをかけずに労働力を最適化することができる。第２に多様な部署を経験させることで能力の伸長をはかることである。特に日本企業では、定期的に異なる部署に異動させること（ジョブローテーション）を通じて経験を積ませ、能力開発や人的ネットワークの構築を行っている。配置と異動は内部労働市場の従業員の有効活用に欠かせない活動となっている。

配置と異動は適切な人材を適切な職務に配置する、いわゆる「適材適所」を実現することを目指して行われるが、その実現は困難である。第1にどこかの部署で適材適所を実現すると、他の部署で実現できないことがありうる。結果として企業全体としての適材適所を実現できなくなる。他方で企業全体としての適材適所を実現しようとすると、どこかで望まない異動や能力に合わない配置が行われてしまうこともある。第2に配置と異動は能力開発のためにも行われるので、配置当初はその職務の経験がない、あるいは不慣れな人材を配置せざるを得ない。それは将来的にはその仕事を覚えることで適材適所を実現するということになるが、その時点では適材適所ではないということになる。したがって配置と異動は、部分と全体、現在と将来の適材適所のバランスを考えながら行わなければならないのである。

仕事の評価

内部労働市場で配置した労働力は、その仕事ぶりをチェックして、それをもとに賃金や昇進、能力開発等につなげることで、最大限に活用することができる。その意味でも評価は重要である。評価の中でも上司が部下の評価を行う「人事考課」が最も重要視される。しかしそれは上司の独断で行われるのではなく、そこに一定のルールや手続きがなければならない。評価の理念としての「客観性」「公平性」、あるいは「透明性」と「加点主義」といった方針が求められている。

評価をより公平に行うためには、インプットとアウトプットを組み合わせることが重要である。最も重要なのは仕事の結果であるアウトプット＝「業績」である。業績は数値化しやすいため評価も容易にできるが、アウトプットのみですべての評価を決めることは問題がある。

まず第1にアウトプットは純粋にその人の実力を反映した指標になるとは限らないことである。運悪く成果が出ないこともあるし、その時アウトプットが出にくい仕事をやっている人が低く評価されてしまう。第2に従業員が短期的にアウトプットを重視するような仕事のやり方をとってしまい、長期的な視点を持ちづらくなることである。第3に個人が自身の仕事の成果のみを考えてしまい、チームワークができなくなってしまうことである。以上のことから人事考課はアウトプットに加え、2種類のインプット、すなわち長期的なインプットである「能力」と、短期的なインプットである「姿勢」を評価項目に加える。2種類のインプットを考えることで、評価はより公平になる。この３つの評価を人事考課では、「能力評価」「情意評価（姿勢の評価）」「業績評価」の３項目で実施する。

このような仕事の評価は内部労働市場の中で行われるが、近年は仕事の中で外部労働市場に出ることも増え、そこでの評価が内部労働市場での配置と異動、賃金と昇進に影響を与えることもある。

賃金と昇進

内部労働市場の従業員をそこへ留め続ける（＝雇い続ける）ためには、仕事ぶりを評価するだけではなく、それに応じて賃金や地位などの形で報いること（＝処遇）が必要となる。従業員からすると賃金（給与）は多ければ多いほどよいし、地位も高ければ高いほどよいものであるが、企業にとっては人件費やポストの観点から適正水準を維持する必要があるため、賃金管理・昇進管理が重要となる。

まず賃金管理は３つの目的が考えられる。まず１つめは人材確保である。他社に負けずに人材を確保し保持するのに十分な額の賃金を考えなければならない。その上で２つめはその従業員の労働意欲を高めることである。賃金は企業の扱える主要なインセンティブの１つであるが、過度に増やすことには注意する必要がある。そして３つめは後述する労使関係の安定である。賃金は労働組合の主要な要求事項であり、労使関係を安定させる上でも賃金管理は有効である。

賃金は３つの異なる構成要素でできているといえる。まず１つめは職務、あるいは職責に基づいて決められる賃金、職務給である。携わる職務の難易度などで決まる賃金である。２つめは職務遂行能力に基づいて決められる賃金、職能給である。そして３つめは属人的要因、すなわち勤続年数や年齢によって決められる賃金、属人給である。賃金は多くの場合、この３つの構成要素が混ざり合って決まっている。それは３つの構成要素それぞれに意義と欠点があるからである。３つの割合を工夫することで、安定し、なおかつ働きに見合った賃金管理が可能となるのである。

企業組織において職位が上のレベルに上がることが昇進である。昇進によって地位や権限が上昇し、それに伴って賃金も上昇する。このような昇進を管理することは、３つの意義を必然的に伴う。１つめは選抜である。昇進は自分の力だけではなく、組織による選抜によって実現するからであり、そこには競争がある。２つめは動機づけである。地位や賃金の上昇は仕事意欲に影響する。３つめは育成である。職位の上昇は仕事の質・量ともに増加をもたらすと共に責任も増す。それはさらなる能力向上の機会を与えるのである。しかし無秩序に昇進させると、人件費の高騰や管理職ポスト不足といった事態を招いてしまうため、昇進管理が必要となる。

昇進・昇格を決める要因としては３つ考えられる。１つは先ほど説明した人事考課である。働きぶりを示す指標として一番重視される。２つめは勤続年数である。これは年功制（勤続年数の高い人が評価されること）を必ずしも意味するものではなく、企業での経験を測る指標といえる。そして３つめは人柄である。人事考課における情意考課を参考にしながら、上司の推薦を考慮する。

労働組合

従業員は、所属する企業との間で利益が対立することがある。賃金を考えても、従業員は多くの給与を望むのに対し、企業は労働費用を節約しようと考える。しかし従業員は企業からの給与で生活しているため、交渉する立場としては強くない。そこで従業員は労働組合を組織し、団体として企業と交渉することで、交渉力を高める。従業員１人ひとりの「個別的労使関係」よりも、労働組合としての「集団的労使関係」を基盤にして交渉するのである。労使関係が不安定になると、労働争議（ストライキ）によって企業活動がうまくいかなくなり、それは企業と労働者双方にダメージを与える。従って労使関係管理が重要になる。

労働組合の形態は、企業レベル、産業レベル、全国レベルという３つのレベルに分けて考えることができる。企業レベルの労働組合を企業別組合といい、１つの企業内に組織される労働組合である。日本の労働組合で最も大きな割合を占める。産業レベルの労働組合を産業別組合という。特定の業界の労働者を束ねる労働組合で、欧米では産業別組合が基本的な役割を担うが、日本では企業別組合を支援する役割を担っている。全国レベルの組織を全国中央組織（ナショナル・センター）という。国レベルでの政策や制度の要求を企画・推進する役割を担っている。

福利厚生

内部労働市場の従業員は、その生活を支え種々の問題解決を支援することで、より力を発揮する。福利厚生とは企業が従業員に対して生活の安定・向上につながる諸活動を行うことで、労働力の確保や労使関係の安定につなげる施策である。

時代とともに福利厚生制度のあり方も変化している。たとえば以前は保養所など

Column４－２

ユニークな福利厚生制度

先述の通り、福利厚生制度には従業員の生活を支え、キャリアの自律化を支援するさまざまな施策が、企業ごとに考案、提示されている。その中でもユニークなものについて、坂本ほか（2016）の中からみてみよう。

子育て支援では育児休業制度がよく知られているが、愛媛県のある介護事業会社ではいつでも子連れ出勤可能という制度がある。そのままデイサービスに子どもを預かってもらうことができるそうで、子どもの声は会社の活性化にもつながるそうである。あわせて普及しているのは介護休暇制度であるが、東京のあるIT会社は、最長６年間の介護休暇制度を導入している。

まとまった休暇を取れるリフレッシュ休暇制度は導入しやすさもあってよく知られているが、群馬県のあるIT企画会社には、最長１ヵ月のリフレッシュ休暇に加えて最大20万円のボーナスが支給される休暇制度がある。仕事によい効果が出ているそうだが、これも休んだ人を相互にサポートできる体制ができたため、導入できたという。

また大阪府のあるITコンサルティング会社は、午後１～４時にシエスタ（仮眠休憩）をとる制度を設けている。一度休憩を取ることで集中力が増すそうだが、この仕組みは柔軟で、シエスタをとらずに仕事をして早く帰ることもできるという。

お互いにメッセージカードでほめ言葉を送りあう制度をもっているのは新潟県のあるキッチン雑貨の会社である。１人ひとりが100のほめ言葉を送り合うイベントも企画しており、それによって愛社精神が育まれているそうである。

キャリア支援のための教育制度としては、４ヵ月の海外留学を支援する制度を持つ静岡県のある製造業の会社や、学会の参加費用を全額支援する島根県のある交通コンサルティング会社などがある。教育関連の福利厚生制度に特徴的なのは、思い切った資金を投入しているところである。

そして健康経営を志向する制度としては、神奈川県のある製鉄関連企業は健康診断の結果でご褒美ランチを提供するというものがある。もちろん保健師の派遣などの支援体制も充実している。健康経営を志向する制度は、社内コミュニケーションの促進など、戦略的福利厚生の側面も持ち合わせた制度が多い。

このようにユニークな福利厚生制度は多い。それが戦略的福利厚生の観点から、人材確保や能力向上につなげることを意図した制度が増えている。

（出典：坂本光司＆坂本光司研究室（2016）『日本でいちばん社員のやる気が上がる会社―家族も喜ぶ福利厚生100』ちくま新書）

第4章

のハコモノ施策が中心であったが、現在は出産・育児、介護といった労働者の家庭生活、ワークライフバランスを援助する施策や、メンタルヘルスの支援、くわえて自己啓発やキャリア支援といった施策が増加してきている（Column４－２参照）。

福利厚生制度の１つの展開方法に「カフェテリア・プラン」がある。これは企業が用意した福利厚生施策の中から、従業員個人が利用したいものを選択できる制度である。一般的にポイント制になっており、すべての施策に消費するポイントが決められている。

従業員は保有するポイントの範囲内で、各種施策を個人の事情に応じて利用することができる。カフェテリア・プランの利点は、より従業員１人ひとりの事情に合わせた施策を利用できる従業員側の利点に加え、福利厚生費を抑制できるという企業側の利点もある。利用されない施策がすぐにわかるのでそれらはカットし、新たな施策を導入するといった労働環境変化への対応も可能になる。福利厚生費の総額を抑制しつつ、その費用対効果を高められるのがカフェテリア・プランの利点なのである。

5 おわりに

本章では、企業とそれへのインプット市場である金融資本市場と労働市場との関わりについて見てきた。

カネの工面の問題については、次章以降では触れてはいない。しかしながら当然、重要な問題である。今後、「経営財務論」や「ファイナンス論」といった科目、あるいは企業会計に関わる科目を学んでいくことで、この問題をより深く学んでいくことができるであろう。

ヒトの問題については、人的資源としてのヒトをいかに活用するかという観点からの管理活動について説明してきた。学生の読者にとっては採用が気になったところであろう。採用は裏を返せば就職である。本書によって企業活動を理解するとともに、第12章のキャリアデザインの章を読んで、将来のことを考えてほしい。また社会人の読者にとっては、労働力としての自分がどのように管理されているかという視点をもって学んでほしいと思う。

？考えてみよう

［予習のために］

1．クラウドファンディングの仲介サイトを訪れてみて、自分が資金を提供してみたいと思う取り組みを探してください。

2．人を管理する人的資源管理の活動にはどのようなものがあるでしょうか。

［復習のために］

1．「マイクロファイナンス」という資金の融通の方法が注目を浴びています。どういった人々を対象、また、仕組みになっているのか調べてみてください。

2．あなたが人的資源管理の活動の中で、特に大事と考える活動はなんでしょうか。その理由も含めて考えてみてください。

3．あなたが考える「ユニークな福利厚生制度」はどんなものだろうか。自由に考えてみてください。

主要参考文献

［「２　事例：akippa（あきっぱ）」および「３　企業と金融資本市場との関わり」に関わって］

伊丹敬之・加護野忠男『ゼミナール経営学入門（改訂三版）』日本経済新聞社、2003年。

金谷元気『高卒IT―高卒のフリーターが会員150万人のIT企業をつくった話（Kindle版）』幻冬舎、2020年。

吉村典久・田中一弘・伊藤博之・稲葉祐之『企業統治（【ベーシック＋】）』中央経済社、2017年。

［「４　企業と労働市場との関わり」に関わって］

奥林康司・平野光俊・上林憲雄編著『入門 人的資源管理（第２版）』中央経済社、2010年。

今野浩一郎『人事管理入門』日経文庫、2008年。

次に読んで欲しい本

砂川伸幸『コーポレートファイナンス入門（第２版）』日経文庫、2017年。

池井戸潤「半沢直樹」シリーズ（『半沢直樹１　オレたちバブル入行組』『半沢直樹２　オレたち花のバブル組』『半沢直樹３　ロスジェネの逆襲』『半沢直樹４　銀翼のイカロス』講談社文庫、2019年）。

牛島信『株主総会』幻冬舎文庫、1999年。

高杉良（2018）『出世と左遷』新潮文庫。

第5章

企業とアウトプット（製品・サービス）市場との関わり

「経営戦略とは？」。カネやヒトがもととなって企業というものが商品やサービスを提供する。ただ、提供するだけでは、それが売れるとは限らない。世の中の人々に「これ、買いたいなあ」、さらには「A社の商品ではなく、B社の商品を買いたいなあ」と思ってもらわねばならない。ライバル企業は虎視眈々と獲物を狙っている。本章では、現代の経営学の中核を占める経営戦略論の大枠について学んでいくこととしよう。

1 はじめに

前章では、インプット市場である金融・資本市場と労働市場と企業（会社）との関わりについて見てきた。企業という存在は、外部の環境との間での取引関係によって成立していることがお分かりいただけたことであろう。本章では、インプット市場とは逆に位置しているアウトプット市場、製品・サービス市場（以下、製品市場）との関わりについて論じていく。

第２章でも述べられているように、経営学における中心的な研究分野の１つが経営戦略論である。中心的な分野ではあるが、その歴史は新しく1960年代から70年代にかけて確立された研究分野である。この研究分野がとくに焦点を当てているのが、企業と製品市場との関係である。これまで手がけてきた製品（事業）分野だけに依存していては自社の健全な成長が危ういものとなってきた、あるいは、手がけてきた製品分野における競争が熾烈なものとなってきたことが、こうした研究分野の誕生へとつながった。

本章では、そもそも「経営戦略」とは何か、その考え方の大枠を見ていく。「戦略」などというと大仰に感じられる読者も少なくはなかろう。しかし実際には、経営戦略論の分野で提起される疑問というのは、読者のみなさんにとってじつに身近に感じられるような類のものである。たとえば、吉野家、すき家、松屋がはげしい競争を日夜、くり広げている牛丼業界。「競争に当たってのそれぞれの強みはどこにあり、また、それぞれの強みはいかにして生み出されてきたのか」。あるいは「そもそも、パソコン用パッケージソフトの流通事業を手がけていたソフトバンクが、なぜ、携帯通信事業を手がけるようになったのか」など。

経営戦略論の分野では、こうした疑問も大まじめに議論されるのである。それゆえ、大仰に感じる必要性は全くない。是非とも興味を持って、本章を読み進んでいただきたい。

2 事例：富士フイルムホールディングス

写真フィルムと化粧品をつなぐもの

2007年９月に発売された機能性化粧品「ASTALIFT（アスタリフト）」。翌2008年６月からは松田聖子、中島みゆきという有名歌手が登場したテレビCMは当時、非常に話題となった。2019年からは、男性向け商品の展開も始まった。

この化粧品を世に送り出したのはじつは、化粧品会社ではない。意外にも、富士フイルム、である。富士フイルムは、長年にわたり写真フィルム業界のリーディング・カンパニーであった会社である。同商品の最初のポスターでは「『あり』だと思う、フジフイルムの化粧品」とのキャッチフレーズが用いられ、写真フィルムで名の知れた会社が化粧品を手がけるという意外性が前面に押し出されたものとなっていた。

同社のホームページには「ヘルスケア商品には、写真分野で培ったさまざまな技術や知見が応用されています。例えば、写真フィルムの主原料は肌と同じコラーゲンであり、写真の色あせは肌のシミや老化の原因と同じ、酸化が原因です。これらのコラーゲンを扱う技術や抗酸化技術などのさまざまなノウハウを活用。機能的に

【写真５－１　アスタリフトのラインナップ】

写真提供：富士フイルムホールディングス株式会社

配合した成分や素材を適切かつ効果的にカラダに浸透・吸収させるための高度なナノテクノロジーを差別化ポイントとし、富士フイルムならではの価値あるヘルスケア商品の提案を実現しています」とあり、両事業に技術的なつながりがあることはわかる。

しかし、なぜ、写真フィルムやカメラの会社が化粧品の事業を手がけることとなったのか。相当に縁遠いと思われる。釈然としない読者も、少なくはなかろう。同社は、化粧品の市場に参入すると同時に、栄養補助食品の市場への参入も発表している（現在、「FUJIFILMサプリメント」として発売中）。同社の歴史を振り返ることで、これら縁遠いと思われる取り組みの背後にあったものを探っていこう。

「第一の創業」・富士写真フイルム

富士写真フイルム（現・富士フイルムホールディングス）（以下、富士フイルム）の源流は、第一次世界大戦終結後の1919（大正８）年にセルロイド８社が合併して誕生した大日本セルロイド（現・ダイセル化学工業）である。セルロイドは一種のプラスチックで、加工が容易で着色性にも優れていたため、1950年代までは玩具、文房具、家庭用品、眼鏡枠など日常生活に広く利用されるものであった。

大日本セルロイドは発足後間もなく、世界で有数の製造技術を誇る会社となった。同社は、セルロイドの新たな需要先としてフィルムの事業に着目、1920（大正９）年には事業化に向けた研究を始めた。そして、1934（昭和９）年に映画フィルムの国産化を目的として大日本セルロイドの写真フィルム部門の分離独立が行われ、子会社として設立されたのが、富士フイルムであった。

一方、富士フイルムの分離独立からさかのぼること約半世紀、米ニューヨーク州でフィルム製造を開始していたのがイーストマン・コダック社（以下、コダック）であった。同社は当時、世界のフィルム市場をほぼ独占する状態にある巨人であった。このコダック社とは、技術力などあらゆる点で雲泥の差があった。歴然たる差が存在した。そのため、フィルムの事業化、富士フイルムの設立の過程では、コダック社で技術提携や資本提携の話も持ち上がることとなった。しかし、コダック社側と日本側は条件面で合意に達することができなかった。その結果、国産技術での事業化が推し進められることとなった。

このコダック社と富士フイルムは長年にわたり、緊張した関係を持ち続けることとなる。たとえば、望んでいた提携が実現しなかったことから富士フイルムの設立直後にコダック社は、大幅な値下げを断行して富士フイルムの出鼻をくじこうとしたのであった。以来、「打倒コダック」「コダックに追いつけ、追い越せ」が、同社の経営上のスローガンとなったのである。

写真フィルム市場の覇者に

「打倒コダック」を合い言葉に同社は、国産技術を用いてのフィルムの事業化に取り組むこととなり、自らの技術力の向上に邁進することとなる。

雲泥の差があった技術力であるが、その差は次第に解消され、1984年に開催されたオリンピック大会では、富士フイルムの写真フィルムが公式フィルムに認定されるまでになる。いずれの地で開催されるオリンピックであってもコダック社のものが公式フィルムとされるのが当然であったなかで、米ロサンゼルスで開催されたオリンピックで認定されるまでになったのであった。

技術力の向上をつうじての製品の高性能化・高品質化を図ってきた富士フイルムであったが、コダック社は別としても、国内の写真フィルム市場で最初からトップの地位にあったわけではなかった。富士フイルムよりも半世紀以上前、小西屋六兵衛店で写真および石版材料の取扱いを始めた歴史を持っていたのが、後のコニカ（現･コニカミノルタ）である。同社は、1903（明治36）年に印画紙、1929（昭和４）年に本格的な国産初の写真フィルムの「さくらフィルム」、そして第二次大戦前の1940（昭和15）年には国産初のカラーフィルム「さくら天然色フィルム」を発売してきた。

コダック製品は1960年まで輸入数量を制限されていた。そうしたなか大戦後の写真フィルムの国内シェアは、「さくらカラー」（後に「サクラカラー」に表記変更）が富士フイルムの「フジカラー」を圧倒する状態が続いた。コニカのシェアは６割を占めるものであった。

しかし、1960年代から1970年代にかけて富士フイルムのシェアは拡大を見せる。その理由としては、さまざまな指摘がある。その１つは敵失である。フィルムの一部に白い斑点が出てしまう欠陥商品が市場に出回ってしまい、その回収にも手間取ってしまうというミスをコニカは犯してしまった。こうした品質問題に対して、技術力の向上に注力してきた富士フイルム製の商品に顧客の手が伸びるようになったのである。もちろん敵失だけではない。圧倒的な広告費を投入して知名度の向上に努めるとともに、販売ネットワークの構築にも力を注ぎ込んだ。あらゆる観光地

【写真５－２　フジカラーSUPERIA PREMIUM 400】

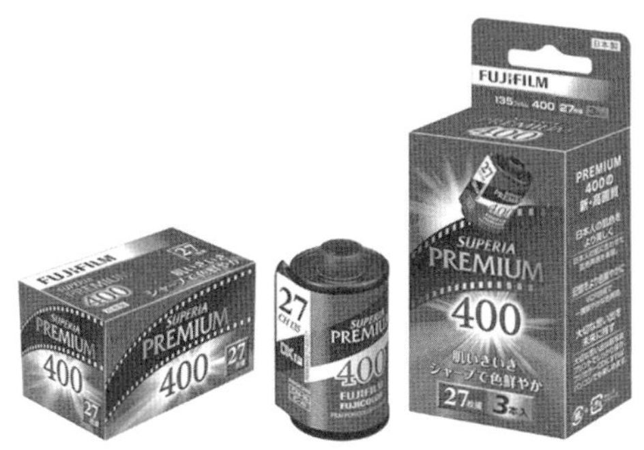

35mm カラーネガフィルム
「フジカラー SUPERIA PREMIUM 400」

写真提供：富士フイルムホールディングス株式会社

の土産店、商店、駅売店などで富士フイルム製のフィルムを顧客が手にできる仕組みを作り上げたのである。顧客にとって、じつに便利な販売網を張り巡らせた。

こうした結果、フジカラーが逆転を遂げ、両者の差は開く一方となった。ライバルのサクラカラーはその後、コニカカラーを経て事業撤退するまでの間、ついにトップの座に返り咲くことはなかった。

「第二の創業」・富士フイルム

1976（昭和51）年に写真フィルムは100%輸入自由化となる。しかし、高い技術力を駆使した商品作り、顧客への認知度と接点を高めた富士フイルムに対して、コダック社には打つべき手が限られていた。逆に富士フイルムは、コダック社の牙城であった欧米市場の切り崩しにまで挑んだ。

コダック社もおさえ、写真フィルム市場における覇者となった富士フイルムであったが、1990年代後半から2000年にかけてかつてない環境変化に直面することとなる。写真の世界にも、アナログからデジタルへの変化が到来したのであった。写真フィルムを必要としないデジタルカメラが普及しはじめ、大量に撮影して、お気に入りだけを自らがインクジェットプリンターで印刷するという顧客が現れだし、急激にその数が増加したのであった。富士フイルムは当初、デジタルカメラの普及による写真フィルムの需要減を年率１割と見込んでいたが、実際には25%のペースで減少したのである。

「当社にとってはトヨタ自動車が車を売れなくなること、あるいは新日本製鉄が鉄を売れなくなることに匹敵する一大事でした（『日経ビジネス』2008年３月24日号、136頁）」とトップである古森重隆（現・富士フイルムホールディングス会長・CEO）の語る危機が富士フイルムの目前に迫ってきたのであった。古森が富士フイルムの社長に就任した2000年頃には、写真関連部門の売上高は全体の６割、営業利益の６割を写真関連の事業で生み出していた。その「稼ぎ頭」が2005年度には赤字に転落してしまうほどの変化であった。

写真フィルム一本に依存するのではなく、それに代わる新しい柱も作っておかねばならないことは全社的な課題となっていた。しかし「抗がん剤や光ディスクなどの開発に取り組みましたが、結局、みんな途中でやめてしまった。写真フィルムほどの利益は見込めない（古森談・『日経ビジネス』2008年３月24日号、136頁）」との状況であり、2000年以降、その代償が一気に噴き出してしまった。

2003年、富士フイルムの最高経営責任者（CEO）となった古森は、「第二の創業」を2004年公表の中期経営計画にて宣言する。そこでは、写真フィルム市場の縮小に合わせて、国内外で生産設備を統廃合し、その事業に関わる人員の３分の１（5,000人）を配置転換などで削減した。一方で、新たな柱の確立に向けての手立ても講じられた。具体的には、写真フィルム事業で磨き上げられてきた技術を他分野にも応用して、市場の成長が見込まれる液晶ディスプレイ材料や医療・化粧品分野を強化する戦略に舵を切ることとなったのである。

幾度かの中期経営計画の立案・実施を経て現在、富士フイルムホールディングスの連結売上高は２兆3,151億円（2020年３月期売上高）となり、そのうち、写真フィルムの占める割合はごくわずか、１％未満となっている。一方、液晶ディスプレイ材料、医療用機器や医薬品がふくまれる「ヘルスケア＆マテリアルズソリューション」分野の割合は44％となっている。液晶ディスプレイに不可欠なフィルムである偏光板保護フィルムは世界シェア・トップ、医用画像情報システムも世界シェア・国内シェアともにトップとなっている（前者のシェアは2020年９月、後者のそれは2019年９月、いずれも富士フイルムホールディングス調べ）。偏光板保護フィルムの元々は写真フィルムのベースフィルムであり、同社が磨き上げてきた製膜・精密塗布技術が活用されたものであった。

2006年、富士フイルムホールディングスを純粋持ち株会社とする組織体制に移行する際、富士写真フイルムの社名から「写真」の文字は外され「フイルム」が残された。その背景には、同社のこうした新たな戦略があったのである。主力事業が

【図5－1　事業ポートフォリオ】

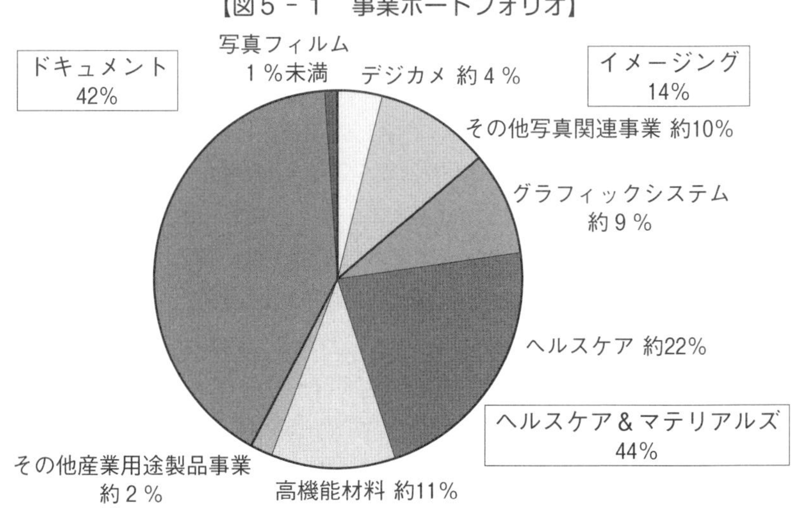

成熟を迎えるなかで、さらなる成長を目指したことが縁遠いと思われる事業への進出の背景にあったのである。

3 経営戦略

経営戦略とは

コダック社のみならず、国内市場ではコニカの後塵を拝していた富士フイルムがフィルム市場の覇者となれたのはなぜか。またその後、主力事業の転換を果たせたのはなぜか。その答えを端的に記すならば、同社に「戦略があったから」となる。では、企業経営における戦略とは何か。何を考え（策定)、実施してくことなのか。

その代表的な定義を示しておくと以下の通りである。

> 「企業の長期的な目的を達成するための将来の道筋を、
> 企業環境とのかかわりで示した長期的な構想」

Column５－１

波及効果

すぐれた経営戦略の基本の１つは、よりよい波及効果を生み出すことにある。古典的な戦略論以来、これは基本原則の１つである。

あることで成功すると、それが「テコ」となってさらに大きな成功が生み出されることがある。好循環や雪だるま現象などと呼ばれる現象である。このような結果を生み出す原動力となるのが波及効果である。

波及効果にはいかなるものがあるのか。たとえば、心理的な波及効果がある。あることに成功することによって、それに従事した人々の間に自信が生まれてくる。成功すれば、顧客の間での信頼が高まるという効果もある。企業の外部、市場への波及効果である。さらに、成功することによって、企業の内部にすぐれた技術やノウハウが蓄積されるという技術の波及効果もある。

波及効果があると、つぎの戦略展開を手がけやすくなる。こうなるためには、波及効果があるところで仕事をすることが必要である。波及効果が見込まれるところで仕事をしていれば、その仕事自体はうまくいかなくても、波及効果が大きな価値を生み出すこともある。過去、あるカメラメーカーは一生懸命、電卓の事業に取り組んだ。事業そのものはうまくはいかなかったが、同社にはエレクトロニクスに関わる技術が残された。コピー機などの事務機器市場への参入を手がけやすくした１つの要因となったのは、この技術が残されていたことであった。

波及効果はよい結果を生み出すだけとは限らない。失敗がさらなる失敗を生むという、悪循環も波及効果の一種である。よりよい波及効果をもたらすところがどこにあるのかを見極めることは、経営者の重要な仕事である。

これは、企業内部で行われるさまざまな意思決定のガイドラインあるいは決定ルールとなるものである。

戦略を考えていくためには、諸般の要素を分析のまな板に載せなければならない。まずは将来のあるべき姿としての目的を見定め、その企業が置かれている環境の分析が必要になる。ここでいう環境とは、主に製品市場を指す。経営戦略とは、それと企業とのかかわりを示したものである。戦略のよしあしは、この市場での戦果次第である。企業の存続は最終的に、製品市場で魅力ある商品やサービスをお客さんに提供できるか否かにかかっている。提供するためには、市場の動向や業界の競争構造に起因するさまざまな機会（opportunity）や脅威（threat）を見分ける必要がある。同時に、自社の経営資源の分析も必要になる。第1章で触れた「ヒト・モノ・カネ」そして「情報」といった資源を洗い出し、その強み（strength）や弱み（weakness）を浮き彫りにしなければならない。

ただし、こうした外部環境（主に製品市場）そして内部環境（経営資源）の分析自体は、戦略そのものではない。こうした分析は、戦略立案の一過程でしかない。目的を見定め、外部そして内部環境の分析を経た上で、その目的に向かってどのように歩んでいくのかという「道筋」をつけること。これが戦略である。

また、「こうしたい」という意思、構想が戦略である。自分たちはどういう企業になりたいのか。それを語るのが戦略という構想である。現実にあるもの、自然に放っておけば（ごく短期で）なるようになるものを描いたものではない。企業が直面する外部・内部環境に左右される部分があるとはいえ、あくまでも企業の側が主体的に環境に働きかけていくものなのである。

経営戦略ではないもの

経営戦略とは何かを思い知るためには、戦略ではないものを知っておくとよい。「これがウチの会社の戦略です」といったときに、じつは戦略ではないものを指している場合が企業経営の現場では少なくない。

上にも記してあるがまず、外部そして内部環境の分析そのものは戦略ではない。市場の成長率、ライバルの数やそれぞれの強みや弱みはどこにあるのか。あるいは、自社内にはどういった技術が蓄積されてきたのか、生産・販売拠点のグローバルな広がりはどの程度か、自社の強みや弱みはどこにあるのか。これらの分析をきちんと講じたとしてもそれだけでは、進もうとする道筋がおのずと浮かび上がってくるわけではない。

コダック社が持っていた卓越した技術力そして販売力やブランド力、片や一から技術力を高めていかねばならない富士フイルム。分析するまでもなく、「雲泥の差」があったのである。分析を冷静に積み重ねたことが、富士フイルムの躍進の基本にあったとは思えない。

また、目的を提示することそのものも戦略ではない。第9章で取り上げる本田宗一郎が抱いていた、（浜松の町工場でしかなかった）本田技研工業を「世界一の車屋にする」といった少し抽象度の高い目的や、より具体的なものとして「売上高○兆円」や「店舗数全国で○○○店」といったもの。これらを掲げることそのものも、戦略ではない（本田宗一郎は壮大な夢を口にしながら、補佐役となった人物とともに夢の実現に向けた道筋もきちんと描いていた。

二輪車分野の開発・生産・販売にそれぞれ工夫を凝らし国内市場で確固たる地位を築くとともに、世界最大、日本とは桁違いの消費市場である米国市場にも乗り込んでいく。この米国市場でも開発・生産・販売に工夫を凝らすとともに、日本国内で怠りなく新たな技術開発も進め、二輪車だけでなくこれも桁違いの市場規模がある四輪車分野にも踏み込んでいく。当然、ライバルや顧客のある話で、思い通りに前進できたわけではなかった。悪路、泥道ゆえに立ち往生や道筋の多少の見直しもあったが、何とか走破してきた。これが今日のグローバル企業たるホンダを作り上げたのである）。

「打倒コダック」をトップが叫びつづけたことで、富士フイルムが日本のフィルム市場の覇者になれたわけではない。もちろん、そうしたスローガンを掲げることで社内の士気は高揚したであろう。しかし、コニカなどにとってもコダック社を「目の敵（かたき）」とする思いは同じであった。富士フイルムは、そのスローガンの実現に向けた道筋を考え抜き、そこを走り切ってきたのである。コダック製品に輸入制限が課せられている間に、顧客の信頼に足る商品作りに必要な技術を磨き上げる。それにヒト・カネを厚く配分する。商品作りに注力しそして、顧客の利便性を高めるために全国津々浦々に販売店を組織する。また顧客の認知度を高めるために、効果的な広告宣伝活動を展開もする。スローガンを掲げるだけでなく、こうした具体的な手を打っていくことをトップが提示し、それぞれの現場が実行する。それを通じて、富士フイルムは国内市場における圧倒的な地位を獲得したのである。

環境分析だけ、目的の提示だけ。これらにくわえて、経営の現場でありがちな戦略もどきがある。これは、「組織いじり」あるいは組織図上の「箱物戦略」とでも名づけられるものである。新たに海外進出するために「海外事業本部を立ち上げました。それに我が社の若手・中堅の精鋭を集めました」。新たな事業分野に進出するために「新規事業推進プロジェクトを立ち上げました。ヒトとカネは惜しまないつもりです」。これらも戦略ではない。それぞれの箱物（本部・プロジェクト）に入れられた人々にとっては、「海外」「新規事業」とのキーワードが与えられただけであり、あとは暗中模索の日々となってしまうのである。

4 経営戦略の階層

事業レベルの戦略

では、もう少し具体的に見ていこう。経営戦略には、異なる2つのレベルのものがある（図5－2）。

第1は、事業レベルの戦略（business strategy）である。事業戦略あるいは競争戦略（competitive strategy）と呼ばれる。これは、個々の事業分野での競争に対応するための戦略である。特定の業界を対象にして、その業界内で他の競争相手に対して競争上の優位性をいかに達成するかということに関わる戦略である。どのような顧客にどのような価値を提供するのか、競争相手に比していかに違いを出すのか（差別化するのか）、独自の強みを構築するか、そのために研究開発、生産、販売、アフターサービスといった一連の仕事をいかに遂行していくのか。これらについての長期的な構想である。

富士フイルムホールディングスの事例でいえば、写真フィルムの業界では、富士フイルム、コダック社、コニカ、これらにくわえてドイツのアグファ・ゲバルト、主にこの4社で熾烈な競争が繰り広げられてきたのであった。

このレベルでの戦略の中心を占めるのは、競争の問題である。これはもともと、マーケティングという1つの職能分野にかかわる問題と考えられていた。マーケティング分野の伝統的な考え方では、製品（product）、プロモーション（promotion）、価格（price）、販売チャネル（place）の「4つのP（4P）」を、

【図5－2　経営戦略の階層性】

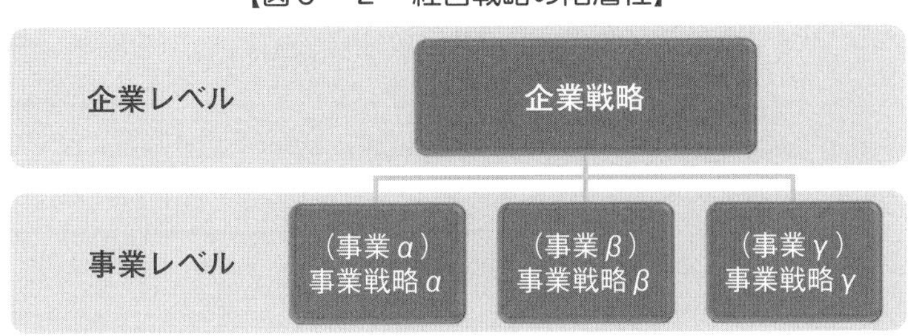

競争優位を実現する手段として注目してきた。ごく単純に書けば、広告・宣伝などのプロモーション活動を通じて製品やサービスの内容を世間に知らせ、欲しいときに手にできるように販売チャネルを整備し、お値打ち感のある価格で提供する。これを重要であるとしてきた。

具体的には、製品であれば品質、ブランド名、デザインなど、プロモーションであれば広告・宣伝、たとえば営業マンによる販売活動、カネをかけずにテレビや新聞・雑誌などの媒体に自社の記事や製品を紹介してもらう広報活動、試供品の提供や各種イベントの開催などバラエティーに富んだ販売促進活動、価格であれば定価、割引率、支払期間やローンの条件など、そして販売チャネルであれば流通経路、品揃え、立地、物流など、それぞれの点について知恵の絞り合いとなる。

国内市場において先を走るコニカを富士フイルムが追い抜けた理由も、この４Ｐの枠組みで説明できる。たとえば、追い抜けたきっかけとなったのは、コニカ製品が品質問題を起こしたのに対して、富士フイルム製は安定した品質を維持していたことにあった。また、広告・宣伝の活動においても秀でたものがあった。1966年から提供されている同社のテレビCM「お正月を写そう♪」は、日本の年末年始の風物詩となっているほどである（同CMは伝統的に写真フィルム中心であったが最近では、化粧品やサプリメントなど同社の他の商品群も登場する作品に改められている。これにより、写真フィルム以外の新事業にも注力している「新生・富士フイルム」を顧客にアピールすることが目ざされている）。くわえて、津々浦々に張り巡らされた販売店網が、全国津々浦々にいる顧客の元まで富士フイルム製の商品を届けることとなった。

マーケティング分野を超えて

事業レベルの戦略の中心を占めるのは競争の問題であり伝統的には、主としてマーケティングの問題と考えられていた。

しかし、競争手段の多様化とりわけ製品開発競争の激化とともに、マーケティングという１つの職能分野の問題ではなく、研究開発、製品開発、製造、人事、財務など複数の職能分野を横断する問題であるという認識が広まってきた。これら職能分野の活動を競争優位の確立という観点から統合することが必要性を増してきたのである。事業戦略は、この統合のための指針を与えるものとなっている。

マーケティングを研究するものも、この統合の必要性は十二分に感じている。こうした背景から、経営戦略論の一分野である「事業（競争）戦略論」と「マーケティング論」には重なりあう部分が多くなっている。

全社レベルの戦略

もう１つは、全社レベルの戦略（corporate strategy）である。企業戦略あるいは全社戦略と呼ばれる。ごく簡単にいえば、そもそもどのような製品市場を事業対象とするかが中心となる。より具体的には、たとえば、新規事業への進出、事業からの撤退、事業全体の組み合わせ（「事業ポートフォリオ」と呼ばれる。組み合わせの代表的なパターンは、富士フイルムのように成熟した事業（写真フィルム）と成長が見込まれる事業を組み合わせるものである。くわえて、一般の産業を対象とする事業と官公需を対象とする事業の双方を企業内に抱え込んでおくというパターンなどもある。不況時には民需は低迷するが、景気対策として官公需は活発化することが、こうした組み合わせの背後にあるのである。

各事業を現実に動かしていくための経営資源（ヒトやカネ）の配分、将来のための経営資源の獲得などの長期的な構想である。新しい事業への進出（撤退）はとくに、多角化戦略と呼ばれる。

こうした企業全体の戦略は、最高経営責任者がジェネラル・スタッフ（経営企画・社長室）などの助けを得て最終的に策定、その実行の旗を振るものである。事業レベルの戦略の上位にある戦略である。下位にある事業レベルの戦略の策定・実行は、最高経営責任者によって指名された各事業の責任者である事業部長の手に委ねられている。

セルロイドの大日本セルロイドが、写真フィルムの事業を手がける。写真フィルムの富士フイルムが、たとえば化粧品など、写真フィルム以外の事業を手がける。もちろん、手がけることを決めただけで、事が済んだわけではなかった。新たな事業分野への進出の裏側で主力事業であった写真フィルム事業の規模を大幅に縮小し、ヒトやカネを新たな分野に重点的に投入した。写真事業に関わっていた人員の相当数が配置替えとなった。また、研究開発やM&A（企業の合併・買収）に数千億円にのぼる資金が投入された。こうした一連の取り組みが、現在の富士フイルムホールディングスの事業構成の源となったのである。

Column５－２

優れた経営戦略を作るため基本原則

古今東西の「優れた」とされる経営者の戦略立案を振り返ると、そこには２つの基本原則がある。その第１は、優れた経営戦略を生み出すためには、これまでの延長線上でではなくゼロから考え直すべきだという原則である。われわれは知らぬ間にこれまでの延長線上で物事を考えてしまいがちである。延長線上で考えれば、これまでの経験の蓄積を生かすことができ、慣れ親しんだ世界で問題を解決することができる。しかし、延長線上で考えている限りどうしても乗り越えることのできない限界がある。この限界を超えるためには、ゼロから考え直す必要がある。そうすれば、これまでの常識では想像もできなかったイノベーションが実現できる可能性がある。このようなイノベーションは大きなコストダウンだけではない。製品の性能や特性を大きく変えることもできる。それに成功すれば、顧客に大きなさまざまなメリットを与えることが可能となり、競争相手に対する圧倒的優位を確立することもできる。

あるべき戦略立案の第２の基本原則は、物事をチャンスとして肯定的にとらえるという原則である。物事を脅威としてとらえ、悪い結果が起こらないように備えようとするのはネガティブな発想である。これに対して物事をチャンスとして捉え、それを利用してよい結果を得ようというのがポジティブな発想である。具体例で考えてみよう。高齢化にともなう若年人口の減少という側面に注目すれば、都心部のコンビニエンス・ストアの店舗数は過剰だと考えることができる。しかし、高齢化にともなって遠方のショッピング・センターまで出かけることのできない買い物弱者が増えているという側面に注目すれば、コンビニはまだまだ不足していると考えることができる。否定的に考えれば、どの店舗を閉じるかという課題しか思いつかない。しかし肯定的な側面に目を転ずれば、客筋の変化に合わせてコンビニの商品構成をどのように変えるかという戦略的な課題が浮かび上がってくる。

大多数の人々が水平線の向こうに暗雲しか見ないときに、そのなかのわずかな雲の切れ目を発見できるのが優れた経営者であるといわれている。物事を肯定的にとらえることの第１の効用は、人々のやる気を高めることができる点にある。その結果として、人々の知恵を引き出しやすくなる。否定的な発想が強くなると、人々は防御的になり、自ら変わろうとする意欲は高まらない。肯定的に考えることの第２の効用は、よい結果が得られるという期待があるときには、成果が出るまでの時間が長くても待つことができることである。積極的な投資をすることができるという効用もある。懐妊期間に対する寛容さや積極的な投資はイノベーションを起こしやすくする。

経営戦略の実行

最高経営責任者なり事業部長なりが最終的には立案する戦略であるが、立案されただけでは「絵に描いた餅」である。それは実行されなければならない。この経営戦略の実行には、人や組織の問題が深く関わってくる。経営戦略に適合した組織構造、ヒトやカネなどの管理の仕組み、リーダーの行動、組織文化をいかにして作りあげるかが、経営戦略の有効性を左右する重要な要素である。

組織構造とは、組織における分業と調整の枠組みである。企業のなかで誰がどのような仕事をするのか、また、誰が何について決めることができて、誰がそれについて責任を持つのか。こうした役割分担や責任の所在について定めたものである。

組織文化は企業文化、企業風土、企業体質、社風、などという言葉で表現されることがあるもので、企業成員に共有された見方や考え方である。少し堅苦しく言えば、共有された価値観、行動規範、世界観である。国によって文化が違うように、企業の間でも文化は異なる。業界による違いが最も鮮明であるが、同業界でも、ずいぶんと違った文化を持つ企業が出てくることがある。たとえば、新しいことにチャレンジすることを良しと考えるのか、あるいは考えないのか。企業によってずいぶんと違いが観察される。こうした価値観や行動規範は目には見えないが、組織の人々の行動を形作る重要な要因となりそのため、戦略の実行には大きな影響を及ぼすものとなっているのである。

5 おわりに

本章では、アウトプット市場である製品・サービス市場と企業との関わりについて見てきた。この関わりを研究の主たる対象としてきたのが、経営戦略論と呼ばれる研究分野であった。

次章からは、まずは経営戦略論の基礎的な学びを進めていく。まずは第６章と第７章にて事業レベルの戦略の問題、そして第８章にて企業レベルの戦略の問題を見ていく。くわえて第９章では、事業レベル、企業レベル、両方のレベルにて重要な問題である企業の国際化の問題について見ていく。

そのあとに、戦略の実行に深く関わる研究分野である経営組織論の基礎を学んでいくこととしよう。

？考えてみよう

[予習のために]

富士フイルムに先だって写真フィルムの事業に取り組んでいたのが、小西屋六兵衛店（後に小西六写真工業、コニカと改称、現・コニカミノルタ）です。同社の現在の事業構成を調べてみてください。

[復習のために]

1．もともと軍事用語であった“strategy”という概念を経営学の概念として登場させたのは、チャンドラー（A. D. Chandler）という企業経営の歴史の研究家でした。彼による戦略の定義を調べるとともに、彼が主として研究したのは事業レベルあるいは企業レベルの戦略であるかも調べてください。

2．写真フィルムの需要減少にともなって、その原材料の供給業者も存続の危機に直面しました。その１社に新田ゼラチンという会社があります。同社の事業構成の変遷と、変遷の背景にあった理由を調べてみてください。

主要参考文献

加護野忠男「経営戦略論」神戸大学経済経営学会編『経営学研究のために（第９版）』神戸大学経済経営学会、2006年。

楠木建『ストーリーとしての競争戦略―優れた戦略の条件』東洋経済新報社、2012年。

次に読んで欲しい本

沼上幹『ゼロからの経営戦略』ミネルヴァ書房、2016年。

吉原英樹『「バカな」と「なるほど」―経営成功の決め手！』同文舘出版、1991年（2014年にPHP研究所より復刊）。

江上剛『奇跡の改革』PHP文芸文庫、2018年。

楡周平『象の墓場』光文社文庫、2016年。

第6章

競争戦略のマネジメント（Part. 1）

基本的な考え方

「多数のライバル企業がひしめくなか、なぜ、あの会社はヒット商品を連発できるのか？」。経営戦略論のなかでも競争戦略論と呼ばれる分野では、読者のみなさんにとってごく身近にある競争、顧客の獲得を目指しての競争の問題を取り扱う。本章では、企業間の競争の大枠について学んでいくとともに、そこで必要とされる考え方、「違い」を作り上げる、という考え方について学んでいくこととしよう。

1 はじめに

多くの企業は顧客を巡って常に競争相手との戦いを繰り広げている。周りを見回して欲しい。我々の周りには競合する数多くの製品やサービスがあふれている。例えば、インスタントラーメン。スーパーの陳列棚にはさまざまな商品が並べられている。その中には、昔からよく見かける馴染みの商品も置かれている。至って普通の光景である。

しかし、インスタントラーメンの新商品は毎年何百種類も発売されている。陳列棚にも並べられず、その存在を知られることなく消えていく商品も少なくない。そのように考えると、スーパーでよく見かける商品というのは、熾烈な競争を勝ち抜いてきた歴戦の兵（つわもの）なのである。

こうした競争は何も民間企業の間だけで行われるものではない。少子化の問題などを背景に大学も学生獲得に躍起になっている。病院でさえも患者獲得に必死になっている。市場経済においては至極当たり前のことなのである。

ところが、競争に勝つということは並大抵のことではない。相当な努力が必要とされる。だからといって、ただ闇雲に戦えばよいというものではない。また物量にモノをいわせれば勝てるというものでもない。そこでは戦況を見極め、競争に勝つための工夫や知恵というものが必要になってくる。

前章でも触れたように、個々の事業分野での競争に勝ち抜いていくための基本構想を競争戦略（あるいは事業戦略）という。この章では、日本のプロレス団体である新日本プロレスリング株式会社（以下、新日本プロレス）の事例を通じて競争戦略の基本的な考え方を身につけていくことにしよう。

2 事例：新日本プロレス

「プ女子」

「プ女子」という言葉を聞いたことがあるだろうか。「プロレス女子」、すなわちプロレス好きの女子を指す言葉である。近年、この「プ女子」が増えつつある。プロレス会場に足を運んでみると分かるのであるが、昔ながらの男性ファンに加えて、たくさんの若い女性ファンがレスラーに声援を送っている。一昔前までの、男性ファンを中心とした会場の雰囲気とはちょっと違うのである。そしてこのブームに一役買ったのが、新日本プロレスであった。

【写真6－1　プロレス女子（プ女子）】

写真提供：筆者撮影（掲載許可済）

新日本プロレスは、プロレスラーのアントニオ猪木によって1972年に設立された日本のプロレス団体である。新日本プロレスは、「ストロング・スタイル」「キング・オブ・スポーツ」「プロレスこそ最強の格闘技」を公言し、強さを追求した団体として人気を博した。新日本プロレスのテレビ番組「ワールド・プロレスリング」は、ゴールデンタイム（金曜夜８時）に生中継され、最高視聴率34.6％（1976年）をたたき出すなど人気番組となった。

その後、選手の大量離脱等により、一時的には苦しんだものの、1990年代に入ると人気は復活。ドーム大会を多い時で年間５回も開催するなど、黄金期を迎えることになる（**図6－1**）。

ところが、好調な新日本プロレスに暗雲が立ち込める。2000年代に入ると業績は一気に下降し始め、危機的な状況を迎えることになる。

【図6－1　新日本プロレスの売上高の推移】

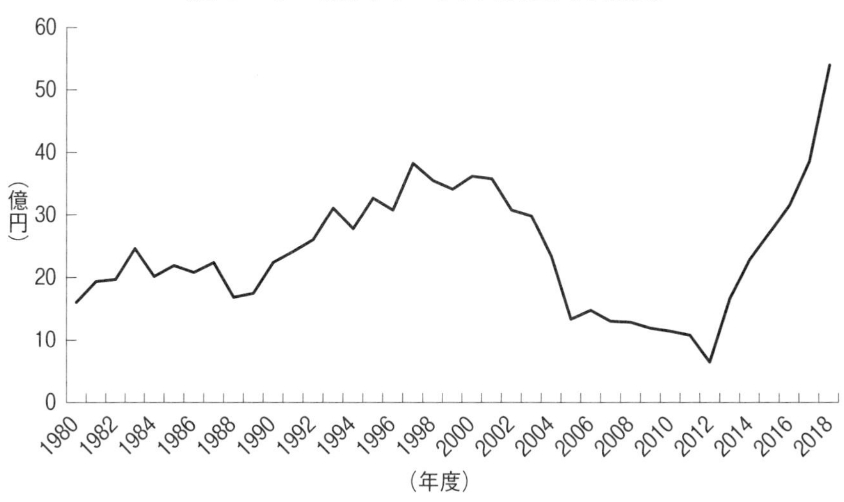

出所：「新日本プロレスのV字回復を支えたSNS戦略と企業ブランディング」『広報会議』2019年11月号

新日本プロレス暗黒期

最大の原因は、総合格闘技ブームの到来である。1990年代に入り、K1やPRIDEといった格闘技イベントが日本で始まる。しかし、同じ格闘技であっても、プロレスとは競技性が異なる。プロレスでは、相手の技を受けることが美徳とされている。「相手の技を食らい、自分の体を痛めながら相手を光らせて試合を盛り上げる。そのうえで、最後まで勝負への執念を捨てずに全力を尽くして、最後は自分も光る」（棚橋弘至『棚橋弘至はなぜ新日本プロレスを変えることができたのか』飛鳥新社）。これがプロレスである。一方の総合格闘技は、勝つか負けるかがすべてである。そのため相手の技をあえて受けるようなマネはせず、隙あらば一撃で仕留めにいく。技の迫力や試合の緊張感に多くのファンが魅了された。

これに危機感を抱いたのが、当時はすでに現役を退いていたアントニオ猪木である。新日本プロレスのオーナーであり、依然として新日本プロレスに強い影響を及ぼしていたアントニオ猪木は、新日本プロレスを総合格闘技路線に引き込もうとする。そして、大会内でレスラーに総合格闘技寄りの試合を行わせたり、新日本プロレスのレスラーを総合格闘技の大会に出場させたりするようになる。しかし、総合格闘技寄りの試合といっても、本家の試合と比べれば、やはり内容は見劣りする。また外部の格闘技大会に出場させたレスラーの多くは、不慣れなルールにくわえ、ろくに準備の時間も与えられず、敗戦を喫することになる。その結果に、いざとなればプロレスラーは総合格闘技でも勝つことができると考えていたプロレスファンは落胆し、次第にプロレスから離れていった。さらに追い打ちをかけるように、新日本プロレスの格闘技路線に反対の意を唱えてきた多くの主力レスラーが新日本プロレスを退団するという事態が起こる。そして2005年、新日本プロレスは過去最高の赤字を記録してしまう。新日本プロレスはもはや青息吐息の状態だったのである。

脱ストロング・スタイル

窮地に陥っていた新日本プロレスに手を差し伸べたのが、ゲームソフト制作会社の株式会社ユークスであった。2005年、ユークスは、オーナーであり筆頭株主であったアントニオ猪木が保有する株式のすべて（全株式の51.5%）を取得し、新日本プロレスの親会社となる。ユークスは、多額の財政支援を行うとともに、コスト管理を徹底することで、経営の健全化に努めていった。こうした取り組みの成果もあり、2010年には辛うじて利益を出せる程度にまでは回復する。しかし、依然として客足は戻らず、売上もじり貧状態が続いていた。

それでも、この時期には明るい材料も出始めつつあった。ユークスによる買収以降、新日本プロレスは総合格闘技路線を排除し、これまでの失墜したイメージを払拭しようと試行錯誤を繰り返していた。そして、その中心となっていたのが、棚橋弘至、中邑真輔、真壁刀義、後藤洋央紀といった若手レスラーであった。彼らによる試合やパフォーマンスは、少しずつではあるが、会場の雰囲気を盛り上げていった。

その中でも棚橋の果たした役割は大きかった。早くから次世代のスターとして期待されていた棚橋は、早々に脱ストロング・スタイルを主張し、プロレスを女性や子どもでも楽しめるエンターテインメントに変えていくべきだと考えていた。長い髪と女性受けのするルックス。ウェイトトレーニングで作り上げられた見事な肉体。ヒーローのようなポーズをとり、自らを「100年に１人の逸材」と呼ぶ。棚橋は、そんな自己陶酔的なキャラクターを演じる一方で、大会をPRするために、休日返上で全国各地を回っていった。

そして、メインイベンターとして試合に勝利すれば、観客1人ひとりとハイタッチをして喜びを分かち合う。女性とはハグをして、子どもは抱き上げ一緒にポーズをとり写真を撮る。女性は棚橋のカッコよさに興奮し、子どもはヒーローの強さにあこがれを抱く。そして、大会の締めに、会場が一体となって「愛してまーす」と叫ぶ。棚橋は、これまでの新日本プロレスのイメージとは大きくかけ離れたレスラーであった。その棚橋の努力もあり、次第に会場には女性や子どもの姿が目立つようになっていった。

このように若手レスラーの台頭やファンサービスの向上により、試合内容や会場の雰囲気は改善されつつあった。会社も所属レスラーも会場に来てさえくれれば、観客は満足してくれるはずだとの自信を深めていった。しかし、その思いがなかなか数字には結びつかなかったのである。

ブシロードによる買収

2012年、カードゲーム事業やキャラクター事業を展開していた株式会社ブシロードが、ユークスから新日本プロレスの株式すべてを取得し、新たな親会社となった。ここから新日本プロレスの業績は一気に好転する。

ブシロードの代表取締役であり、新日本プロレスの取締役会長となった木谷高明は、新日本プロレスを買収する前から、すでにリング上が、熱狂的で面白く、「ライブ・ビジネス」としての可能性を秘めていることを感じとっていた。しかも、当時のライブ・エンターテインメント市場（音楽ライブやミュージカルなど）は順調に拡大しており、多くの消費者がライブという体験価値を求めていることも分かっていた。同じライブ・ビジネスであるのに、音楽は盛り上がり、プロレスは落ち込んでいる。木谷は、逆にそこに目を付けたのであった。

そこでまず行ったのが、大規模なプロモーションであった。プロレスの「流行っている感」を演出することで、プロレスの存在を再確認してもらうためである。例えば、2012年夏に開催された新日本プロレス最大のリーグ戦「G1 CLIMAX（ジーワンクライマックス）」では、レスラーの姿が映し出された大会宣伝用の巨大ボードをJR東日本の都内56駅74面に設置した。さらに、車両にレスラーの写真を丸々ラッピングした電車広告を展開したりするなど、プロレスファンだけでなく、一般の人の目にも留まるようなプロモーションを大々的に行った。その額は、従来の広告費用の10倍、およそ3億円にものぼる。プロレスの「流行っている感」を演出するためであった。

そしてリング上では、さまざまに魅力的なレスラーが迫力ある闘いを繰り広げていく。その中でも特に注目を集めたのが、当時24歳の若き天才レスラー、オカダ・カズチカであった。191㎝の身長と女性受けする容姿もさることながら、そのたぐいまれな運動能力やプロレスセンス、そしてスター性に、多くのファンが魅了された。もちろんオカダだけではない。

エース棚橋に加えて、朝の情報番組で「スイーツ真壁」としてお茶の間でも有名になった真壁刀義、クネクネした動きと「イヤァオ！」というセリフで会場を虜にする中邑真輔、ヒールキャラになってブレイクした「制御不能なカリスマ」内藤哲也など、多くのレスラーが個性あるキャラクターを自ら確立していった。新日本プロレスはキャラクターの宝庫であった。

そしてリング上で彼らが見せる数々のパフォーマンス、映像や音楽による演出、そして観客の声援が会場を盛り上げ、多くの新規ファンを引き付けていった。「プ女子」が急増したのも、この頃からである。直近では、観客の４割が女性、１割が子どもで占められ、かつてのプロレスに対する男くさいイメージは変わりつつあった。

さらに新日本プロレスは、ライブ・ビジネスを参考に、会場に来る観客からの興行収入だけでなく、グッズ販売や映像コンテンツなど二次的収入の開発にも力を入れていった。たとえば、Ｔシャツやタオルといったこれまでの一般的なグッズにくわえて、選手を模したクマのぬいぐるみ「マネくま」を開発し、女性ファンに訴えていくなど、これまでにない応援グッズを次々に投入していった。

また2014年には、主要大会のLIVE配信や過去の大会の配信を行う、「新日本プロレスワールド」を月額999円で始める。会員数は順調に増加し、2018年には10万人を突破した。さらに特筆すべきは、そのうち約半数が海外からの加入者だったことである。そして、このころから新日本プロレスの海外展開が本格化していく。2019年、格闘技の殿堂としても有名なアメリカ、ニューヨークにある「マジソン・スクウェア・ガーデン」においてアメリカのプロレス団体ROHとの合同大会を開催し、１万6,534人（超満員札止め）の観客を集め大成功を収めた。

この間、新日本プロレスの業績はうなぎのぼりに上昇していった。ブシロードによる買収前の2011年度の売上は11億4,000万円であったが、買収後は増収を繰り返し、2018年度には54億円を突破。創業以来過去最高の数字をたたき出すなど、新日本プロレスは見事にＶ字回復を実現したのであった。

3 競争に勝ち抜くとは

真っ向勝負は王道か？

世の中には数多くの企業が存在しており、日夜、競争に明け暮れている。しかし、その中から本当に勝ち上がっていけるのは、ごくわずかであるとも言われている。どん底まで落ちた新日本プロレスがＶ字回復を成し遂げたのも、実は、並々ならぬことだったのである。

では、そうした厳しい状況の中で競争に勝ち抜いていくために、企業はどのような戦い方をすればよいのであろうか。この点をまず考えてみよう。

１つには、競争相手に真っ向から勝負を挑むという方法がある。真っ向から勝負を挑むということは、競争相手とほぼ同じ条件、あるいは同じ製品・サービスで競争するということである。こうした状況で競争に勝つためには、競争相手よりも、少しでもいいものを安く作る努力をしなければならない。人によっては、これこそが戦いの王道であると思うかもしれない。

ところが、こうした競争は当事者たちにとっては非常に厳しいものとなる。製品やサービスに大きな違いがないため、価格競争に陥ってしまう可能性が高いからである。そうなると、もはや体力勝負である。どれだけ価格を引き下げることができるかの争いになる。そのため、たとえ競争に勝ち残ったとしても、十分な見返りが得られるとは限らないのである。

「違い」を作る

ではこうした状況に陥らないようにするため、企業はどのような戦い方をすればよいのであろうか。一言で言えば、「違い」を作ることである。競争相手と同じことをするのではなく、競争相手がマネのできないような「違い」を作り出すことである。

しかし、他社との「違い」を作りさえすれば競争に勝ち抜いていけるというものでもない。たとえ、競争相手との間に何らかの違いを作り出したとしても、それが顧客に受け入れられなければ単なる独りよがりになってしまう。また自分では「違い」を作ったと思っても、周りから見ればたいした「違い」になっていないということもある。結局は競争のための武器になっていないということである。

そのように考えると、競争の武器となるような「違い」を作っていくためには、自社を取り巻く環境をよく理解していくことが必要になってくる。自社は、どのような顧客を巡って誰と競争をしているのか。それを理解したうえで、顧客が価値を見出してくれるような「違い」を作り出さなければならないのである。

以下、新日本プロレスのケースを用いながら、この点を理解していくことにしよう。

4　「違い」を作りあげていくプロセス

自社の事業は何なのか

競争戦略を考えていく上での出発点は、「自社の事業は何なのか」という問いに答えることである。これは、自社は何を提供する企業なのかという、企業にとって最も本質的な問題を考える作業であるとともに、自社の顧客は誰で、その顧客を巡って、誰と競争するのかという、競争の場を設定する作業でもあるからである。事業の捉え方一つで、顧客や競争相手、そしてその後の事業活動が変わってくるのである。

ところがこういわれてもピンとこないかもしれない。実際、自社の事業が何であるのかということについては、強く意識されないことも多い。というのも、それが当たり前のように思われているからである。たとえば、会社経営者の方々に、「おたくの会社の事業は何ですか」という質問をしたとしよう。「ウチの会社では○○を売っています」というような回答が、少なからず返ってきそうである。すなわち、実際にお客に売っている「モノ」こそが、我が社の事業であると。

確かにこうした捉え方はとてもわかりやすい。ところがこうした「モノ」による捉え方は、時として、顧客が本当に求めているものを見失わせてしまうおそれがある。

そこで、「そもそも自社は顧客に対しどのような『価値』を提供しているのか」

【図6－2 「違い」をどう作っていくのか】

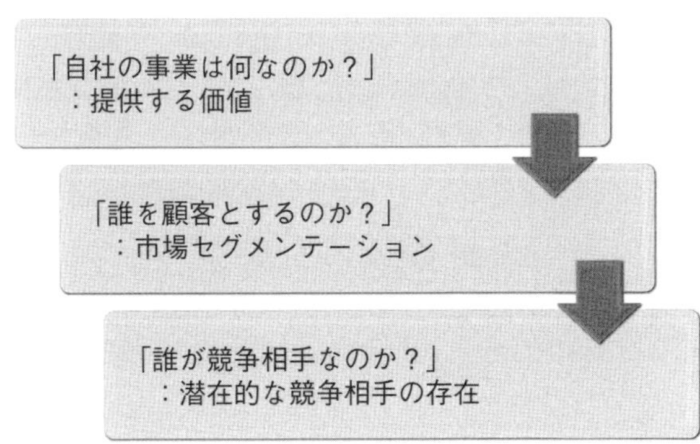
「自社の事業は何なのか？」
：提供する価値
「誰を顧客とするのか？」
：市場セグメンテーション
「誰が競争相手なのか？」
：潜在的な競争相手の存在

という視点から事業を捉えることが重要になってくる。「顧客は何を求めているのか」という視点といってもよい。その場合、モノはあくまでもその価値を実現するための手段にすぎない、と考える。

では、新日本プロレスは、自社の事業をどのように捉えていたのであろうか。

創業当初の新日本プロレスは、創設者のアントニオ猪木の言葉、「レスラーは強くあれ」、「プロレスとは、あらゆる意味で闘いである」（アントニオ猪木他『猪木流：「過激なプロレス」の生命力』河出書房新社）という言葉からもわかるように、プロレスを、「レスラー同士の闘い」、すなわち格闘技の範疇に含まれるものとして捉えていた。これはプロレスを額面通りに受け止めた「モノ」による事業の捉え方である。この場合、プロレスラーの強さを追求することが、新日本プロレスの重要な事業活動になる。

一方で、復活を目指した新日本プロレスは、「モノ」ではなく、「価値」に基づく事業の捉え方をする。モノの捉え方、すなわち格闘技としてのプロレスでは、顧客の支持は得られないと考えたからである。そして、プロレスを通じて、お客に楽しんでもらう、あるいは音楽ライブのような体験をしてもらう、という顧客価値を重視するようになった。つまり、エンターテインメントとしてのプロレスである。そして、それが起点となり、レスラーのキャラクターの確立、ファンサービスの充実、ライブ会場のような演出といった、競争相手にはない新たな違いの創出につながっていったのである。

Column 6 － 1

５つの競争要因と放送業界

企業の収益性、すなわち、「儲かり具合」は、その企業の個別事情に大きく反映されると考えられている。しかし、自社の所属する業界もまた、企業の収益性に大きな影響を与える。すなわち、「儲かりやすい業界」や「儲かりにくい業界」があるということである。一般に儲かりやすい業界とは競争が緩やかな業界である。逆に儲かりにくい業界とは競争の激しい業界である。

ハーバード大学のマイケル・ポーターは、業界の儲かりやすさを計るために、業界の競争状況に影響を与えると考えられる５つの構造的要因―①既存の競合企業同士のポジション争い、②新規参入の脅威、③代替品の脅威、④買い手（顧客）の交渉力、⑤売り手（供給業者）の交渉力―を示している。個々の要因について、ここでは深く立ち入らないが、簡単に言えば、「同業者との競争が激しい上に、新参者がどんどん入ってくる。なおかつ自社の提供している製品やサービスの代わりになるものはたくさんある。くわえて、自社よりも顧客や納入業者の方が立場が強い」、こうした傾向が強ければ強いほど、その業界での競争は激しいものとなり、儲かりにくい業界になるということである。

以下では、地上波民放局を取り上げ、この業界が今後、「儲かりやすい業界」になるのか、それとも「儲かりにくい業界」になるのかを、5つの要因に従って考えていくことにしよう。

日本ではたいていどの地域でも、見ることのできる地上波放送はせいぜい４、５チャンネルである。これは電波の有限性やサービスの公共性から放送事業が免許事業となっているからである。そのため新規の民放局が割り込んでくることは難しく（新規参入の脅威）、また従来から民放局間の競争は比較的緩やかに行われてきたという事実から、今後も内発的に競争が進んでいくとは考えにくい（既存の競合企業同士のポジション争い）。

ところが近年、テレビ離れや視聴率の低下といった話をよく耳にする。そしてその最たる要因は、インターネットやスマートフォンにあるといわれている。つまり、テレビを見る時間よりもパソコンやスマートフォンでインターネットをする時間の方が長くなってきたということである。また最近では、ABEMAやAmazonプライムビデオといった番組配信サイトや、YouTubeなどの動画共有サイトを利用してテレビ以外の動画に触れる機会も増えてきた（代替品の脅威）。このようなメディアの多様性を反映して、これまでテレビに広告を出していたクライアントも出稿先をインターネットへとシフトしつつある（買い手の交渉力）。

【図6－3　5つの競争要因】

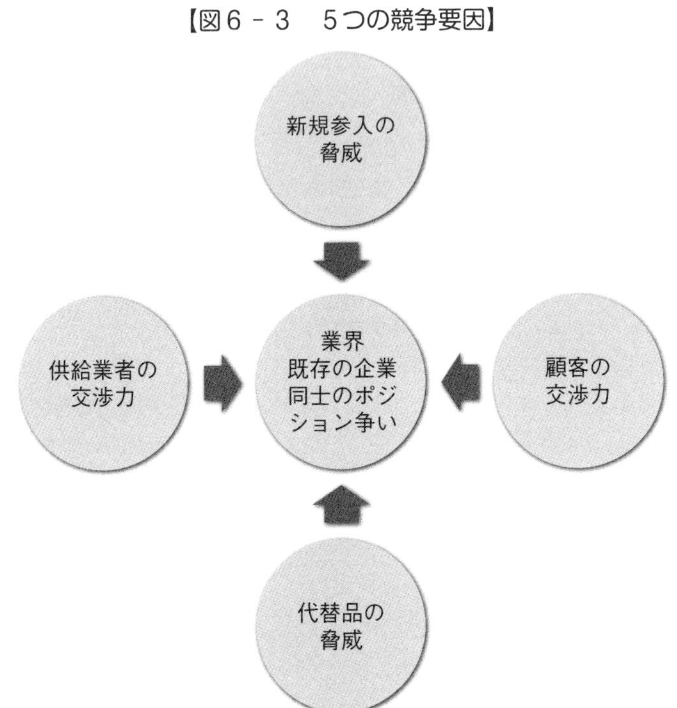

出所：ポーター（1999）の34頁をもとに筆者作成。

また地上波民放局に番組を提供していたプロダクションも今後はインターネット上での配信という選択肢をちらつかせて交渉力を強化してくるかもしれない（売り手の交渉力）。こうした事情を総合すると，今後，地上波民放局は，今まで以上の利益を出すことが難しくなってくるかもしれないのである。

誰を顧客とするのか

自社は何を提供する会社なのかということを考えたら，今度は，それを「誰に」提供するのかということを考える必要がある。すなわち，自社の顧客は誰なのかという問題である。こういうと，「いやいや，ウチの製品はすべてのお客様に向けられたものですよ」という人がいるかもしれない。確かに結果として，自社の製品がさまざまな顧客に受け入れられるというのはよくある話である。しかし，1つの製品あるいはサービスですべての顧客を満足させることは非常に難しい。どのような製品市場も、まったく同じような特徴を持つ顧客から成り立つことはありえないのである。

そこで必要になってくるのが、市場を同じようなタイプの顧客グループに分類することである。分類されたそれぞれの顧客グループは「市場セグメント」と呼ばれ、市場を複数のセグメントに細分化することを「市場セグメンテーション（市場細分化）」という。

その分け方はさまざまである。たとえば、住んでいる地域や、年齢、性別、職業、所得水準など、履歴書で書かれるような項目で分類するやり方がある。「関東地方に住む男性、関西地方に住む女性……」、「10代学生、20代会社員……」という具合にである。またもっと直接的に「その製品の何（たとえば価格、品質、機能、デザイン、ブランド）を重視しているのか」によって分類するやり方もある。たとえばデジタルカメラなら、画質を重視するセグメント、携帯性を重視するセグメント、価格を重視するセグメント、デザインを重視するセグメントなどである。ただし、分類しやすいからという理由だけで、その基準を選ぶべきではなく、あくまでも同質的なグループに分けられるようにセグメンテーションしていかなければならない。その上で自社がターゲットとするセグメントを選択していく。

新日本プロレスの事例を振り返ってみよう。復活に向けて、新たなターゲットとして狙いを定めたのが、これまでに格闘技やプロレスに触れたことのない、女性や子どもであった。もちろん、新日本プロレスを離れていった従来の男性ファンに狙いをつけ、彼らを引き戻すことも、選択肢としてはあったであろう。しかし、失墜した最強のイメージを取り戻すことは簡単なことではない。しかも、そこには総合格闘技という強力なライバルも存在する。であるならば、プロレスにとっては、比較的未開拓な、女性や子どもといったセグメントに狙いをつけ、そこにエンターテイメントとしての価値をアピールしていったほうが、可能性は拓ける。そう考えたのであった。

競争相手を知る

ターゲットが決まれば次は競争相手である。なぜならターゲットとする顧客を決めたとしても、通常はその顧客を巡って複数の企業と争うことになるからである。したがって競争を進めていくためには、「違い」を作るべく競争相手が誰なのか、そしてどのような強みや弱みを持っているのかということをよく理解したうえで、

Column 6 - 2

OEM—競争と協調の戦略

トヨタ自動車が販売している小型SUV（スポーツ用多目的車）「ライズ(RAIZE)」と、ダイハツ自動車が販売している小型SUV「ロッキー（ROCKY)」。この両車種をご存知だろうか。どちらもSUVとしては人気の車種である。テレビCMやカタログを見る限り、「ライズ」は、青をメインカラーとした、若いファミリー向けの車である。一方の「ロッキー」は、赤をイメージカラーとし、カッコよさを強調した、どちらかといえば若者向けの車である。一見、別ものにも思えるこの２車種。実はほぼ同じ車なのである。正確に言うと、「ライズ」は「ロッキー」のOEM車種なのである。

OEM（Original Equipment Manufacturing）とは、相手先ブランド生産とも呼ばれ、ある会社が開発・生産した製品を、他の会社が自社ブランドで販売することである。「ライズ」と「ロッキー」の例でいえば、ダイハツ自動車が生産した「ロッキー」をトヨタ自動車が「ライズ」という名前で販売しているということである。OEMは、供給側（ダイハツ自動車）にとっては自社工場の稼働率が高まるというメリットがあり、調達側（トヨタ自動車）には、開発や生産にほとんど投資をかけず製品の品揃えを充実できるというメリットがある。いわばウインウインの関係である。ところがこの２車種は顧客を巡って競合関係にもある。まさに「机の上では殴り合い、机の下では握手」という関係が展開されているのである。

違いを作っていかなければならない。

競争相手といって真っ先に思いつくのは、やはりなんといっても同じ業界に属する企業であろう。たとえば、トヨタ自動車ならば、日産自動車や本田技研工業といった他の自動車メーカーである。

しかし、競争相手は何も既存の業界の中だけにいるわけではない。多くの企業は常に新規参入の機会をうかがっている。プロレス業界も、比較的新規参入の多い業界であり、これまでに参入を果たした団体は優に100を超える。

また思わぬ相手が競争相手になりうることがある。まったく異なる製品であるにもかかわらず同じような機能を果たす製品が競争の対象になってしまうケースなどである。たとえば、腕時計にとって、携帯電話は潜在的な競争相手である。なぜなら携帯電話もまた「時間を示す」という機能を持っているからである。

このように企業は目に見える競争相手だけでなく、隠れた競争相手に対しても注意を払っていく必要がある。その上で自社にとって本当に脅威となるような競争相手を見極め、その相手がどのような強みや弱みを持っているのかを探っていかなければならない。このような見極めがあって初めて競争を優位に展開していける「違い」を作り出すことができるのである。

では、新日本プロレスはそのあたりをどのように考えていたのであろうか。新日本プロレスにとっての直接の競争相手は、同じ業界にいる他のプロレス団体、つまり同業他社である。古くはジャイアント馬場率いる、全日本プロ・レスリング株式会社が最大のライバルであった。しかし、既に見てきたように、本当の脅威は、プロレス業界の中にではなく、業界の外にいた総合格闘技団体であった。

実は、日本の総合格闘技ブームは2007年ごろから下火になりつつあった。業界最大の興行イベント「PRIDE」を運営する、株式会社ドリームステージエンターテインメントが格闘技イベントから手を引いたためである。しかし、それでも新日本プロレスは、過去の教訓から、依然として総合格闘技を潜在的なライバルであると認識し、プロレスならではの価値を実現することで、総合格闘技との違いを作り出そうとしていたのであった。

5 おわりに

これまで見てきたように、競争戦略の基本は、競争相手との間に、顧客が価値を認めてくれるような「違い」を作り出していくことである。どん底まで落ちた新日本プロレスがＶ字回復を遂げたのも、競争相手との間に武器となるような「違い」を作りえたからである。しかし、ただ思いつくままに「違い」を作ればよいというものではない。ターゲットとなる顧客や、脅威となる競争相手に注意を払ったうえで、それを行わなければならない。この章では、新日本プロレスの事例を通して、「違い」を作り出すための基本的な考え方を示した。

しかしながら、企業が本当に競争を優位に展開していくためには、違いを維持しつづけることが重要になってくる。ところが、これは言うほど簡単なことではない。新日本プロレスの生みだした、エンターテインメントとしての価値は、棚橋やオカダといった個々のプロレスラーに依存する部分も大きい。そうであるならば、主力レスラーの引退や退団は、即、観客数の低下につながってしまう。製品やサービス面での違いを維持するのは難しいのである。

そのように考えると、競争を勝ち抜いていく上で本当に大切なのは、価値ある製品やサービスを提供するための仕組みではないかという考え方が出てくる。新日本プロレスの場合であれば、魅力のある選手を育て上げて、手に汗にぎる戦いを見せるための仕組みが必要になる。しかも、こうした仕組みはいったん作られれば、他社による模倣が難しく、優位性を維持しやすい。

しかし、だからといって仕組みさえあれば、競争に勝ち抜いていけるというものでもない。たとえ優れた仕組みがあったとしても、それが競争相手との違いに結びついていかなければ、結局は優位性を確保することにならないからである。重要なのは、こうした2つの考え方をともに持たなくてはならないということである。

?考えてみよう

[予習のために]

以下の製品やサービスを提供している企業は、顧客に対して、どのような価値を提供していると考えられるでしょうか。

（ア） 高級ブランド・バッグ（例えば、ルイ・ヴィトンのかばん）

（イ） SNS（例えば、LINE）

（ウ） クレーン・ゲーム（例えば、UFOキャッチャー）

[復習のために]

1. 市場細分化を行うための軸（次元）にはさまざまなものがあります。本章で触れたもの以外にどのようなものがあるかを調べてみましょう。
2. 今後の携帯電話（スマートフォン）業界は儲かりにくくなると考えられるでしょうか、それとも儲かりやすくなると考えられるでしょうか。ポーターの5つの競争要因に従って考えてみましょう。

主要参考文献

アントニオ猪木・村松友視・福留崇広『猪木流―「過激なプロレス」の生命力』河出書房新社、2018年。

伊丹敬之・加護野忠男『ゼミナール経営学入門（改訂三版）』日本経済新聞社、2003年。

棚橋弘至『棚橋弘至はなぜ新日本プロレスを変えることができたのか』飛鳥新社、2014年。

長谷川博一著・新日本プロレスリング株式会社監修『新日本プロレスＶ字回復の秘密』KADOKAWA、2015年。

M. E. ポーター（竹内弘高訳）『競争戦略論Ｉ』ダイヤモンド社、1999年。

次に読んで欲しい本

井上達彦・中川功一・川瀬真紀『経営戦略（【ベーシック＋】）』中央経済社、2019年。

小倉昌男『小倉昌男　経営学』日経BP、1999年。

ハロルド・ジョージ・メイ『百戦錬磨―セルリアンブルーのプロ経営者』時事通信社、2019年。

三谷宏治『経営戦略全史』ディスカヴァー・トゥエンティワン、2013年。

吉原英樹『「バカな」と「なるほど」―経営成功のキメ手！』同文舘出版、1991年（2014年にPHP研究所より復刊）。

第7章

競争戦略のマネジメント (Part. 2)

違いを作る3つの基本戦略と仕組みの競争

「なぜ、あの牛丼チェーンには、いつも行列ができているのだろうか？」。価格なのか味なのか。あるいは、牛丼が目の前に出てくるまでの早さなのか。顧客の獲得を目指しての競争をよく観察してみると、そこにはいくつかの代表的な勝ちパターンが浮かび上がってくる。本章では、そうした代表的な勝ちパターンのいくつかを学んでいくこととしよう。

1 はじめに

「違い」を作って競争を優位に展開していく。これが競争戦略のエッセンスである。ところが企業の戦略は企業ごとに異なっており、しかもそれぞれが非常に複雑であるようにも見える。それでも競争相手と違いを作るという点においては、どの戦略も同じなのである。要はどこで違いを作るのか、の問題なのである。

このように考えると、競争戦略にはいくつかのタイプがあることに気付く。この章ではまず、競争戦略の代表的なタイプについて説明していくことにしよう。

くわえてこの章では、「裏舞台」から競争戦略を眺める視点にも少し触れておこう。われわれが普段よく目にするTVコマーシャル。そこでは、おびただしい数の新しい製品やサービスが紹介されている。しかし、その製品やサービスの裏側には、コマーシャルなどでは見えにくい事業の仕組み、裏側の仕組みがある。

たとえば、普段お世話になっているコンビニエンスストアの店内を思い出して欲しい。店内の棚には、欲しいものが新鮮な状態で品切れすることなく、所狭しに並べられていることであろう。こうした品揃えを可能にしているのは、われわれが目にすることのない、裏側にある仕組み、具体的には高度な情報システムと物流の仕組みの存在である。この仕組みの優劣がコンビニ各社の競争力、業績を左右している。

競争戦略を考えていく上では、この仕組みのレベルで考えていくことが重要である。経営学を語る上で、裏側の仕組みを無視するわけにはいかない。より進んだ学習への入口として欲しい。

2 事例：喫茶店業界―スターバックスとドトール

喫茶店（カフェ）業界の大きさ

多くの人たちが気軽に足を運ぶ喫茶店。最近ではちょっと小洒落た感じで「カフェ」と呼ばれたりもする。全盛期に比べると半減したとはいえ、2016年の時点で日本国内には約６万７千店舗の喫茶店あるいはカフェがあるという（総務省「平成28年経済センサス―活動調査」）。これはコンビニエンスストアを上回る数字である。

その喫茶店業界の中でも代表的なのが、スターバックスコーヒー（以下、スターバックス）とドトールコーヒー（以下、ドトール）である。売上、店舗数とも３位以下の企業を大きく引き離している（**表７－１**）。

ところでこの両社、どちらも「おいしい」コーヒーを提供する店として評判は高いが、その戦略は大きく異なっている。「ウリ」としている部分がまったく違うのである。

【表７－１　各コーヒーチェーンの売上高と店舗数】

企業名	売上高(2019年：億円)	店舗数
スターバックスコーヒージャパン（株）	2,011	1,497(2019年9月)
（株）ドトールコーヒー	740	1,106(2020年1月)
（株）コメダ	312	896(2020年2月)
タリーズコーヒージャパン（株）	328	741(2019年12月)
（株）サンマルクカフェ	311	403(2020年3月)
（株）プロントコーポレーション	281	348(2020年6月)

出所：各社の有価証券報告書、決算公告、ホームページの情報をもとに著者作成

安さと手軽さのドトール

ドトールは「安さ」と「手軽さ」をウリにしている。コーヒー１杯の値段は224円（税込。店内飲食の場合）と安い。一般的な喫茶店で出されているコーヒーの値段が大体350～500円位であるからかなりのお手頃価格である。注文はカウンターで行われ、その場で調理も行われる。コーヒーなら早ければ10秒ほどで手渡される。

こうした手頃さ、手軽さが受けてか、来店するお客はビジネスマンが多い。商談までのちょっとした時間つぶしや、待ち合わせの場所として、また喫煙席が設けられているので、一服する場所として利用されている。お客の滞在時間は比較的短く、スターバックスのお客の約半分ともいわれている。

ドトールでは、こうした「安さ」と「手軽さ」を実現するために、事業の効率化

を徹底している。たとえば、ドトールの各店舗では店内のイス配置が基本的には1坪当たり2席前後と定められており、客席効率を重視した配置となっている。また、かなり早い段階から、専用のコーヒーマシンや調理器具を導入するなど、キッチンの機械化を推し進め、商品の素早い受け渡しと、従業員の絞り込みを可能にしてきた。その結果、従業員の仕事効率を示す労働生産性は上昇し、従来の喫茶店と比べて4倍近くの水準になったといわれている。つまり、ドトールは、店舗スペースや従業員、調理機器を有効に使いながら、客席回転率（Column７－２参照）を上げることで販売量を増やし、商品が安くても利益を生み出すことのできる体制を作り出してきたのである。

また販売量を増やすことができれば、スケールメリットも得られる。たとえば、ドトールは、直営農園のあるハワイをはじめ、世界20か国から、コーヒー豆の仕入れを集中的に行っているため、仕入れ量が多ければそれだけ数量割引が期待できる。また、コーヒー豆の焙煎においても、これまでは大量生産には不向きであると考えられていた直火焙煎を、大型の直火式焙煎機を独自に開発することで実現し、生産効率を上げている。

このように、ドトールは業務の効率化やスケールメリットを通じて、低価格と高回転を実現し、「安さ」と「手軽さ」をアピールしているのである。

居心地のよさをアピールするスターバックス

一方のスターバックスでは、「居心地のよさ」がウリとなっている。注文してから商品が手渡されるまでの時間はドトールよりも長く、コーヒーの値段も1杯319円（税込。店内飲食の場合）とドトールよりも高い。

しかし、お客がスターバックスに求めているのは、その居心地のよさである。座席は比較的ゆったりととられており、イスもすわり心地の良いものが数多く取り揃えられている。店内は全面禁煙で、タバコの煙や匂いを気にすることはない。接客も、マニュアルに準じた型どおりの接客ではなく、気さくでありながらも細やかで気配りのきいたものである。そしてお客はこうした雰囲気の中、自分の好きな本を読んでくつろいだり、オープンテラスで知人と会話を楽しんだりしている。

スターバックスのこうしたウリを支えているのは、店舗上のさまざまな工夫だけではない。何よりもそこで働く従業員の存在が大きい。従業員が居心地のよさを、あるいは従業員がスターバックスのブランドを作り上げているといっても過言では

【写真７－１　日本第１号店・銀座松屋通り店】

写真提供：スターバックスコーヒージャパン株式会社

ない。そしてそれを実現するためにスターバックスでは従業員に対しさまざまな工夫が行われている。たとえば、スターバックスでは接客に関するマニュアルはアルバイトを含めて一切ない。スターバックスならではのもてなしを実現するためには、マニュアルで細かく縛るよりも権限をあたえて、パートナー１人ひとりの自主性や創意工夫をどんどん引き出した方がよいと考えているからである。

もちろん、それがうまく機能するためには、従業員の仕事に対する意識やモチベーションが高くなくてはならない。スターバックスはその点も考慮し、従業員の仲間意識を高めることによって、それを実現しようとしている。たとえば、スターバックスでは、アルバイトを含め、すべての従業員が「パートナー」と呼ばれている。それは１人ひとりの従業員がスターバックスにとってかけがえのない資産であり、ブランドを共に築きあげていく文字通りのパートナーとして大切に扱われているからである。その影響もあり、従業員の仕事に対する意識やモチベーションは高く、会社に対する帰属意識も高い。その証拠に、外食産業では半ば常識ともなっている離職率の高さがスターバックスでは極めて低い水準に抑えられている。

こうした意識やモチベーションの高さは、従業員の自主性や創意工夫を引き出す大きな原動力となり、マニュアルレスの接客を支えている。そしてそれがスターバックスの居心地のよい空間を、ひいてはスターバックスのブランドを支えている

【写真7－2　キャラメル マキアート】

写真提供：スターバックスコーヒージャパン株式会社

のである。

おいしいコーヒーを提供するということでは共通している両社。しかし、ドトールは、規模の拡大と効率的な店舗運営で「安さ」と「手軽さ」を、一方のスターバックスコーヒーは、くつろぎ空間を実現するような店舗運営と従業員のマネジメントによって、「居心地のよさ」を提供しようとしている。同じ業種であっても、それぞれ異なるウリで顧客の支持を勝ち得ているのである。

3　3つの基本戦略

競争戦略論のグルによる指摘

競争戦略論のグル、大御所ともいえるハーバード大学のマイケル・ポーターは、企業の競争戦略には3つのパターン、すなわち3つの基本戦略があると指摘している。1つ目は「コスト・リーダーシップ戦略」といわれるもので、競争相手よりも「安く作る」ことをウリにした戦略である。2つ目は「差別化戦略」で、競争相手との間に何らかの違いを作り、それをウリにすることによって競争優位を獲得しようとする戦略である。そして3つ目が「集中戦略」であり、特定のターゲットに焦点を絞ることによって、低コスト化や差別化を実現しようとする戦略である。ポーターによると、どの企業の戦略も、基本的にはこれら３つの戦略のどれかに含まれるとしている。

この分類に従えば、ドトールの戦略はコスト・リーダーシップ戦略、スターバックスの戦略は差別化戦略であることがわかる。以下、この３つの基本戦略をもう少し詳しく見ていくことにしよう。

【図７－１　３つの基本戦略】

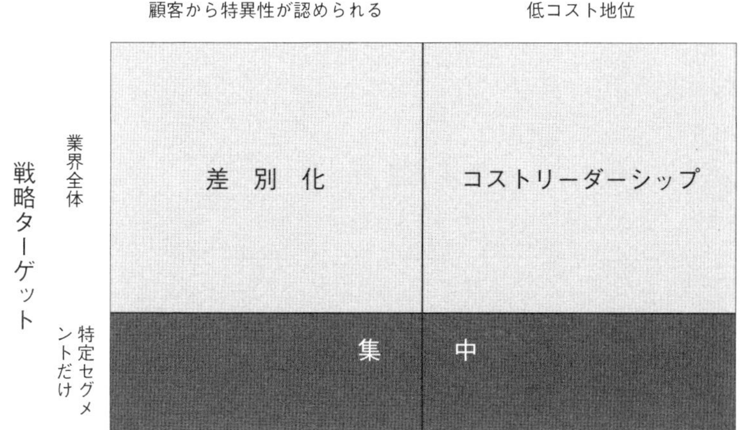

出所：ポーター（邦訳、1995）、61頁。

コスト・リーダーシップ戦略

繰り返しになるがコスト・リーダーシップ戦略とは、競争相手よりも「安く」作ることを目的とした戦略である。コストの安さで「違い」を作ろうとする戦略といってもよい。リーダーシップという言葉からもわかるように、業界でナンバーワンの低コスト化を目指したものである。

しかし、ここで注意しなければならないのは、販売価格の安さで「違い」を作ろうとするのが、コスト・リーダーシップ戦略ではないということである。極端な話、販売価格だけを下げようとするならば、赤字覚悟で極端に安い価格をつけることも可能である。そうではなく、同じ低価格にするにしても、あくまでもその裏づけとなる低コスト化が実現されているのが、コスト・リーダーシップ戦略である。もっともコスト・リーダーシップ戦略をとる企業は低コスト化された分を価格に還元する傾向が強く、低コスト化と低価格化の両方を実現していることが多い。

では、コスト・リーダーシップ戦略をとる企業はどのようにして低コスト化を実現するのであろうか。人件費の安い海外で生産する、広告費を切り詰める、安い原材料を探してくる、流通経路を短くする、などさまざまにコストを切り詰める方法が考えられる。

その中でも代表的なのが、大量に生産したり、大量に販売したりすることによって得られる低コスト化である。ドトールの場合も、大量出店、大量販売が低コスト化の基本にある。この点を、同じ外食産業に含まれるファーストフード業界、その中でもコスト・リーダーシップ戦略を採用してきたと考えられるマクドナルドの事例を通して理解していくことにしよう。

いかにして低コストを実現するのか？

かつてマクドナルドは、それまで１個130円で販売していたハンバーガーを平日に限って半額の65円にしたことがある。赤字も心配されそうな思い切った値下げであるが、果たして利益は出ていたのであろうか。

販売価格を130円にしていたときのハンバーガー１個当たりのコストは120円ほどであったといわれる。そのうちパン、肉、タマネギなどの材料費は１個当たり40円である。では残りの80円は何かというと、ハンバーガーを作るために必要なその他の費用である。たとえば、ハンバーガーを作り、販売するためには、当然に人手が必要であり、アルバイトや正規従業員を雇うための人件費がかかる。またマクドナルドの場合、店舗販売の形態をとっているため、店舗賃貸料もかかってくる。さらに大々的にテレビや雑誌、広告などで宣伝しているため、広告宣伝費もかかってくる。これらの費用は、販売個数が増えようが減ろうが基本的には金額が一定であり、「固定費」と呼ばれる。たとえ10個販売しても30個販売しても、店舗賃貸料は一定である。この固定費の総額を販売個数で割れば、１個当たりの費用として導き出される。つまり残りの80円はこの固定費のことである。ちなみに材料費は基本的には、作る量に応じて変化していくため、「変動費」と呼ばれる。２倍の量を作れば材料費も単純に２倍かかるものである。

さて、ここでハンバーガーの値段をかつてマクドナルドが行ったような半額の設

【図７－２　利益構造の変化】

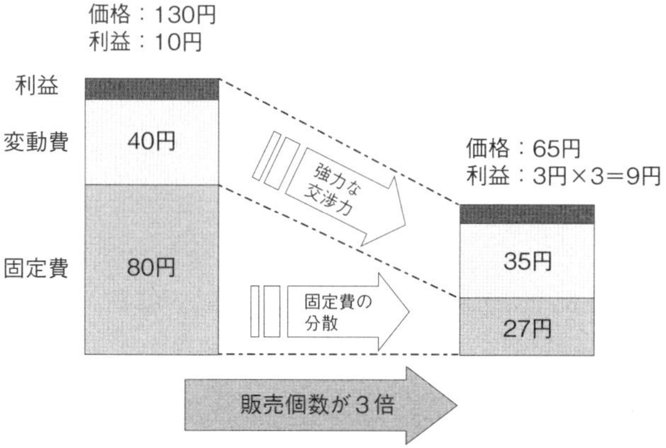

出所：浅羽・山田（2003）の24頁に筆者が加筆修正。

定、65円に設定したとしよう。普通に考えれば、１個当たり120円のコストがかかるため、65円で売れば、55円の赤字が出ると予想されるだろう。しかし、販売価格を65円にすれば、今まで以上の販売数が期待できる。仮に３倍売れたとしよう。実際、65円での販売を始めた直後には販売数は３倍を超え、ピーク時には８倍を記録したといわれる。そうすると１個当たりのコストはどうなるか。単純に固定費は３分の１の27円になる。

くわえて、販売数が増えれば、１個当たりの材料費も安くなる。もともとマクドナルドは、世界中の原材料価格をリアルタイムで把握し、最も安いところから購入できる、グローバル・パーチェシング（Global Purchasing：世界購買）と呼ばれるシステムを作り上げており、他のメーカーと比較しても格段に安い材料費を実現していたといわれている。それにくわえて販売個数を増やすことができれば、それだけ原材料の調達に際しても、値引き交渉を有利に進めることができる。

その結果、仮に材料費を５円引き下げることができれば、材料費35円、固定費27円の合わせて62円までコストを引き下げることができる。それによって１個当たりの利益は、３円と利益率ともども減少するが、３倍売れるわけだから、３×３円＝９円と、130円で販売していた当時の利益（10円）とほぼ同等の利益を得ることができる。もちろん、これが４倍あるいは８倍でも販売数が増えれば、それだけ利益は増えることになる。

こうした例からもわかるように、価格を引き下げても、大量に生産・販売するこ

Column 7 - 1

経験効果

規模の経済以外に、大量生産することで低コスト化をもたらす要因がもう１つ存在する。数多くの製品を作り続けることによって、作り手の経験が蓄積され、安く作るためのさまざまなコツや工夫を学んでいく。「経験効果」といわれるものである。ある分析では、「累積生産量（経験量）が２倍になるにつれて、製品の単位当たりのコストが20～30％の割合で低下する」ということが明らかにされている。規模の経済とともにコスト・リーダーシップ戦略を支える重要な要因である。

規模の経済が、「一度に100個作るよりも200個作る方が、１個当たりのコストは安くなる」という効果であるのに対し、経験効果は、「100個目よりも150個目、150個目よりも200個目の方が、安く作ることができる」というものである。

とができれば、それ以上にコストを引き下げることが可能になる。こうしたコスト削減効果のことを、「規模の経済（economy of scale）」という。コスト・リーダーシップ戦略においては、非常に重要な要件となる。規模の経済を実現するためには、圧倒的な販売量・生産量を確保しなければならない。そのため、コスト・リーダーシップ戦略は通常、業界で最大のシェアを持つ企業が用いる戦略であるとされている。

差別化戦略

一方、コスト面で「違い」を作るのではなく、製品やサービス面で「違い」を作り出そうとするのが差別化戦略である。差別化のポイントはさまざまである。製品の機能、品質、デザインで差をつけることもあれば、配送サービスや保証、アフターサービスなどサービス面で差をつけることもある。また製品のブランドが差別化の要因になることもよくある。スターバックスも然りであるが、ルイ・ヴィトン、シャネル、グッチ、エルメスなどといった、いわゆる高級ファッションブランドは、世界的にも知名度が高く、その名前だけでも十分な競争力を持つブランドである。

いずれにせよ、価格以外の面で、自社ならではの違いを作っていくのが差別化戦略である。もし、そうした違いが独自性の強いものであり、しかも顧客の関心を強く引くものであれば、たとえ高い価格で販売したとしても顧客の支持を得る可能性は高い。

スターバックスの場合も、「居心地のよさ」という違いを作り上げることによって、一定のニーズを取り込むことができた。このスターバックスのように、多少高い価格設定であったとしても競争相手との間に明確な違いを作り上げることができれば、少なくともその部分において競争を優位に展開していくことができる。しかし、ここで注意しなければならないのは、その違いとは、あくまでも顧客が「違い」と認識できるものであり、なおかつ、顧客が価値を認めるようなものではなくてはならないということである。自分ではウリになりそうだと思って違いを作ったとしても、それが自社や競争相手にしかわからないものであれば、それは競争の武器にはならないのである。

集中戦略

コスト・リーダーシップ戦略にせよ、差別化戦略にせよ、競争戦略を考えるに当たっては、ある程度、ターゲットとする顧客を絞らなければならない。たとえば、ドトールであれば、手軽さや安さに価値を求める顧客、スターバックスなら、とにかく居心地のよさに価値を見出す顧客、という具合にである。

しかし、それを徹底して、ごく限られた範囲でコストあるいは品質で違いを作ろうとするのが集中戦略である。特定の地域に特化する、高所得者あるいは低所得者など特定の顧客層に特化する、などである。集中戦略の狙いは、競争の舞台を限定することで、特定のターゲットのニーズを十分に満たすとともに、経営資源を有効活用し、効果的・効率的な戦いをすることである。

集中戦略の例としては、茨城県ひたちなか市に本社を置くコーヒー会社「サザコーヒー」がある。サザコーヒーの基本的な戦略は、発祥の地であるひたちなか市、水戸市を中心に、近隣地域に集中出店する点にあった。最近、関東地域への出店も進められているがそれでも、全14店舗中10店舗は茨城県内に置かれ、県内ではスターバックスをしのぐとも言われている。サザコーヒーの戦略のもう１つの特徴は、品質を徹底追求した、中・高価格帯のセグメントにフォーカスしていることである。看板メニューの「サザ・スペシャル・ブレンド」は１杯570円であり、一般的なコーヒーチェーンのコーヒーよりも高い。しかし、品質に対するこだわりは強く、この規模のコーヒー会社としては珍しく、海外に直営農園（南米コロンビア）を保有したり、世界で最も高値で取引されるパナマ産の「ゲイシャ」という品種の生豆を、10年以上、オークションで落札したりしている。またバリスタの腕を競う、日本スペシャリティーコーヒー協会主催の「ジャパンバリスタチャンピオンシップ」（JBC）」では、2017年以降、ファイナリスト６名のうち３名がサザコーヒーのバリスタで占められている。サザコーヒーは「茨城」「高品質」に特化することで競争優位を築いているのである。

4　3つの基本戦略＋α

戦略のトレードオフ

以上、代表的な競争戦略のタイプを見てきた。相手よりも「安く作る（コスト・リーダーシップ戦略）」、「製品やサービス面で違いを作る（差別化戦略）」、「特定のターゲットに集中する（集中戦略）」の３つである。

ところで、次のように思った人はいないであろうか。すなわち、「コスト・リーダーシップ戦略と差別化戦略の両者を追求すれば、より効果的ではないか」と。確かに品質もよく、しかも低価格であれば何も言うことはない。しかし、ちょっとイメージして欲しい。スターバックスの商品やサービスをドトール並みの価格で提供できるだろうか。一般に、商品やサービスの品質とコストはトレードオフにあるといわれている。トレードオフとは、一方を追求しようとすれば、もう一方が犠牲になる関係のことである。すなわち、品質や機能を追求しようとすれば、それだけコストがかかり、逆にコストを下げようとすれば、品質を落としたり、機能を減らしたりしなければならないということである。それでも「あそこの会社は良いものを安く提供している」というような評判はそれなりに聞くものである。しかし、徹底的にコスト削減を目指した場合や、徹底的に品質にこだわった場合と比べれば、おそらくコストも品質も劣ってくるであろう。確かにすべての消費者が、価格か品質かというように極端な選好を持つわけではなく、両者のバランスをうまくとった製品が顧客の支持を受けることも多い。しかし、１つ間違えば、個性に欠ける中途半端な製品として見られかねない。

Column 7 - 2

スピードの経済

大量に製造し流通させることで効率化を実現するのが、「規模の経済」である。ところが最近のように変化の激しい環境のもとでは、量による効率化には限界がある。大量に安いものをつくっても、売れなければ意味はないからである。それに代わり、仕事のスピードや在庫回転のスピードなどを高めることで効率化を実現しようという考え方がある。「スピードの経済」といわれるものである。たとえば、飲食業では効率化を計る指標として「客席回転率」というものがある。簡単にいえば、客席1席当たり1日に何人のお客が来店したのかを表す指標である。効率という面で考えれば、回転率は当然高い方がいい。たとえば、行列のできるようなお店の場合、たくさんのお客を待たせるよりも、次から次へとお客が入れ替わってくれた方が、お客の満足度も高まるし、お店の売上も伸びる。そのため、ドトールのように注文から商品の受け渡しまでの時間を短く（スピードを上げる！）することは有効な手立てとなるのである。

では、「価格の安い商品ならびに高品質・高機能な商品を両方扱えばよいではないか」とも思うかもしれない。確かに、そうしたラインナップを扱った企業は少なくない。しかし、これもまた、簡単にできるというわけではない。たとえば、高級ブランドを謳っている企業が低価格の商品を扱うことは、ブランドイメージを考えると非常に難しい。

また顧客に商品やサービスを提供する仕組み、あるいは従業員の能力という部分で、両立が難しいこともある。たとえばドトールのサービスとして、非常にゆったりとしたくつろぎの空間の提供を要求したとしても、同社のシステムはそれに対応できるものではない。喫煙席が設置されており、また、客席効率を優先した店舗デザインになっている。長時間、ゆったりとくつろげるような客席の配置にはなっていない。人件費を抑えるため店舗内の従業員も少人数に抑えられており、各人には効率優先で作業をすることが求められている。現行のこうした仕組みのなかでは、スターバックスと同様のサービスを提供することは困難であり、サービスを行っても中途半端なものになる可能性は高い。

いずれにせよ、コスト・リーダーシップ戦略と差別化戦略を同時に追求することは難しく、仮にそれを行ったとしても中途半端な結果になる可能性が高い。競争戦略の基本が、他社との違いを作ることであるならば、その違いを鮮明に打ち出し、顧客がはっきりと認識できるような形にすべきなのである。

仕組みの差別化

直前にて、「顧客に商品やサービスを提供する仕組み」と書いた。そしてこれが、違ったタイプの戦略を取ることを難しくさせていることを述べた。競争相手との競争の問題を考えていく際には、じつは２つのレベルで競争が行われている、他社に対して違いを作る差別化には２つのレベルがあると考えるとその現実を理解しやすくなる。

１つは、製品・サービスの差別化である。これは、他社との製品・サービスとの間に違いを生み出すことである。パソコンにおけるある製品と別の製品の違い、携帯電話サービスにおけるあるサービスと別のサービスの違いなどが、これにあたる。場当たり的な価格操作、製品の性能、デザイン、品質、広告、イメージ、アフターサービス、支払条件、品揃え、その他顧客への便宜による差別化である。ドトールとスターバックスの事例において、「安さ」と「手軽さ」に対する「居心地のよさ」といった違いに注目するのは、このレベルの差別化への注目である。

しかし、このレベルの差別化だけでは、後発企業に模倣されてしまうことも多い。類似した製品やサービスが世の中に溢れかえっているのはこのためである。実はこのレベルだけ見ていてもドトールやスターバックスの強さを理解できるわけではないのである。

ドトールが全国規模で「安さ」と「手軽さ」を顧客に提供し、スターバックスが「居心地の良さ」を提供しながらもきっちりと収益を上げられるのはなぜか。それは、製品やサービスレベルでの差別化を追求しているからではなく、それを実現する仕組みレベルで差別化しているからなのである。

顧客に自社の製品やサービスを手にしてもらうことが競争戦略の最終的な目的である。それゆえ、このレベルの競争がもっとも基本的な競争となる。しかし、最終的に製品が顧客の元に届くまでには長い供給のための活動の流れがある。これに注目したのが、もう１つのレベルである事業システムの差別化である。一言でいうと、顧客に価値を提供するための仕組みや能力による差別化である。製造業でいえば、要素技術、製品開発の方法、生産技術、工場の設備や配置、販売と流通の仕組み、人々を動かす仕組み、蓄積された信用、などがこれに当たる。これらの優位性ゆえに結局は第１のレベルの競争に勝利することができるのである。

ドトールの場合、大量の店舗展開を行い、各店舗内では客席効率を重視したレイアウトとする。そして、各店舗内の作業は少人数でも担える形とし、ここでも効率性を高めていく。これらが相まって、第１のレベルの「安さ」と「手軽さ」が実現され、競争に勝利することができているのである。スターバックスの場合には、客席効率は重視することなくレイアウトがなされている一方で、イスやカップの選択には細心の注意が払われている。とりわけ、店舗スタッフを「パートナー」と呼ぶことをはじめとして、彼らを動かす仕組み作りに力が注がれている。彼・彼女らの手によって高いレベルのサービスを提供できている背景には、この仕組みがある。そしてこれらが相まって、スターバックスのウリが実現されているのである。

5 おわりに

本章では、競争戦略あるいは事業戦略と呼ばれる、事業レベルの戦略について論じてきた。製品・サービスのレベルの競争について論ずることにくわえて、その裏側にある事業システムのレベルの競争についても少し触れた。

われわれの目の前、表側における製品・サービスの競争は、目立つし華々しくて、よく話題にもなる。しかし、その優位が持続する期間は短い。新奇（規）性のある製品・サービスを市場に出しても瞬く間に追随されてしまう。しかし、裏側の競争はそうではない。少し述べたように、ドトールがスターバックスの戦略を真似るのは、それほど容易なことではない。逆も同じである。

入門書という本書の性格と紙面の制約ゆえ、この裏側の競争については議論のほんの入口をご紹介したに過ぎない。企業間の競争というものに興味を持たれた読者は、「次に読んで欲しい本」でリストアップされた書物を手に取るなどして、目立たない、しかし、競争力の源泉に関わっている事業レベルの戦略というものについても考えをめぐらせていただきたい。

?考えてみよう

[予習のために]

本文中に登場した「スターバックス」「ドトール」をさまざまな面から比較してください。実際にお店に出向いたり、ホームページを見たりしながら、両者の「違い」を確認してみましょう。

[復習のために]

1.「コスト・リーダーシップ戦略」、「差別化戦略」を採用している企業を1社ずつ取り上げ、それぞれの戦略を支えている仕組みについて調べてみましょう。

2. 企業間の競争では、ある部分において、しばしば過剰ともいえるような競争が展開されることがあります。たとえば、製品の小型化・軽量化競争、家電における過剰ともいえるような機能・性能競争。なぜ、こうしたことが起こりうるのかを考えてみてください。

主要参考文献

浅羽茂・山田尚史「日本マクドナルド」上田隆穂編『ケースで学ぶ価格戦略・入門』有斐閣、2003年。

井上達彦『模倣の経営学』日経ビジネス人文庫、2015年。

高井尚之『日本カフェ興亡記』日本経済新聞出版社、2009年。

高井尚之『20年続く人気カフェづくりの本―茨城・勝田の名店「サザコーヒー」に学ぶ』プレジデント社、2017年。

M. E. ポーター（土岐坤・小野寺武夫・中辻萬治訳）『(新訂) 競争の戦略』ダイヤモンド社、1995年。

次に読んで欲しい本

井上達彦『ゼロからつくるビジネスモデル―新しい価値を生み出す技術』東洋経済新報社、2019年。

加護野忠男・井上達彦『事業システム戦略―事業の仕組みと競争優位』有斐閣アルマ、2004年。

楠木建『ストーリーとしての競争戦略―優れた戦略の条件』東洋経済新報社、2010年。

M. E. ポーター（竹内弘高訳）『競争戦略論Ｉ』ダイヤモンド社、1999年。

H. シュルツ・J. ゴードン（月沢李歌子訳）『スターバックス再生物語　つながりを育む経営』徳間書店、2011年。

高杉良『挑戦つきることなし』講談社文庫、2000年。

第8章

多角化戦略のマネジメント

「任天堂が最初に手がけた商品は何か？」。答えることができる学生はいらっしゃるだろうか。人間に一生があるように，商品や事業にも（長い短いはあれ）一生がある。商品分野の成熟，そして消滅（死）があることを前提とすれば，企業を長きにわたり安定的に成長させていくためには，限られた商品分野だけを手がけていくのは得策ではない。本章では経営戦略論のなかでも，とくに多角化戦略論の基礎を学んでいくこととしよう。

1 はじめに

第６章および第７章では、企業が提供する特定の製品・サービスにおける競争の問題を取り扱ってきた。本章では、いかなる製品・サービス分野において事業を手がけるかという、違ったレベルの問題を取り扱っていく。

通常、企業はある限られた製品・サービスの事業からスタートする。しかしながら、限られた製品・サービスのみにこだわっていると、それら製品・サービスの成熟化にともなって企業が衰退してしまう恐れもある。したがって、企業を衰退させるのではなく、成長させるための戦略が必要である。そのため、既存の製品・サービスで既存の市場シェアを拡大したり、既存の製品・サービスの新たな市場を求めて海外展開を図ったり、あるいはまた既存の市場向けに新たな製品やサービスを開発する。このほか、全く新しい市場に新規の製品・サービスを展開する（事業の範囲を拡大させる）戦略もある。

この際、ただやみくもに事業の数を増やせばよいというわけではない。企業の成長にともなって事業全体の構造を見直すための、よく練られた戦略が必要である。とくに、複数の事業をいかに運営するかということについての戦略を多角化戦略という。多角化戦略は、１つの事業の範囲で他のライバル企業といかに競争して優位に立つか、という競争戦略とは問題の焦点が異なる。

ただし、企業内部の経営資源だけで多角化できないことも少なくない。企業内部の経営資源には限りがあるためである。そこで、企業外部にある経営資源を求めて、M&Aや戦略的提携といった手段を企業は考える必要がある。

この章では、複数の事業を営むための多角化戦略と、その有力な手段であるM&Aおよび戦略的提携の考え方について学習する。

2 事例：キヤノン

「精密機器」から「電気機器」へ

キヤノンは現在（2019年12月期）、連結売上高約３兆6,000億円、海外をふくめての従業員数が約19万人という超巨大企業である。このうち売上高の約８割を海外で稼ぎ、従業員の６割超も海外で雇用している。世界シェアがトップの商品も少なくない。キヤノンが投資家向けホームページで公開している情報によると、デジタルカメラのシェアは39％、レーザープリンターは46％、液晶露光装置は56％を誇っており、いずれも世界シェア１位となっている。第９章で取り上げる本田技研工業などと同じく、日本を代表するグローバル企業である。

同社の前身は戦前の1933（昭和８）年に創業された「精機光学研究所」である。高級カメラ市場がドイツ製に席巻されている状況にあった当時、国産の高級カメラ開発を目的に設立された。現社名の由来は、翌年に試作された35ミリカメラのブランド名であり、観音様にちなんでつけられた「KWANON（カンノン）」にある。

【写真８－１　キヤノン本社】

写真提供：キヤノン株式会社

日本の光学技術を牽引する一方、普通紙複写機、プリンターなどの事務機器、半導体製造装置など「映像」を軸に多角化した企業に成長した。

現在、複合機のシェアは世界２位の18%、レーザープリンターのみならずインクジェットプリンターのシェアも世界３位の27%、そして半導体露光装置のシェアは世界２位の26%となっている（同社が投資家向けホームページで公開している情報から）。祖業であるカメラにくわえて、新たに手がけた事業分野における成功が同社の今日を支えているのである。事業構成を見ても、複写機やレーザープリンターをふくむ「オフィスビジネス」が半分（47%）を占めており、これはビデオカメラやデジタルカメラの売上の倍以上に相当する。

創業者の御手洗毅がカメラ以外の売上高を２割にする長期経営計画を立案したのが、創業から約30年を経た1962年のことであった。それから30年余を経た1995年６月中間期には、カメラ部門の売上比率が７%となる一方、事務機器の売上比率は85%にまで達した。これにより同年10月には、東京証券取引所の業種分類が変更されるにいたった。カメラを主力事業とする会社が分類される「精密機器」から、新たに「電気機器」に分類し直されることとなったのである。

「ライカに追いつけ追い越せ」をスローガンに

日本を代表するグローバル企業となったキヤノンであるが、その出発はささやかなるものであった。1933（昭和８）年、御手洗毅はカメラ好きの若い友人らと酒を酌み交わしていた。御手洗は医師でありながら、現在のキヤノンの初代社長となった人物である。日本よりも進んだ光学技術を誇っていたドイツ製の高級カメラに負けない製品を作ろうと彼らは意気投合し、精機光学研究所を立ち上げるにいたる（1937年に法人化され、精機光学工業株式会社に）。

御手洗は、現在でいうところのベンチャー企業の立ち上げに参画したのであった。企業経営の世界とは無縁の世界にいた御手洗であったが、高級カメラの代名詞であった「ライカ」を凌駕するカメラを日本人の手で作りあげたい、日本にはまだ存在していなかった優秀な精密光学技術を確立させたいとの夢を一貫して持ち続けていた。医師でもあった御手洗の前にある顕微鏡はといえば、カールツァイス社製などドイツ製ばかりであった。これをどうにかしたい。敗戦後、多くの企業が生活必需品である鍋や釜の生産を手がけていた最中でも、高級カメラの製造にこだわっていたほどであった。

夢に燃える御手洗は、技術者の採用に際しては当時の最高水準の人材を集めることに心血を注いだ。「最高の製品を作る」。この夢を追いかけた彼のもとに参集した技術者たちが、独自技術にこだわる開発志向の文化を醸成させていくこととなる。

「右手にカメラ、左手に事務機」をスローガンに

彼らが手がけた高級カメラ事業は、日本のカメラ産業の水準をドイツのそれに追いつき、しのぐにまで飛躍させる。1962年には、日本のカメラ生産は台数、金額ともにドイツのそれを上回った。ベトナム戦争の従軍カメラマンの多くが手にしていたのは、日本製カメラであった。

カメラ分野で成長を遂げたキヤノンは、1962年に第一次５カ年計画を策定し、事務機分野に乗り出す。創立30周年の1967年の正月には、「右手にカメラ、左手に事務機」をスローガンに多角化を本格的に推進することとなる。複写機を中心に、事務機部門を経営の中核の１つと成長させるべく、研究開発が本格化することとなる。1970年には、国産初の普通紙複写機を送り出す。カメラ事業で長年にわたって培ってきた光学技術、精密技術、先に手がけていた電卓などで蓄積した電子技術を活かし、化学技術をくわえてトナー（インク粉）を開発し、この複写機分野に進出を果たした。

当時の複写機市場は、大半の特許をおさえている米ゼロックス社の独壇場であった。無謀とも思える参入であった。それに踏み切った背景には、同市場そのものに将来性が見込めること、くわえて、トナーや複写用紙といった消耗品の市場にも大きな魅力を感じたためであった。御手洗をはじめとするキヤノンの関係者は、写真市場におけるカメラメーカーとフィルムメーカーの利益率に大きな差があることに気づいていた。後に社長となる山路敬三は、米国出張に際しての経験をつぎのように語っている。

「イーストマンコダック社の主力工場を訪問した時、昼も晩もごちそうになり大変な歓迎を受けた。『なぜですか』と尋ねたら、『あなた方の作るカメラはフィルムを燃やすバーナーだ』と言われた。

フィルムメーカーは売れたカメラの累積台数に比例して売り上げが伸びる。なるほど、今からフィルムをやるのは難しいが、いつか我々も消耗品をやりたいと思った。後に複写機に出る時、消耗品もすべてやることにしたのはこの経験があったからだ（『日本経済新聞』1997年３月14日付朝刊）」。

【写真8－2　国産初の普通紙複写機「NP-1100」】

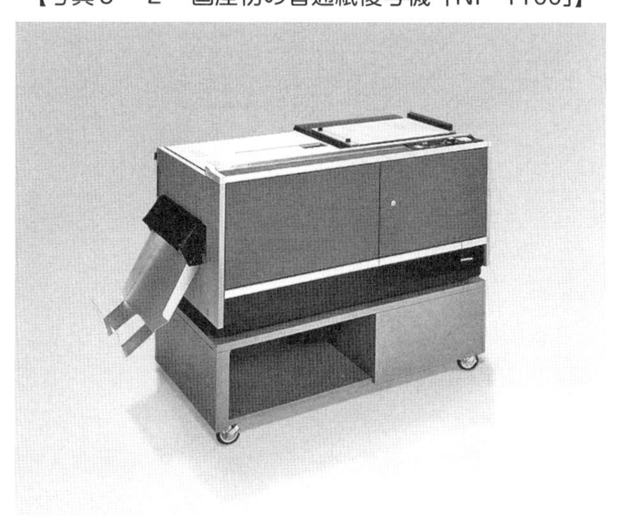

写真提供：キヤノン株式会社

難産ではあったが、ゼロックス社の特許を侵害しない新方式の複写機の開発に成功した。この複写機の事業は、1984年に開発した小型レーザービームプリンター（LBP）の開発につながった。これは、情報機器進出の手始めとなった。複写機で培った印刷技術は、パソコンのデジタルデータを文字に打ち出すために役立てられた。LBPの開発のために採用した情報関連の技術者は、複写機のデジタル化にも力を発揮した。

1977年に社長に就任した賀来龍三郎は、同社の研究開発重視の経営姿勢をより鮮明なものとする。在任前に6％弱であった売上高研究開発費率を、在任中には10％超という非常に高い比率にまで引き上げた。複写機、LBPにくわえて賀来は、インクジェットプリンターの開発に注力する。1985年には、独自方式の世界初のバブルジェット方式インクジェットプリンターの販売にこぎ着ける。この製品化のカギとなったのは噴射ノズルの加工であり、これにはカメラで培われてきた精密技術が活用された。高画質を誇るインクジェットプリンターは、デジタルカメラ画像の印刷用の機器として大きな成長を遂げることとなった。

こうした取り組みがあって、カメラと事務機が二本柱としてキヤノンの屋台骨を支える存在となっていったのである。現在、両分野とも「現行主力事業の圧倒的世界No. 1の実現」を目指して競争力のさらなる向上が図られている。くわえて、新たな柱としてたとえば、医療分野に同社の視線は注がれている。最先端の医療画像診断分野などでの事業の成長が目されている。

3 多角化戦略

多角化とは

複数の事業を手がけるときには、1つの事業だけ営む企業に比べて、経営戦略上、固有の問題に直面する。複数の事業を営む論理とは何か。いかなる方法があるのか。本節では、多角化戦略について学習していく。

企業は、単一の事業から複数の事業へと事業の範囲を拡大していくことが少なくない。多角化は、自社内における事業の範囲を拡大させる戦略である。

企業内で扱う事業がどの程度関連しているかによって、多角化は「関連多角化」と「無関連多角化」に分けることができる。関連多角化は、複数の事業の間に何らかの関連性がある場合である。たとえば、ある複数の製品事業を営む企業を考えてみよう。この企業は、事業としては異なる製品を扱っている。しかし、同じ製品技術、同じ顧客、同じ流通というように関連性に強い部分がある場合、この企業は関連多角化を行っている、といえる。

キヤノンの場合は関連多角化に分類される。御手洗毅の子息であり1993年に社長となった御手洗肇は「キヤノンの経営はバウムクーヘンだ」と述べていた。これは、カメラで培われた光学・精密技術の外側に新しい技術の皮をかぶせて新製品を生み出してきた同社の歴史を表現したものである。カメラ、複写機、レーザービームそしてインクジェットのプリンター、いずれもの開発には関連する技術が用いられている。今後の戦略分野である医療分野であるが、これも光学技術をはじめとしてキヤノンが長年培ってきた技術が組み込まれたものとなっている。顧客面で見ても、複写機を売り込んだ先にLBPを売り込む、あるいはキヤノンのデジカメで撮影した写真をキヤノンのインクジェットプリンターで印刷した経験のある読者の方もいらっしゃることであろう。

多角化の目的

多角化する目的、理由には、一般的には大きく2つある。1つは、事業の範囲を拡大することによって、企業の成長や存続を図るものである。製品や市場には、人間の命と同じように限りがあると考えられている。これを、市場のライフサイクルといい、典型的には「導入期」・「成長期」・「成熟期」・「衰退期」という段階をたどる。したがって、ひとつの製品事業のみ手がけていると、産業や市場の衰退とともに企業も衰退してしまう。そこで、複数の事業に進出して、企業が衰退する可能性をあらかじめ減らしているのである。

第5章で見た富士フイルムの事例を思い出して欲しい。同社が優良企業であり続けられているのは、祖業である写真フィルムの市場の衰退を見越して、多角化の道を歩んだためである。

市場の衰退とともに企業も衰退してまった例としては、ナガオカがある。同社は、音楽用CD（コンパクトディスク）が主流となる以前のアナログレコード針の最大手メーカーであった。「ナガオカのレコード針」といえば、オーディオの愛好家には一目置かれる存在であった。同社が最盛期を迎えたのは1980年のことであったが、1982年に音楽用CDが世に現れる。CDの急激な普及はないとの会社の思惑は外れ、CDの生産枚数は急激に伸びることとなる。一方でレコードのそれは、下降の一途をたどる。ピーク時には月産100万本を誇っていたが、1989年には数千本

【図8－1　市場のライフサイクル】

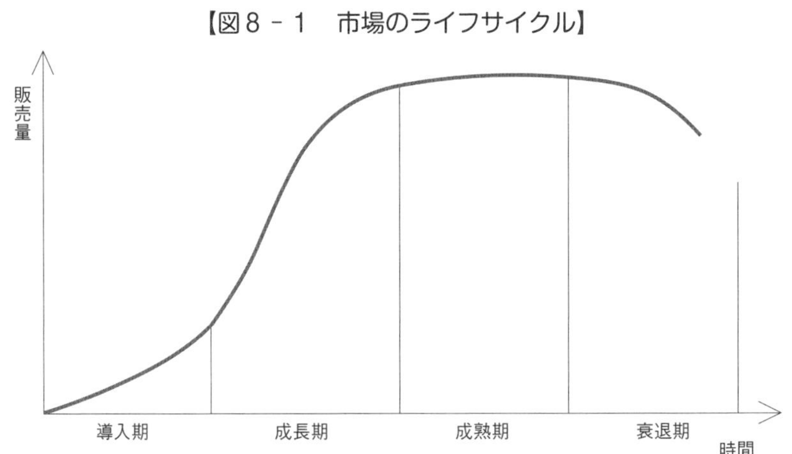

にまで落ち込んでいた。1980年には80億円にのぼっていたレコード針の売上も、1989年には７億円にまで落ち込むこととなった。ビデオソフトの卸売業などの新規事業も手がけたが時すでに遅く、1990年には創業家である長岡家が私財を差し出すことで会社は清算されることとなった。

もう１つは、将来性のある事業機会を逃さずに成長していこうという、より積極的な理由である。この場合には、成長企業として大きく飛躍するために、既存の事業とは関連の少ない分野へ進出することも少なくない。

ここ数年、産業としての農業分野や少子高齢化に対応するための医療・介護分野に将来性を見て、会社の定款の「事業目的」にそれぞれの分野を追加する会社が少なくない（第３章でも触れられているように定款とは、会社運営の根本を定めた文書である。新規事業を本格的に手がけていく際には、株主総会の承認を得て定款を変更する必要がある）。農業を追加したのはたとえば、ロート製薬（主力事業は大衆薬、化粧品）、コロナ（暖房機）、フジッコ（煮豆、昆布）などである。食品関連のフジッコを除けば、それ以外の企業は本業との関連は少ない。医療・介護分野について多角化を行ったのは、アグレックス（保険業向けの事務処理）、ナカバヤシ（アルバム製本や文房具）、サイバネットシステム（音響や電子回路の解析ソフト）などがある。いずれの企業の場合でも本業との関連は少ないが、その将来性を見込んでの進出であった。

多角化の成功に向けての論理

以上のように、多角化戦略をとる動機は幾通りもあるが、多角化が実際に成功するかどうかは別の問題である。ここでは、多角化の成功するポイントとして知られている「範囲の経済」を考えてみよう。

多角化によって複数事業を１つの企業が営む方が、別々の企業で営むよりも価値が大きくなっていれば、範囲の経済が働いている。範囲の経済は、たとえば「事業活動」・「設備や部品」・「コア・コンピタンス」といった何らかの要素が共有化できる場合に発生する、プラスの経済性を意味する。共有化できるということは、タダで多重利用できて経済的であることを意味しているからである。つまり、コストの削減や売り上げの増大に貢献するのである。

事業活動の共有化には、複数事業間における技術開発活動の共有化、マーケティング活動の共有化があげられる。生産時における部品の共有化、工場設備の共有化も範囲の経済が働く例である。コア・コンピタンスとは、「経営における中核能力」のことであり、無形の経営資源、ノウハウとしての性格を持つものである（第1章のコラムも参考のこと)。コア・コンピタンスを複数事業間で活用できれば、新たにコンピタンス（能力）を構築するために構築するコストもかからず経済的である。

キヤノンの事例で考えてみよう。カメラの光学技術が後の多くの製品に利用されている。技術だけではなく、カメラが世界に知らしめた「キヤノン」ブランドも、一般消費者向けの商品を中心に大きく販売に寄与してきた。

4 M&Aと戦略的提携

M&Aとは

多角化を進める場合、企業の内部でじっくりと時間をかけて新規に事業を開発するイメージがあるかもしれない。これは、企業内部の経営資源を活用した「内部志向の戦略」である。内部志向の新規事業戦略では、すでに保有している経営資源を用いて新しい事業を育成する。そのため、新事業の管理は比較的容易である。しかし、関連分野に事業領域が限定されやすく、また、事業展開のスピードが比較的遅くなりやすい。

そこで、企業外部の経営資源を活用する戦略という選択肢もある。いわば、「外部志向の新事業戦略」である。具体的にいえば、多角化をすばやく実現するために、M&A（合併・買収）を行う方法である。「速度」を買うのである。また、新規事業を手がけようとするとき、他企業と提携する選択肢も考えられる。

【図8－2　多角化戦略を展開していく手法の多様性】

まずM&Aについて見ていこう。M&Aとは、企業合併（Merger）と企業買収（Acquisition）を指す言葉である。企業合併は、２つの企業が１つに合同して新たに企業をつくることを意味している。もとの２つの企業のどちらが新しい企業の経営権を握るかは、ケース・バイ・ケースである。これに対して企業買収では、ある企業が別の企業に吸収される。したがって、経営権は買収した企業にある。

M&Aの目的

M&Aによって、それまでの自社資源に新たな資源をくわえることができる。多角化戦略を採るならば、資源を併せることで事業間の「範囲の経済」が働く可能性がある。

また、同じ事業をM&Aによって獲得することもある。これは、多角化戦略の場合と異なり、「規模の経済」の追求や、市場シェアの拡大を目的とするものである。規模の経済とは、事業規模を拡大することによってコスト効率が向上することである。近年、規模拡大を企ててM&Aを繰り返した業界の代表は、金融業界であろう。欧米のみならず日本でも数多くのM&Aが行われた。結びつくことで資本・顧客基盤を拡大でき、バブル崩壊後に問題となっていた不良債権処理に追われることがなくなる。あるいは、欧米の巨大金融機関が先を走った情報システム投資に着手することもできる。こうした夢を抱いてのM&Aが繰り返されたのであった。

キヤノンはこれまで、内部志向の戦略を重視してきた。日本を研究開発のセンターとして、適宜、新たな研究開発に従事するものを採用するなどして、多角化分野に必要な技術開発を展開してきた。しかしながら、現状に比べて３倍の売上高に当たる1,000億円の規模にまで成長させる方針も打ち出した医療関連事業については、海外、そして外部志向の戦略が目論まれている。御手洗冨士夫会長（当時）はつぎのように語っている。M&Aにより「速度」を買おうとする姿勢をうかがうことができる。

「医療分野では積極的にM&A（合併・買収）を仕掛ける。米国でキヤノンにない医療技術を持つ企業や研究所を買収して、そこを新しい価値を生むグローバルの中核拠点にする。欧州にも医療や事務機関連の開発拠点を置きたい。M&Aで米欧に開発拠点が増えてくれば、それらを統括する持ち株会社を設立する」

「（海外発の技術創出を強化するのはなぜか、との質問に対して）これまではすべての事業を日本で生み出してきた。しかし、グローバル化、IT（情報技術）化、技

Column 8 - 1

MBO

MBO（Management Buy-out）とは、企業のM&Aの手法の１つである。企業に属する経営者（経営陣）が、自己の資金あるいは他の投資家の資金で、自社の株式や特定の事業部門を買収し、会社から独立する手法のことである。経営者ではなく従業員が買収をする場合には、EBO（Employee Buy-out）と呼ばれることもあるMEBO（Management Employee Buy-out）の場合には、両者が一体となって買収を行う。

MBOの具体例としては、企業グループの経営方針により親会社が子会社や一事業部門を分離させる際に、第三者には売却せず、子会社や事業部門の経営者（従業員）がその株式を取得し、親会社から独立するために用いられる場合がある。バブル崩壊後の日本においては、事業のリストラクチャリング（再構築）の一環として、こうしたMBOが普及していった。

くわえて、株式上場のメリットが薄れた上場会社が、会社自ら上場廃止に踏み切るための手段として活用されることもある。たとえば、婦人服大手のワールドや引越し大手のアート引越センターなどはMBOの手法を用いて上場を廃止した。上場を廃止することで、株主の意向に左右されることなく企業経営を進めていく、経営の自由度を高めることを選択したのであった。

術の多様化が急速に進み、日本だけを研究開発のセンターにしていては業容は拡大できないようになった。既存事業では日本が本社であり続けるが、米国で開発中の遺伝子診断装置のように、米国や欧州に新事業の本社を置くこともありうる（『日本経済新聞』2011年１月７日付朝刊）」

M&Aの成功に向けての論理

以上のように、M&Aにはさまざまなメリットがある。しかし、計画通りにメリットが生まれるとは限らない。M&Aにもリスクがある。事実、多くのM&Aが失敗に終わっているという報告もある。成功するには、これを適切に回避していかねばならない。

まず、事前に入手できる情報が限られているため、想定したよりもM&Aの効果が小さくなるかもしれない。M&Aには、友好的なものと敵対的なものがある。敵対的M&Aはもちろん、友好的M&Aでも実際に企業を合併買収するまでは、その効果は未知数なのである。

また、２つの企業を統合することは容易ではない。とくに、組織文化、企業文化の統合をいかに達成するかという問題は、友好的・敵対的にかかわらず難しいものである。企業の理念、慣習、従業員のものの見方や考え方、といったものが企業独自の文化を育んでいるためである。

戦略的提携とは

複数企業によって製品やサービスの開発・製造・販売などに関する、協力的な関係を結ぶことを「戦略的提携」という。M&Aでは、複数の企業が１つに統合されるため、いずれかの企業の独立性は失われることになる。これに対して戦略的提携では、参加する企業の独立性は保持される。

戦略的提携はM&Aよりも、企業間の結びつきが緩やかであるといってもよいだろう。M&Aで企業を統合してしまうと、組織特有のデメリットが生じる可能性がある。たとえば、組織として関係が安定化してしまうと、競争意識が損なわれてやる気が失われるかもしれない。企業が大きくなると、人員や設備などの経営資源の配置を見直さなければならなくなる可能性もある。また、組織が１つになることで、間違った意思決定が組織全体に波及するデメリットも考えられる。ただし、これは（M&A以前の）他の組織への完全なコントロールが可能であることも意味している。戦略的提携では、各企業の独立性を保っている故に、他の企業組織に対する完全なコントロールは実現不可能である。

戦略的提携には、契約を通じて企業間の協力を実施する業務提携や、複数企業が共同で出資して事業を立ち上げるジョイント・ベンチャー（合弁事業）などがある。業務提携では、協力しあう企業間において、技術の開発、製品・サービスの開発、製造、販売に関する契約を結ぶこととなる。

企業のみならず、大学に代表される研究機関が提携の相手先になる場合もある。こうした「学」と企業のような「産」による協働は、「産学連携」や「産学協同」などと呼ばれる。キヤノンの場合もたとえば、京都大学と画像診断など先端医療分野で共同研究に着手している。

このような異なる組織体同士の協働によるイノベーションは、オープン・イノ

Column 8 - 2

オープン・イノベーション

オープン・イノベーションは、2003年にヘンリー・チェスブロウが提唱した概念であり、今では世界中で広がっている。企業の外部から不足する知識を取り込むタイプと、自社の（主に使われていない）知識を企業の外部で活用するタイプに大別されるが、自社の境界を越えてオープンに知識が移動するという点では共通している。

特に日本企業は、「自社で全てをやりたがる」自前主義に囚われているという指摘があり、その反省からオープン・イノベーションに取り組む事例が増えている。しかし、当初の期待通りにオープン・イノベーションの成果が上がっていない、という報道もある。収益をあげる手段であるはずのオープン・イノベーションが、目的になっている可能性がある。自社の戦略としてオープン・イノベーションを実践せず、単なる流行の後追いをしているだけの企業が相当数あることを示唆しているといえるだろう。

ベーションと呼ばれている。オープン・イノベーションとは、「技術・知識・アイディアの源泉と活用を社外に求めることによって、イノベーションを興して成果を得ること」である。キヤノンでは、AI（人工知能）や量子コンピューティングの分野で積極的にオープン・イノベーションに取り組んでいる。

また、提携における関係を強化するために資本関係が結ばれることも少なくない。たとえば、仏の自動車メーカーのルノー社と日産自動車の提携では、ルノーは日産の技術力を高く評価し、日産はルノーのコスト削減力を認めたうえで提携が実現した。ルノーは日産に対して36.8%の出資を行った資本提携である。

ジョイント・ベンチャーは、提携企業同士の共同出資によって、法的に独立した企業を設立するものである。たとえばトヨタ自動車とGM（ゼネラル・モーターズ）は、1984年からカリフォルニア州にNUMMI（ニュー・ユナイテッド・モーター・マニュファクチュアリング）という合弁会社を設立していた（2010年、閉鎖）。

戦略的提携の目的

戦略的提携の目的には、以下のようなものが挙げられる。

第1に、規模の経済である。複数の企業が経営資源を合わせることによって、コストの効率性を上げて、規模の経済のメリットを享受する。また、共通の顧客をターゲットに活動するといった範囲の経済が働くこともある。

第2に、組織間学習である。提携の相手企業から、技術やスキルを学習する目的で提携を結ぶ。トヨタとGMのNUMMIが好例である。とくにGMは、NUMMIに毎年数十人の工場関係者やエンジニアを送り込み、トヨタ生産システムを学ばせていたことが知られている。

第3に、リスクとコストの分担である。たとえば実用化が困難な新技術の開発は、多大なコストがかかるだけでなく、開発が失敗に終わる可能性もある。このようなリスクとコストを提携によって分担するのである。

戦略的提携の成功に向けての論理

提携にともないさまざまなリスクも発生する。成功に向けては、それらリスクを低く抑えねばならない。

提携におけるリスクのうち重大なものに、提携企業間の信頼問題がある。つまり、提携相手が裏切って、事前に取り決めていた行動を取らないかもしれないという問題である。あるいは、提携相手が提携で得た自社の機密情報を、他の企業に漏洩することもあり得る。企業間の関係において、信頼が構築できるかどうかは、提携そのものの成否にかかわる。

また、M&Aと同様の問題として、企業文化の違いが提携を失敗に導くこともあるだろう。とくに異国間の戦略的提携の場合、相互の企業文化が理解できずに戦略的提携がうまくいかなくなる可能性がある。国が異なれば、文化が大きく異なる。それぞれの国の文化が企業の文化に大きな影響を与えるため、異国企業間の提携を成功させることは困難になりやすい。

5 おわりに

これまで見てきたように、多角化にともない新規事業を開拓・育成していく戦略には、主に2つのものがあると考えることができる。企業内部の経営資源を活用して事業を開発する内部志向の戦略と、企業外部の資源を活用する外部志向の戦略

（M&A、戦略的提携）である。それでは、どちらの戦略が優れているのであろうか。

結論からいえば、選択すべき戦略は、企業の状況に応じて決まると考えられている。たとえば、企業の保有するノウハウによっても、採用すべき戦略は異なってくる。すでに技術や市場に関するノウハウを持っている場合、内部志向の新事業戦略が望ましいだろう。逆に、ノウハウを保有していないならば、外部志向の戦略を選択することが合理的となろう。

ただし、企業全体としては、両方の戦略を並存して採用するケースも少なくない。キヤノンの場合でも、伝統的には内部志向の新事業戦略が採用されてきた。しかし激しく変化する外部環境に直面するなかで、新たに注力する医療分野に関しては積極的にM&Aや戦略的提携などの外部志向の戦略を採用する方向に動いているのである。

第５章から本章までは、企業と製品・サービス市場との関わりについて論じてきた。学問分野でいえば、経営戦略論の基礎的な議論を展開してきた。次章以降は、立案された戦略の実施に深く関わる「ヒト」や「ヒトとヒト」の問題について見ていこう。経営組織論と呼ばれる分野の基礎について学んでいくこととしよう。

？考えてみよう

[予習のために]

事例で取り上げたキヤノンと同様に、証券取引所における業種分類が変更された会社はいくつも存在します。たとえば、造船を祖業とする三菱重工業は「輸送用機器」から「機械」へと業種分類が変更されています。「船舶・海洋」よりも、「原動機（ボイラ、タービン、ガスタービン、ディーゼルエンジン、水車、風車、原子力装置、原子力周辺装置、原子燃料、排煙脱硝装置、舶用機械）」や「機械・鉄構（廃棄物処理・排煙脱硫・排ガス処理装置等各種環境装置、交通システム、輸送用機器、石油化学等各種化学プラント、石油・ガス生産関連プラント、化学機械、海水淡水化装置、製鉄・風水力・包装機械、橋梁、水門扉、クレーン、煙突、立体駐車場、タンク、文化・スポーツ・レジャー関連施設）といった事業の売上高がはるかに大きいためです。

以前は「繊維」に分類されていた会社のいくつかも、その事業構成の変化にともない業種分類の変更が行われています。現在、いかなる業種に分類されているのか。くわえて現在、最も大きな売上高をあげている事業や主たる事業が何であるかも調べてください。

［復習のために］

1．日本の製造業を牽引している企業の１つに、液晶テレビや太陽光パネルで有名なシャープがあります。同社の社名は、祖業である「シャープペンシル」に由来しています。同社が「液晶のシャープ」と呼ばれるにいたった多角化の歴史について、シャープのホームページなどを参考に調べてください。

2．オープン・イノベーションの事例を１つ取り上げ、その特徴を考察してみてください。

主要参考文献

伊丹敬之・加護野忠男『ゼミナール経営学入門（改訂三版）』日本経済新聞社、2003年。

榊原清則『経営学入門（第２版）（上・下）』日経文庫、2013年。

次に読んで欲しい本

上野恭裕『戦略本社のマネジメント―多角化戦略と組織構造の再検討』白桃書房、2011年。

安本雅典・真鍋誠司編『オープン化戦略―境界を越えるイノベーション』有斐閣、2017年。

吉原英樹・佐久間昭光・伊丹敬之・加護野忠男『日本企業の多角化戦略』日本経済新聞社、1981年。

池井戸潤『下町ロケット　ガウディ計画』小学館文庫、2018年。

真山仁『ハゲタカ（上・下）』講談社文庫、2005年。

第9章

国際化のマネジメント

「社内の公用語がなぜ、英語なの？　日本企業なのに」。手がけている商品・サービスや事業分野のみならず、地理的な広がりという面から企業活動を見てみよう。その活動範囲の広さには驚くべきものがある。日本企業といえども、売上や利益の大半、そして従業員の大半が海外にある企業というのも、それほど珍しいものではない。本章では、企業活動の国際化の基礎について学んでいこう。

1 はじめに

前章では企業の本社レベルで行われる重要な意思決定として、事業の多角化の問題を取り上げた。本章では企業経営の国際化の問題を取り上げていく。この問題も、その重要性から事業部ではなく企業の本社が主導して意思決定する、あるいはそれに深く関与する重要な問題である。

本章では、国境を越えて展開される企業の活動とそのマネジメントについて見ていくが、入門レベルは次の点について理解することが重要である。すなわち、①国境を越えて活動する企業が直面する環境について。そして、②企業はなぜ国境を越えた活動をするのかについて。最後に、③国境を越える企業活動のマネジメントとはどのようなものか、についてである。本章の構成もそれらに対応したパートに分けられている。

具体的な事例としては、とくに積極的に企業経営の国際化を進めてきた本田技研工業を取り上げる。それ以降ではこの事例を参考にしつつ、企業が直面する環境、企業はなぜ国境を越えるのか、そして国際化のマネジメントとはどのようなものであるのかについて考えていこう。

2 事例：本田技研工業

日本企業の国際化

そもそも日本企業はどの程度、事業を国際的に展開しているのだろうか。海外旅行をしたことがある読者であれば、自動車をはじめとして日本企業のブランドをつけた商品や宣伝を街中でしばしば見かけたことがあるかもしれない。長年にわたり日本企業は、その商品を世界中に輸出してきた。

ただし今日となっては、海外に商品を輸出しているだけではない。じつに多くの日本企業が多様なかたちで事業の国際化を進めている。たとえば、海外での生産である。1985年度の段階において、日本の製造業全体に占める海外での生産比率は

【図９－１　海外生産比率の推移（製造業）】

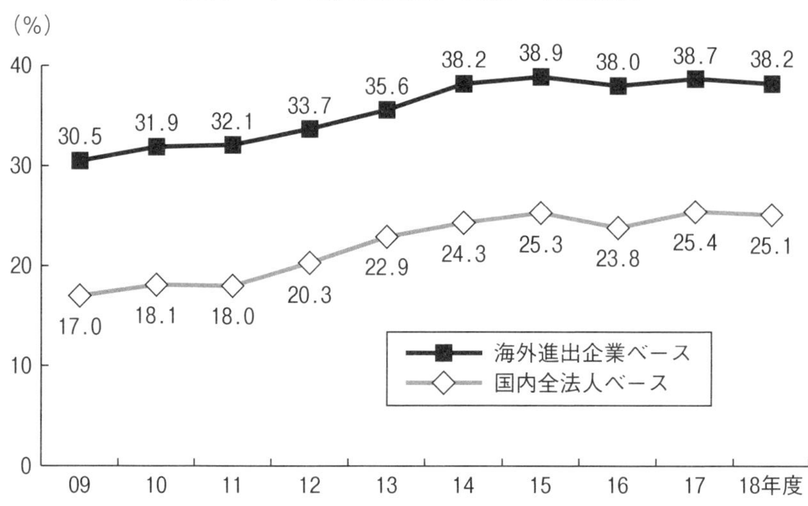

出所：経済産業省『第49回海外事業活動基本調査結果概要─2018（平成30）年度実績』

何パーセントであっただろうか。わずか2.9%である。これが2009年度には、**図９－１**が示すように17.0%に上昇し、2018年度には25.1%にまで上昇している。海外に子会社などの現地法人を持っている企業に限定すると、38%超となるのである。

このように販売先、生産拠点として海外の存在感が高まるにつれ、雇用も国内から海外にシフトしている。労働政策研究・研修機構の「産業別就業者数」データによると2019年の国内の製造業就業者数は1,063万人と、ピークであった1992年の1,569万人からおおむね500万人もの大幅な減少となっている。一方で経済産業省「海外現地法人四半期調査」によると、日本企業の製造業海外現地法人の従業員数は2000年10月～12月には175万人であったが、10年後の2010年10月～12月には357万人に増加し、さらに2019年10月～12月には、431万人となっている。日本企業の国際化は着実に進んでいるのである。

浜松から米国、欧州へ

国際化の進展する日本企業のなかでもいち早く事業活動の海外展開に取り組み、長年にわたり日本企業の顔となってきたのが本田技研工業（以下、ホンダ）である。

「株価が上がった」「下がった」。こうした報道は通常、日本を代表する大企業225社（銘柄）から構成される日経平均株価の上がり下がりを指している。ホンダはこの225社にふくまれており、製造業で海外売上高比率が高い会社の１つとなっている（**表９－１**参照）。

終戦直後の1946（昭和21）年、創業者・本田宗一郎が現在の本田技研工業㈱の前身となる本田技術研究所を静岡・浜松の地に設立したのが、ホンダの起源である。翌1947年には、無線機発電用小型エンジンをベースに手をくわえ、自転車用補助エンジンとして売り出した。そして1949年には、ホンダ初の二輪車「ドリームＤ型」の生産を開始した。

ホンダが二輪車の輸出を開始したのは３年後の1952年であるが、輸出が本格化したのは1959年にアメリカン・ホンダ・モーター社を米・ロサンゼルスに設立してからである。当時の米国の二輪車市場は、東南アジアなどと比べて需要があまり見込まれる状況ではなかった。ホンダは、あえてその米国市場を本格輸出の始まりの地としたのである。この背景には、世界経済の中心である米国でヒットしない商品では世界でも通用しない、そこでチャレンジすることが輸出拡大へのステップで

【表９－１　海外売上高比率の高い日本企業（製造業）の例】

社名	海外売上高比率（%）
TDK	92
村田製作所	91
ヤマハ発動機	90
ホンダ	87
日本電産	87
コマツ	85
ニコン	85
日産自動車	83
マツダ	82
コニカミノルタ	81

出所：東洋経済新報社『会社四季報オンライン』（https://shikiho.jp/）より作成。数値は2020年３月時点のもの。

ある、との判断があった。

長年にわたってホンダでは「需要のあるところで生産する」という考え方が重視されてきた。日本メーカーの中で米国での自動車生産を最初に実現したのはホンダである。1978年にはオハイオ州にホンダ・オブ・アメリカ・マニュファクチャリング（HAM）社を設立、翌年から二輪車の現地生産を開始した。1980年１月には、日本の自動車メーカーで初となる乗用車の米国現地生産を発表し、1982年からHAMでの乗用車生産を開始した。以降ホンダは米国のオハイオ州（２カ所）とアラバマ州、インディアナ州、カナダ、メキシコで自動車の現地生産を拡大していく。

一方、欧州では、アメリカン・ホンダ・モーター社での二輪車販売が軌道に乗り始めた1961年に現地販売会社ヨーロッパ・ホンダ・モーター社を旧西ドイツに設立、本格的に現地販売を開始した。1961年は、ホンダがイギリスのマン島で開催されたオートバイレース（マン島TTレース）で参戦３年目にして優勝して、しかも125ccと250ccの両クラスで１位から５位までを独占するという快挙を果たし、欧州での知名度を飛躍的に高めた年でもある。翌1962年にホンダはベルギーに二輪工場を設立、日本企業としては最初のEEC域内（旧西ドイツ、フランス、イタリア、オランダ、ベルギー、ルクセンブルクの欧州６カ国、現在のEUの前身）での現地生産を実現した。これはホンダにとっても米国での生産に先行する、最初の海外生産であった。そして1979年にはイギリスでブリティッシュレイランド社と

【写真９－１　米国ホンダ・アラバマ工場の生産現場】

写真提供：本田技研工業株式会社

技術提携を結び、四輪車の欧州生産の第一歩を踏み出した。さらにイギリスでは1986年から自動車用エンジンの生産を、そして1992年から完成車の生産を開始した。その後もホンダはイギリスやトルコに自動車工場を設立し、欧州での現地生産を拡大した。

欧米以外にもホンダは東南アジア、中国、インド、中南米など、世界各地で二輪・四輪車の生産に乗り出した。また生産だけでなく、開発拠点も欧米を中心に世界各地に展開している。

米国、欧州から世界、中国へ

2008年にはインディアナ州の工場、カナダのエンジン工場での生産が始まった。そして2015年には北米での四輪車累計生産台数が3,000万台を達成するなど、海外での事業活動を積極的に推進しつづけている。海外へは49の生産拠点と16の開発拠点を展開している。

また、四輪車の生産では、国内生産が84.3万台にたいして海外生産が432.7万台（2019年）と大きく上回っている。

このようにホンダが推進してきた世界的な事業展開も、世界的な経営環境が変化する中で、新たな対応も行われている。2019年に発表された英国とトルコでの現地生産の終了はその１つである。2008年のリーマンショック以降、欧州の自動車

【写真９－２　ホンダ・アコード　米国仕様】

写真提供：本田技研工業株式会社

市場が長期低迷したこともあり、ホンダは英国生産車の半数以上を北米向けに輸出していた。また、環境規制の強化が進む欧州市場では、電動車の販売比率を上げることも必要となっていた。しかし、北米との環境規制の違いや欧州での販売台数の低迷により、英国工場やトルコ工場で高コストの電動車を生産することは採算面で困難であった。さらに、2020年に英国がEUから離脱したブレグジットの問題も背景にあった。ブレグジット自体をホンダは英国生産の終了の直接理由とはしていない。しかし、欧州大陸への車両輸出や欧州大陸産の部品調達等の点で、ブレグジットが英国生産に不利な状況につながる可能性は十分予想されることである。

また、2019年度末から世界的に流行した新型コロナウイルスとのかかわりで、ホンダの世界生産、とくに同社が近年力を入れてきた中国での生産は大きな影響を受けた。ホンダの中国との関わりは、1982年に中国嘉陵機器廠との技術提携により二輪車の生産を開始、また北京事務所を開設したことに始まる。1990年代に入り、四輪車の生産を含む中国での事業展開が本格化した。そして、2019年のホンダの中国生産は156万台と、同社の世界生産台数517万台の約３割の規模に拡大した。しかし、中国生産の約半数75万台を占める武漢にあるホンダの３工場は、2020年２月３日の春節明けの再開予定が、武漢のある湖北省の新型感染症の拡大により、そこから１ヵ月以上再開できなかった。

その後、３月11日に生産が開始された後も、当初は従業員の一部しか出勤できず、中国の部品企業からの調達も不十分な状況が続いた。このため、いち早く２月17日に生産を開始した広州工場もあわせて、ホンダの中国生産は大きな影響を受けた。さらに中国工場に続いて、日本やアメリカ、インドネシア、ブラジル、ペルー等の工場も、新型感染症の拡大により稼働停止を余儀なくされた。その後、各地の工場は稼働を順次再開したものの、同社のグローバル経営は、感染症の拡大という新たな課題への対応も求められるようになっている。

ホンダの活動領域は、二輪車や四輪車だけにとどまらない。10名以下の乗員・乗客を乗せる超小型ジェット機市場に参入し、人気機種HondaJetを製造・販売するホンダ エアクラフト カンパニー（Honda Aircraft Company, LLC）は、ホンダから生まれたボーングローバル企業といえる。ホンダは米国に四輪車の生産工場を立ち上げた1980年代から航空機の製造を目指し、30年をかけてそれを実現した。

ホンダは、1986年に開始された社内プロジェクトで米国ミシシッピー州立大学と基礎研究を開始、1996年までの10年間で要素技術研究を行い、1997年には

【写真9－3　ホンダジェット】

写真提供：本田技研工業株式会社

HondaJetのプロジェクトを正式にスタートさせた。2001年には米国ノースカロライナ州に研究拠点を構築して、エンジンと機体がともに自社製という世界的にも珍しいパッケージを追求する。2003年に主翼上面エンジン配置や自然層流翼・ノーズなど、数々の革新技術を採用し、従来機と比較して燃費やキャビンの広さを格段に向上させた実験機を完成させて飛行試験を開始した。そして同年航空ショーで一般公開されたHondaJetは、熱狂的な支持を受ける。

2006年から2015年までは、HondaJetの量産準備と型式証明取得のための10年間であった。2006年にはHondaJetでの航空機市場への参入計画を発表した。同年American Honda Motor Co., Inc.が100％出資し、HondaJetを製造・販売するホンダ　エアクラフト　カンパニー（Honda Aircraft Company, LLC）を設立、米国での受注を開始した。2007年には、ノースカロライナ州グリーンズボロに新本社と生産工場を建設し、2010年にはHondaJetの量産型認定用機体の初飛行に成功する。各種飛行試験を順調にこなして、2015年12月には念願の米国での型式証明を取得し、同月に顧客への引き渡しが始まった。

2015年の販売開始以来、HondaJetの販売は好調である。2020年３月時点で米国・欧州・日本・中国・カナダ・ブラジルなど９ヵ国・地域で型式証明を取得し、2017～2019年までの３年連続でカテゴリートップの出荷数を達成した。HondaJetは2020年までに、北米、欧州、中南米、東南アジア、中国、中東、インド、そして日本で販売されており、約150機が世界中で運用されるまでになった。

国土の狭小な日本では、ビジネスジェットの需要は大きくはない。その意味で、このチャレンジはスタート当初から米国そして世界の市場を目指すグローバルなものであった。日本の二輪車・四輪車メーカーであるホンダが、米国を拠点にゼロから機体とエンジンを開発し、新たなビジネスを世界で手がけているのである。

浜松の地で誕生したエンジン改造を手がける小さな会社は、国境を次々と乗り越え「世界のホンダ」へと成長を遂げた。そして、グローバルに展開したホンダの販売・生産体制も、目まぐるしく変化する世界的な社会・経済動向のもとで、一層の発展・再編が求められているといえよう。

3 グローバリゼーションと企業が国境を越える理由

グローバリゼーションの洗礼

多くの日本企業が国境を越えて事業活動を展開している状況について、その代表格であるホンダの事例を通じて見てきた。海外生産量が国内生産量を超えているのは、ホンダだけではない。トヨタ自動車、日産自動車、スズキも同様である。

じつに多くの企業が国境を越えて事業活動を行っている。そこで本節ではまず、こうした国境を越える企業に大きな影響を与える重要な要因として、「グローバリゼーション（globalization）」について取り上げよう。

新聞や雑誌などでよく目にするこのグローバリゼーションという言葉は、国際経営のキーワードの１つである。この巨大な変化は国境を越えて活動する企業、それのみならず同一国内で活動する企業にさえ大きな影響を与えており、それゆえ企業経営で決して無視することのできない重要な要素である。ではグローバリゼーションとは、どのようなことを指すのだろうか。そしてグローバリゼーションと企業経営とはどのように関わっているのだろうか。

グローバリゼーションという用語は、政治・社会・経済・文化など異なる文脈の中でさまざまな意味に使われる抽象的な概念である。直訳すれば「地球規模化」ということになる。よく国際化と混同されるが、これは国際化とは違った概念である。ある種の仕組みが世界的に浸透していくことで生じる、地球規模の変化のことを指すものだと考えればよい。

こうした「地球規模化」は今に始まったことではなく、歴史上すでに何度か起こっている。たとえば16世紀の反宗教改革当時のカトリック修道会による世界規模の布教は、カトリック、すなわちある宗教の地球規模の浸透とも考えられる。あるいは18世紀後半以降二度にわたる産業革命は、世界各地域の経済システムを地球規模で大きく工業化の方向へと向かわせた。また20世紀初頭、世界革命論によって旧ソビエト連邦が共産主義を世界中に浸透させようとしていたのは、ある種のイデオロギーのグローバリゼーションと考えられる。これらの急激な浸透が地域に以前から根付いていたシステム（宗教、産業、イデオロギーなど）に影響を与え、時には摩擦を起こしたり、破壊したりすることがあったことも周知の通りである。

そして、20世紀後半とりわけ1980年代以降に加速したいわゆる「グローバリゼーション」は一言でいえば、通信・情報技術と国際輸送という２つのシステムの浸透によって引き起こされた、地球規模での経済的な変化のことである。通信・情報技術と国際輸送が発達して、通信と輸送がきわめて短時間に、しかも大変安価に行えるようになった。また情報技術の発達は、以前では考えられないほど多くの国・地域を対象にした複雑な物資のやりとりや金融取引を可能にした。つまり従来できなかったようなモノ・カネ・情報のやりとりが、安く、スピーディー、そして地球規模で行えるようになったのである。

このような変化は、我々の生活から企業や国家の活動にまで大きな影響を与えている。たとえばインターネットとクレジットカードを使えば、海外で出版された本や楽曲も簡単に自宅から注文したりダウンロードしたりできる。輸送費が安くなって、以前では思いもよらない海外の産地から輸入された生鮮食料品が、スーパーマーケットで安く売られている。また企業は必要なモノと情報を世界中から調達して財やサービスを生産し、世界中の市場で販売している。逆に、それまでは国内でのみで繰り広げられていた企業間の競争が、急に国境を越えた競争になることもある。

図９－２はグローバリゼーションの結果生じた、経済的な現象を列挙したものである。これら経済的な現象にくわえて、グローバリゼーションには**図９－３**に示されるような「浸透」現象も含まれる。

要するに、ヒト・モノ・カネ・情報の往来が活発になることで相対的に世界が小さくなり、それまで地理的に隔てられていて関わりのなかった人々や企業がビジネスを通じて一緒に働いたり、あるいは競争したりする、という時代になったのである。それにつれて、政治的にも文化的にも社会的にもさまざまな変化が生じている。

【図９－２　グローバリゼーションにともなう経済的な現象】

- インターネットに代表される国際的情報網の整備
- 国際貿易の発展
- 多国籍企業による世界経済への影響力の増大
- 資本（カネ）の国際移動の増加と国際金融システムの発展

【図９－３　グローバリゼーションにともなう政治的、文化的・社会的な現象】

政治的

- 自由主義、市場経済という価値観の浸透：東西冷戦が終結して、自由主義経済体制にもとづく市場経済という政治経済システムが世界の大勢へ。
- 国家間のルールを決める国際機関の台頭：国際化の進展にともなって、貿易・金融・環境などについて国家間のルールを決める国際機関（たとえば、世界貿易機関〔WTO〕など）が台頭。
- 地球規模で適用される標準・基準の増加：国際的な活動をする企業などを対象にして、その活動の規定する統一的なルール（製品や製造設備の国際規格、国際会計基準、著作権法など）の導入。

文化的・社会的

- 国際的な文化の輸出入（映画、音楽など）
- 海外旅行や（不法入国を含む）移住者の増大

それらは、企業活動にも大きな影響を与える。現代の企業が活動する舞台とはこのような場所なのである。

国境を越える理由

ホンダの事例に見たように、企業もグローバリゼーションの担い手であることがわかる。ところで、そもそもなぜ企業は国際化するのだろうか。つぎに、企業が国境を越えて活動する動機について探ってみよう。

企業が国境を越える一歩を踏み出す理由は、顧客にとって価値のある商品（財やサービス）を提供し利益を得るという企業活動の本質、市場での競争、あるいは経

Column 9 - 1

日本企業の国際化と国内外での採用人事

新興国の経済発展と市場拡大にともなって、多くの日本企業が外国人の求人を増やしている。パナソニックは2011年に1,100人、新卒採用の８割にあたる外国人を採用した。同様にカジュアル衣料「ユニクロ」を展開するファーストリテイリングは2012年には1,050人の外国人を採用、求人の約８割を外国人が占めた。シャープ、ローソンなど多くの日本企業でも海外での事業展開に沿う形で日本人の採用を減らし、外国人の採用を増加させていた。また特定の職種での外国人の採用を進める企業も多くなってきた。ソフトバンクや楽天、メルカリなどのIT系企業は、開発などのエンジニア職に関して多くの外国人を採用している。

日本企業の多くは従来から、海外子会社の従業員も含めれば従業員に占める外国人比率は高かったが、外国人従業員比率の高い会社でも外国人管理職の比率は１％にも満たない会社がほとんどであった。しかし本社採用の外国人人材の増大は、今後の外国人管理職比率を底上げし、そして日本企業の内なる国際化を進める１つのきっかけになると考えられる。

営者の意思と深く関わっている。

第１の理由は新たな顧客を求めて展開される国際化、つまり新たな市場獲得のための国際化である。たとえば、

(1) それまで国内市場のみに商品を供給してきたが、すでに商品が多くの顧客に行き渡り（これを市場の飽和という）これまでのような成長が望めない。

(2) 国内の同業他社との競争が激しく、思うように利益が上がらない。

こういった動機で国境を越えた企業活動が始まる場合が、第２の理由に当たる。つまり海外の未開拓の市場、あるいは比較的競争の少ない市場に商品を供給して売上の伸長を図ろうとするわけである。

ホンダは非常に早い段階から海外の未開拓市場に商品を供給することを検討し、輸出を通じた海外販売によって新たな成長の機会を見いだそうとした。1946年に産声を上げ、1949年に二輪車生産を開始したホンダであったが、1955年には国内二輪業界のトップメーカーの地位を獲得した。この段階になってホンダは、本格的な輸出拡大を検討する。この時は当時としては珍しく商社に頼らずに、自ら現地の市場を調査し、それにふさわしい事業を手がけていくことを重視した。そこでホ

ンダは1956年から翌年にかけて欧州と東南アジア、米国に人を派遣して現地での市場調査を実施した。こうした過程を経て、事例にあるように米国市場への本格輸出の開始を決めたのである。

企業が国境を越える第３の理由は、他社との競争を有利に進めるための国際化である。競争力のある商品を開発し供給するうえで必要な経営資源（ヒト・モノ・カネ・情報）を確保するために、企業は国境を越えるのである。このような競争優位を確保するために、大まかにいって企業は２つの手段のうちいずれかを取る。

- 低コストで経営資源を調達する（→ 他社より安い値段で商品を供給できる）。
- 他所では得られないような独自・特異な経営資源を調達する（→ 同じ価格帯でも、より質のよい商品、特色を持った商品を供給できる）。

たとえばホンダは欧米を中心としつつ、アジアや中国でも二輪車や四輪車の研究開発拠点を展開している。これらの開発拠点は、現地にある自社工場や部品企業との調整だけでなく、現地ニーズに合った製品を開発するうえで重要な役割を果たしている。海外の開発拠点で現地人エンジニアを活用し現地ニーズをきちんと把握することで、現地市場によりふさわしい商品作りが可能となる。とくにホンダは、北米や欧州、アジア向けの専用車を近年導入している。このような各地域の専用車の開発では、現地の開発拠点や現地人エンジニアが果たす役割が高まってきている。

そして最後の理由は、世界を股にかけて事業を拡大していきたいという経営者の意思である。太平洋戦争後の焼け野原から出発（あるいは再出発）した企業の創業者の中には、単に利益の獲得や自社の存続といった目標を超えて、いつか自分の商品・ブランドそして会社そのものを世界に通用するものにしたい、と考えて事業に打ち込んだ多くの企業家がいた。単に売上げや利益を増やそうというものでもない、むしろ世界規模で活躍したいという夢が国境を越える動機になるのである。

実際に海外に進出するはるか以前から、ホンダ社内では国際化が企業目的として強く意識されていた。1956年１月発行のホンダ社内報には、「わが社は世界的視野に立ち、顧客の要請に応えて、性能の優れた廉価な製品を生産する」という社是が掲載されている。これは同社の今日の社是（「わたしたちは、地球的視野に立ち、世界中の顧客の満足のために、質の高い商品を適正な価格で供給することに全力を尽くす」）の原点である。また1952年10月号の月報には、「世界的視野に立って」と題した、創業者である本田宗一郎の文章が掲載されている。そこには外国製品の輸入制限によってではなく欧米先進国の企業との技術競争によって、同社製品を世界水準にまで引き上げることの重要性が強調されていた。ほとんどの日本企業が国内競争に明け暮れていた時代に、ホンダではトップが本気で国際化をこころざし、実現しようと行動していたのである。

国境を越え続ける理由

ひとたび国境を越えて活動を始めた企業－おそらくその最初の一歩は製品の輸出であろう。しかしひとたび国境を越えた企業は、事業の維持・拡張のためにさらなる国際化のプロセスをたどることになる。そこには、企業が国際化を続ける理由がいくつか存在する。企業が国境を越え続ける理由である。

国境を越え続ける理由のその１は、事業を発展の軌道に乗せるためである。たとえば当初は単一の製品を商社などに依頼して輸出（つまり輸送と販売は商社まかせ）していた企業も、事業のいっそうの成長を目指して、次の発展プロセスに進むことになる。単一の製品ではなく複数の製品を扱うようになり、自前の販売網を構築し、アフターサービスやメインテナンスの拠点を整備し、さらには現地で製品の開発・生産までも手がけるようになる。これは、成長を目指す企業にとっては不可逆的に進む発展のプロセスである。

たとえばホンダは1950年代後半に二輪車の米国輸出を本格化した当初から、全額出資の販売会社アメリカン・ホンダ・モーターを設立し、自力で販売網を構築していった。社内では当時の慣行に沿って商社を活用すべきだとする意見もあったが、同社は自社の販売機能を現地に持つことで、自社の積極的な販売戦略や自社責任にもとづくアフターサービスを展開することができた。当初は商品のトラブルなどに見舞われることもあったが、トラブルが発生したオートバイと同型商品をすべて販売店から回収し在庫商品もふくめてすべて日本に送り返す、という思い切った営業活動が実施された。このような活動を通じて、現地のユーザーや販売店オーナーからのホンダ製品にたいする信頼を獲得し、現地の販売を伸ばしていった。また現地のニーズに対応したオートバイの開発を日本の開発部門に働きかけ、原野や山野を手軽に走れる商品やアウトドアレジャーとして手軽に乗れる商品を新しく導入し、新しいオートバイの市場を創造した。

国境を越え続ける理由のその２は、企業は国際化のプロセスの中でグローバルな経済環境への対応に迫られるためである。とりわけ企業活動に大きな影響を及ぼすのが、為替の問題である。日本から輸出をしている企業があらゆる努力を払って価

Column 9 - 2

外国市場でのビジネスのかたち

国際経営では、どのような形態で海外ビジネスを展開するかが問題になる。外国市場における事業活動は、外国企業（新規または既存）への出資によって確保される海外子会社が担う場合が多い。この外国企業への支配や経営参加を目的とした投資は、「対外直接投資（foreign direct investment：FDI）」とも呼ばれる。ちなみに、外国企業の直接経営ではなく、株式や債券の売却益や金利・配当の獲得を目的とした外国への投資は、「対外間接投資」と呼ばれる。対外直接投資では、外国企業への資本の移転だけでなく、技術や設備などの経営資源の移転を伴うことが一般的である。これも外国企業への資本の移転に限定される間接投資と異なる点である。

海外子会社をつくる場合も、自社が新たに設立するケースと、すでにある企業を買収するケースがある。「グリーンフィールド（green field)」とも呼ばれる新規設立の海外子会社では、新たに採用された人々を中心とした組織をゼロから立ち上げることになる。このため新規設立の海外子会社では、買収の場合よりも、親会社の考え方や知識を比較的移転・浸透させやすいといわれている。一方、買収して獲得した海外子会社では、既存の設備や組織を活用できるため、新規設立の場合よりも、少ない費用で迅速に事業を展開しやすいといわれている。

海外子会社にどの程度自社が出資するかによっても、海外子会社の経営への関与や配当に関する違いがある。たとえば親会社が100％する完全子会社とも呼ばれる海外子会社の運営では、親会社は自社の意向をほぼ反映することができる。また、海外子会社からの株主配当も親会社は独占することができる。ただし、100％出資の海外子会社では、親会社は単独で資金や経営資源を投入せねばならない。一方、パートナー企業となる他社と共同で出資する、合弁と呼ばれる海外子会社もある。合弁子会社の運営は自社とパートナー企業の間で行う調整や交渉にもとづくため、自社の戦略や意図をそこに十分反映できないおそれがある。また、合弁子会社からの配当もパートナー企業と分配することになる。ただし、合弁子会社に投入する資本や経営資源は企業間で分担できるため、完全子会社の場合よりもこれらの負担が少なくてすむ。

最後に、直接投資をともなわない海外事業もある。たとえば、自動車メーカーが海外市場で現地メーカーに、自社ブランド車の生産を委託する場合がこれにあてはまる。あるいは、日本の航空会社が自社の顧客にたいして、外国の空港にある現地航空会社のカウンターでチェックインできるように協定を結ぶ場合もある。

これらは、他社との協力によって、自社の子会社や事業所、拠点などをもたない海外市場でも、自社がビジネスを手掛けることができるケースである。ただし、他社の協力が常に必要な点では、事業活動における自社の自由度は少なく、パートナーの都合によっては事業活動を打ち切らざるをえないケースもある。

格競争力のある製品を作り上げても、為替レートが想定の範囲を超えて数パーセントの円高で推移しただけで、コスト削減分や利益の多くが吹き飛んでしまうということが起こりうる。逆に円安の場合は莫大な為替差益を得ることもあるため、一概に悪いことばかりというわけではないが、企業活動の不安定要因であることには変わりがない。

そうしたなかで安定した経営を求めるには、このような為替リスクを回避する必要が出てくる。たとえば米国・EU加盟国など主要輸出先で原材料の調達から生産までをその国の通貨で行える、決済できるようにすると、このような為替リスクを回避することができる。そのために海外生産拠点の構築といったさらなる国際化のステップが進むのである。

また一時期は東南アジアでの現地生産を中国にシフトしていた日本企業も、リスク分散の観点から一部を東南アジアに戻しつつある。東南アジア諸国では近年給与水準が上昇し、1997年のアジア通貨危機が起こったため、賃金が安く労働力が豊富な中国に外資系企業が移転していった。しかし現在、人民元の外国為替レートの引き上げや為替取引自由化への流れの中、通貨危機が収束した東南アジアに工場を残して、中国に生産を集中した場合の将来的な為替リスクを回避しようとする動きがある。とくに、反日デモやストライキで中国工場の操業が一時停止に追い込まれた日本企業は、中国への生産拠点の集中によるリスクを認識しつつある。たとえばユニクロは数多くの生産拠点を中国に持ってきたが、拠点の分散も進めておりバングラデシュにまで新たな拠点を構築している。

国境を越え続ける理由のその3は、政治的な環境への対応、すなわち原材料を輸入したり、製品を輸出したりする貿易相手国の政治的な環境に適応するためである。国境を越えた企業活動が増すにつれて国と国との間で、貿易摩擦、保護貿易や関税の問題、あるいは貿易協定などの問題が生じることがある。そのような問題に対処するために、自国や相手国政府から政治的な圧力が企業にかかることも多い。その結果、輸出だけではなく現地生産を開始するなどの国際化のステップが進むことになるのである。

1980-90年代、日本の自動車メーカーが欧米で実施した現地生産がまさにこれがあてはまる。この時期に日本との貿易摩擦が激化した欧米市場にたいして日本政府と日本メーカーは、日本からの自動車輸出台数を自主的に規制することで合意した。このため前年度実績によって輸出台数が割り当てられた各メーカーは、欧米での販売を拡大するには、自社工場あるいは他社工場（委託生産）による現地生産で販売する製品を確保することが迫られた。当時円高が進んだこともあり、日本の自動車メーカーは次々に欧米各地に単独または合弁で生産工場を設立していった。たとえばトヨタ自動車の場合、1984年に米ゼネラル・モーターズ（GM）とカリフォルニア州に設立した合弁会社で生産が開始された。

とくにホンダは、1970年代から続く日本車の米国輸出の増加が同国での輸入規制につながり、その結果現地で製品が不足することを早くから予測していた。同社が力を入れていた米国販売を拡大していくには、早期に現地生産を実現して日本からの輸出を補完しなければならなかった。そこで同社は、1978年に設立したホンダ・オブ・アメリカ・マニュファクチャリング（HAM）における二輪車の米国生産を足がかりに、1982年から同拠点での乗用車生産を開始したのである。

4　国際化のマネジメント

何のためにマネジするのか？

企業は成長の機会を求めて国境を越え、成長を維持するために国境を越え続けるということはわかった。それでは国際化する企業をマネジする、とはどのようなことなのだろうか。国際化のマネジメントや国際経営といえば、それだけで分厚いテキストができてしまうような大きなテーマなのだが、ここでは企業が国際化する際に、何のためにマネジするのか、そして、何をマネジするのか、について考えてみよう。

まず、何を目指して国際化のマネジメントが行われるのか、についてである。前節で、企業の国際化とは国境を越えた企業の価値創造活動である、ということを指摘した。国際化のマネジメントとはとりもなおさず、企業が国際化する動機と設定された目標に向かって、このような国境を越えた企業活動をマネジすることなのである。

ところが国際化のマネジメントといっても、１つの国の中で行われる企業活動のマネジメントと共通する部分も非常に多い。顧客に価値のある商品を提供して利益を得る、という企業に本質的な活動を行うこと、企業を成長させること、企業の存続のため変化する環境に適応し、更に環境に働きかけてゆくこと。これらはすべて国境内にとどまる場合も、国境を越える場合も同じである。前章までに出てきた競争戦略と企業戦略の考え方は、国際化の際にも利用できる。たとえば、前節で出てきた新たな販売市場の獲得や未開拓の製品市場のあらたな開拓、あるいは国境を越えることで得られる新たな経営資源やその活用の仕方も、その基本的な手段は国内の場合と変わらない。

一方で国際化のマネジメントが国内の企業活動のマネジメントと異なる部分も確かに存在する。紙幅の関係からこの節では国際化に特有のマネジメントのみに注目するが、その際に念頭に置くべきことは、国境を越える際に何が問題となるのか、そしてそれをどう克服するかという視点である。

何をマネジするのか？

国境を越える際に対処しなければならない問題の本質とはなんだろう。それは、国内にとどまっている場合に比べて飛躍的に高まる市場、通貨、ヒト、あるいは政治・経済・文化的背景の異質性である。高まる異質性を政治・文化・経済・金融という分野に分けると以下のように表すことができる。

- 政治的環境
  イデオロギー、政治経済体制、官民協調の度合い、域内経済統合の度合い（自由貿易地域〔FTA〕、関税連合、単一市場、経済連合、政治連合などの有無）
- 文化的環境
  言語、宗教、価値・態度、習慣・マナー、物質的文化（経済インフラ・社会インフラ・金融インフラ）、美意識・嗜好、教育、法制度
- 経済的環境
  関税、輸出入の数量制限、非関税障壁（輸入許可を遅らせる、外国製品を閉め出す品質基準、国産品愛用キャンペーンなど）といった各種障壁や、現地国企業への出資比率を49％以下に抑えるといった直接投資の制限など

- 金融環境

　為替レート、金利、株・債券価格など

いずれも国・地域ごとの違いであり、たとえば企業の活動に際して使用する通貨や言語が増えれば、それに対応して為替決済や書類の翻訳などの対応が必要になる。その分、企業活動のコストが上昇するわけである。これらの問題を克服するためにかかるコストが、海外で企業活動をすることで得られる利益よりも多くなってしまっては意味がない。

考えなければならないことは大変多いのだが、大まかにいって企業経営にとって本質的に重要なものとしては、次の点を指摘できる。

- コミュニケーション

　企業活動には多くの内部メンバーや利害関係者（顧客・サプライヤー・金融機関・政府当局者など）が関わっており、彼らとのきちんとしたコミュニケーションが欠かせない。国境を越えるに際して、そして複数の国で活動するにつれて、企業は言語・価値観や習慣・宗教などの高い異質性と向き合う必要に迫られる。

　たとえばホンダが二輪車の現地販売を開始した当時の米国では、移動手段は自動車が一般的であり、二輪車の利用はレジャーやレースに限られていた。さらに二輪車は黒い革ジャンパーを着た人の邪悪な遊び道具という商品イメージが強く、そのため二輪車は一般の人々の乗り物としては受け入れられていなかった。そのような国で二輪車を売り込むにはどうすればよいのだろうか。ホンダは低価格で高い走行性能を備え、しかもスカートの女性でも乗りやすい「スーパーカブ」を大々的に広告展開した。日常的な移動手段として手軽に乗れるという、二輪車の新しい価値を米国で顧客に宣伝・広告を通じて訴えたのである。その結果、スーパーカブは全米で爆発的なヒット商品に成長していった。

　この例が示すように日本とは異質な環境でも、十分なコミュニケーションを確立する必要がある。日本と異なる国・地域の人々（従業員・取引先その他利害関係者）といかにスムーズなコミュニケーションを図り、企業活動を進めていくかが非常に重要になるのである。

- 自社の強みの相手国の制度/環境へのフィット

相手国での企業活動においては、その国の経済・社会・金融インフラ、法制度や規制、労働環境などに対応する必要があることは述べた。そのような中で、いかにその企業の持つ強みを発揮することができるかということが重要になってくる。たとえば、日本企業が得意とする品質管理や品質改善運動、サプライヤーから販売店までが一体となってはじめて機能するトヨタ生産方式などを海外でも機能させるには、異なる雇用環境や取引慣行・規制などにも適応しつつ、自社の強みを根付かせていくことが必要になる。

そのために海外工場の人々に対して海外工場のモデルとなった国内工場（マザー工場）での研修や、国内工場から多くの人々を派遣して海外工場の技術支援が必要になるのである。海外工場の設立後、何年間も日系海外工場に日本人が駐在している理由の１つはここにある。とくに他社から買収した海外工場など、国内工場からの技術移転は進みにくい。すでに他社の生産方式が定着している工場に、新たな手法を導入するには、既存組織の運営体制やそこで働く人々の考え方を根本から変えなければならないことが多いからである。日本と異なる環境の中で、いかに自らの強みを発揮していくことができるか。国境を越える企業が必ず直面する大きなチャレンジである。

- 経営資源の移動スピードのギャップ

ヒト・モノ・カネ・情報といった経営資源の移動するスピードには大きなギャップがある。カネの決済は最速で秒単位で行われるが、モノの移動は数日から数週間、あるいはトヨタ生産方式のようなその企業特有の知識の移転では、数年あるいはそれ以上の期間が必要になる。たしかに海外生産だけが目的なら、資金さえあれば比較的容易に工場を設立できる。あとは工場を建設し人を雇い、原材料と製品の調達・供給ルートがあればよい。さらに手っ取り早いのは、すでにある海外の企業や他社工場をそのまま買収することである。ところが前述のように、新たな海外工場で本当に満足のいく生産を行うには時間がかかる。国内工場で確立された生産に関わる技術を移転しなければならないからである。資本の論理で瞬時に海外工場を得ることができても、そこに知識やノウハウを根付かせていくには多大な時間と労力が必要なのである。

短期間に大きく変化する金利や為替レートと中長期的に進む海外生産。これらをいかにバランスさせることができるだろうか。たとえば、地球上の複数の地域に生産と販売の拠点を構え、資本の短期的な流れの影響を抑えるなどの方法が考えられる。速いペースで経営環境が変化する中、この資源移動のギャップをうまくマネジできる能力がますます求められている。

5 おわりに

国境を越えた企業活動とは、「地球規模化」の進んだ環境の中でいかに自らの強みを発揮しつつ、これら異質性や移転スピードのギャップを克服するかという点に関わるものであることがおわかりいただけただろうか。難しいのは、異質性が一方では企業活動にとって利点をもたらすことである。これは前節でも述べたように、低い労働コスト・教育水準の高さ・勤勉さ・デザインセンスの高さなど競争優位をもたらす資源は、国境を越えることによって手に入れることができるからである。いずれにしても異質性を排除することはできないし、すべての異質性に対応する必要もない。国境を越えた企業活動を有効に進めるうえで、これらの異質性とどのようにつきあっていくかを考えることが、国際経営の根本なのである。

?考えてみよう

[予習のために]

ホンダだけではなく、日本の自動車各社は世界中で事業を展開しています。最近の乗用車メーカー8社（トヨタ、ホンダ、日産、スズキ、三菱自動車、マツダ、ダイハツ、スバル）の国内生産、海外生産、輸出、国内販売、それぞれの量を調べてみてください。

[復習のために]

1. インスタントラーメンから自動車まで、海外で販売される日本製品。なかには日本で売られているものとは、ひと味違うものが出ています。日本企業の各国のウェブサイトなどで、どのようなものが出ているのかチェックして、なぜそのような現地仕様の製品が投入されているのかを考えてみてください。
2. 本章であげたもの以外に、どのような経営資源が国境を越えていくのか、考えてみて下さい。また、それらの経営資源が国境を移動するスピードの違いを比較し、各経営資源が国境を越えるスピードの違いが生み出す問題点について考えて下さい。

主要参考文献

伊丹敬之・加護野忠男『ゼミナール経営学入門（改訂三版）』日本経済新聞社、2003年。

伊丹敬之『本田宗一郎—やってみもせんで、何がわかる』ミネルヴァ書房、2011年。

本田技研工業広報部・社内広報ブロック編『語り継ぎたいこと：チャレンジの50年—総集編「大いなる夢の実現」』本田技研工業、1999年。

M. B. スティーガー（櫻井公人・櫻井純理・高嶋正晴訳）『新版グローバリゼーション』岩波書店、2010年。

次に読んで欲しい本

浅川和宏『グローバル経営入門』日本経済新聞社、2003年。

大木清弘「コア・テキスト　国際経営」新世社、2017年。

吉原英樹『国際経営（第４版）』有斐閣アルマ、2015年。

佐々木譲『疾駆する夢（上・下）』小学館文庫、2006年。

第10章

マクロ組織のマネジメント

「この場合、誰が誰に連絡するのだったっけ？　誰が誰に指示するの？」。策定された戦略が実行されるためには、企業のなかにいる多数の人々が手を取り合って動く、働く必要がある。うまく仕事が成し遂げられるように、仕事の役割分担や責任の所在などが企業のなかでは予め定められている。本章では、経営組織論のなかでも、こうした問題を取り扱う組織構造論の基礎を学んでいくこととしよう。

1 はじめに

企業は多くのひとびとが集まって一緒に働く場所である。競争の戦略であれ、多角化の戦略であれ、それが実行されるためには、そういったひとびとが企業の中で手を取り合って働いてくれることが必須である。社員が勝手気ままに働いていては、高い成果を出すことはできない（第３章で学んだように、法の上では、「社員」とは会社運営に必要な「カネ」を出した出資者を指す。しかし、日本企業では企業内部で働く人のことを通常、「社員」と呼ぶ。こうした通例に従って、以下、企業内部で働くひとびとのことを「社員」と記す）。そこには何らかのルールが必要となる。

組織構造とは、企業の中で多くの社員がうまく仕事を進めていくための大枠の決まりごとと考えることができる。つまり、企業の中で誰がどのような仕事をするのか。また、誰が何について決めることができて、誰がそれについて責任を持つのか。そして、個々の仕事をどのようにまとめあげて、全体の成果としていくのかといった役割分担と調整のあり方について定めるものである。役割分担や責任の所在のあり方の違いは、さまざまな点で企業に齟齬をもたらす。たとえば、社員の行動のあり方や社員同士の協力の仕方なども違ってくる。何かを決断するために必要な情報の流れ方も違ってくる。新しい事業を始める場合の資金の大きさやその割り振り方も違うなど、幅広い影響力を持っている。したがって、経営者は組織構造を慎重に選んでいく必要がある。

こうした社員の役割分担や責任の所在のあり方の違いは、いくつかのタイプに分けられている。代表的なものには、職能別組織、事業部制組織、マトリクス組織と名づけられるものがある。本章では、これらの組織構造を紹介し、そのメリットやデメリットについて言及する。また、こうした基本的な組織構造に重ね合わせる形で存在するタスク・フォース、SBU、社内ベンチャー制度についても触れることとしよう。

2 事例：３M カンパニー

３Mの事業領域と組織

５人の創業者が採石業を立ち上げ、それから118年の歴史を経た３M（正式名称：3M Company、以下「３M」と表記）は、９万を超える社員を擁するグローバル企業となっている。古くから「顧客の声を聞く」ことを重視し、イノベーションによって顧客の問題解決に貢献することを目指してきた。その結果、持続的な成長を遂げてきたサイエンスカンパニーである。

年間売上高（19年）は321億ドル、５万5,000種類にも及ぶ製品からもたらされている。粘着剤、研磨材、高精細表面加工、ライト・マネジメントなど、現在51のテクノロジープラットフォーム（技術基盤）を有しており、そこから数多くの製品を生み出してきた。製品のラインナップも、新製品開発によって日常的に新陳代謝を繰り返してきたのである。粘着剤技術を基盤として生み出された<ポスト・イット>ノートは、３Mの代表的な製品の１つである。

３Mの組織では、本章で説明する「事業部制」が採用されている。それぞれの事

【写真10－１　<ポスト・イット>ノート】

写真提供：スリーエム ジャパン

業部が利益単位となっている。さらに事業部は、４つの事業セグメント（セーフティ＆インダストリアル事業、トランスポーテーション＆エレクトロニクス事業、ヘルスケア事業、コンシューマー事業）にグループ分けされている。ただし、同社の事業部の内容や数、そのグループ分けについては一定不変ではなく、製品の新陳代謝と同様に変貌を遂げてきた。

【写真10－２　本社社屋】

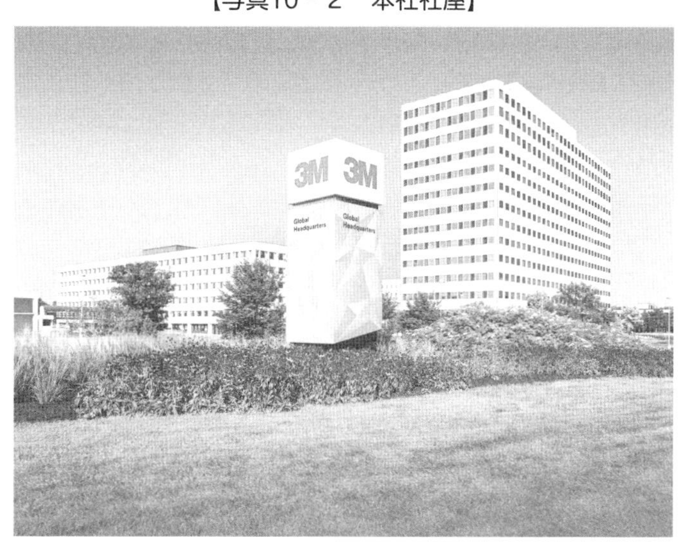

写真提供：スリーエム ジャパン

３Ｍが成長してくる過程では、全社の財務目標として、成長性と収益性に高い目標値が設定されてきた。それと並行して、「売上高の一定割合が、数年以内に開発された新製品によるものであること」も目標に掲げられてきた。製品の新陳代謝を促進するための目標といえる。３Ｍが重視してきた、「イノベーションで成長する企業」としての意志を表すものである。

これらの財務目標は、各事業部の目標として振り分けられる。各事業部には、研究開発、製造、販売などの機能があり、それぞれ自己完結して活動できることになっている。そして、３Ｍ社員は、所属する事業部から役割を与えられ、業務遂行に取り組んでいるのである。

新製品開発の進め方

３Ｍが注目されるのは、とりわけその新製品開発のあり方である。「イノベーションで成長する企業」となるために、社内のいたるところで新製品開発プロジェクトが稼働している。イノベーションの基盤となる51のテクノロジープラットフォームは、「事業部のものではなく会社のもの」とされ、多様な視点からの技術の活用、技術の組み合わせが起こるように工夫されている。

３Ｍの新製品開発・導入の流れは、基本的にはステージ・ゲートで捉えられる。たとえば最近までは、７つのステージからなる「NPI（ニュー・プロダクト・イントロダクション）」という流れで説明されてきた。７つのステージは、「アイデア創出」、「アイデアのコンセプト化」、「フィージビリティスタディ」の段階、そして「開発」、「量産化」、「市場投入」、「市場拡大」へと進む段階から構成される。

その様子は、次のように語られることもある。①世の中で技術革新や消費者ニーズの変化が生じ、３Ｍの社員の誰かがそれに気づく。②気づいた社員が自発的に研究を開始する。③その研究に共鳴する社員たちが集まり、インフォーマルな集団が形成される。④事業部長など、３Ｍのなかのスポンサーの目に留まれば、インフォーマルなチームは、正式プロジェクトに昇格する。⑤プロジェクトが発展し、ある一定以上の売上が認められれば、戦略的な視点で事業の運営が独立していくこととなる。一方、途中で多くのアイデアが消えてなくなり、「正式プロジェクトになったものの半分以上が失敗に終わる」ともいわれている。

このように、社員の自発的な探求心に始まる新製品開発プロジェクトは、段階的に経営資源を付与され、結果として売上がきわめて大きな規模になると、製品部や事業部にまで発展するというプロセスを経る。

新製品開発・導入における、「NPI」のようなステージ・ゲートは、とくに珍しいものではなく、他の多くの企業でもみられる。しかし、３Ｍの新製品開発のあり方で特徴的なのは、それが社員の自発的な探求心に始まる点である。とりわけ①～③のフェーズで示したように、社員は所属する事業部の上司からの命令によって行動するというよりも、社員自らの興味・関心がその始まりとなるのである。新製品開発プロジェクトの大半は、社員の自発的な取り組みが起点となっている。

Column10－1

イノベーションの源泉としてのネットワーク

ネットワークの分類軸として強い紐帯（強連結）と弱い紐帯（弱連結）という分け方がある。講義で学生らとの議論する中で、「君らにとっての強連結や弱連結は？」と尋ねても、これら2つの境界に戸惑う声もしばしば聞かれる。時間の経過とともに、2つの境界は曖昧なものとなる。とはいえ、この分類軸に関して、グラノベッター（1973）は「弱連結の強み」という興味深い主張をしている。網羅的に語るのは難しいが、弱連結は、接触頻度は低く、その存在は知っているという程度の人々とのつながりが典型とされる。しかし、そうした人々とのつながりから、異質な考え方や、普段は考えもしなかった発想がもたらされ、ひいては新しい世界へのつながりが開けるということを「弱連結の強み」と表現したのである。かのシュンペーター（1926）は、既存のものの新たな組み合わせから生まれるもの（新結合）をイノベーションと呼んだ。そう考えると、緩やかに結びついたネットワークの存在は大きい。

３Ｍの事例で見たように事業部を超えて技術が活用される源泉には、社員の弱連結が機能しているといえるかもしれない。ほかの企業においても、イノベーションの探索手段の１つとして、オープンイノベーションやコラボレーションを用いる機会が増えている。これらの現象も、「弱連結の強み」を求める行動と解釈されよう。

＊Granovetter, M. S. (1973) "The strength of weak ties." *American Journal of Sociology*, 78およびSchumpeter, J. A. (1926) *Theorie der Wirtschaftlichen Entwicklung.*（塩野谷祐一・中山伊知郎・東畑精一訳『経済発展の理論（上・下)』岩波書店1977年を参照。

イノベーション持続のための工夫

こうした社員の自発性を高めるために、３Ｍでは古くから、勤務時間の15％程度は自分の好きな研究に取り組むことを促す「15％カルチャー」や、上司に無断で研究に取り組む姿勢をよしとする「ブートレッギング（密造酒づくり)」といった行動様式を認めてきた。実際に、新製品開発を目指すインフォーマルなチームは、「15％カルチャー」や「ブートレッギング」を活用して、社員が自分の公式の役割を超えて形成されることが多い。そして、社員の自発的な挑戦が、たとえ失敗に終わったとしても、それをいちいちとがめないという姿勢（「失敗の許容」）を貫き、３Ｍのイノベーションを促進してきた。

３Ｍは、ニッチ・ビジネスにおける市場創造を目指してきた企業といえる。５万5,000種類の製品で321億ドルの売上高であるため、単純計算で、１製品当たり年間売上高は、日本円でおよそ6,200万円となる。１つひとつの製品の売上インパクトは小規模なものといえる。そのため、新製品開発プロジェクトへの資源投資の姿勢も、一気呵成に展開するというよりも、少しずつ様子をみながら展開するものであったといえる。少しずつ多くのことを試し、その中からうまくいきそうなものを発掘し、逆にそうではないプロジェクトからは早めに撤退するという方法が、ニッチ・ビジネスにおける市場創造に合理性を発揮してきたとみられる。そのことが、「正式プロジェクトの半分以上が失敗に終わる」ものの、「失敗の許容」を貫く姿勢に表れている。つまり、高い財務目標を実現する事業部制組織、新たなことを試行錯誤するインフォーマルなチーム、そしてそれを促進する行動様式が、巧みに組み合わされている点が３Ｍの強さの秘訣であったとみられるのである。

【写真10－3　最近の製品】

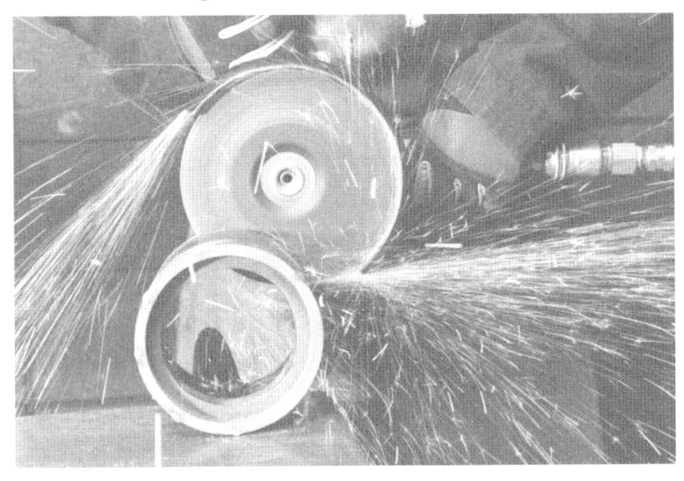

写真提供：スリーエム ジャパン

他方、３Ｍは歴史的にも事業領域、それを構成する製品をつねに入れ替えてきた。その中には、スピードや大規模な投資が求められる領域も含まれていた。ハイテクや医薬品などの分野がその例である。その過程では、開発の早い段階から経営陣が見込みのあるプロジェクトを見極め、そのプロジェクトに対して経営資源を傾斜的に配分して開発速度を引き上げる、ペーシング・プラスやアクセレレーション、I3（アイ・スリー）という名の仕組みが追加されることもあった。そのために、新製品開発プロジェクトの効率化を追求する試みも行われてきた。象徴的な「15%カルチャー」が問い直された時期さえあった。しかし、そうした問い直しには、「イノベーションで成長する企業」のあり方を不断に問い続ける姿が垣間見える。よって、長期にわたって3Mが新陳代謝してきたものは、製品や事業部の構成だけではない。新たな仕組みの導入においても、社員の自発性と、企業としての効率性との最適なバランスがつねに検討され、テコ入れされてきたのである。

3 組織構造のバリエーションと選択

職能別組織

多くの企業には、研究開発、製造、販売、技術、人事・経理（スタッフ）などの部門が存在する。企業内部をいくつかのグループに分けることを部門化というが、この場合のグループ分けは、ある程度の専門的な知識や技能を基準としている。こうした専門的な知識や技能を職能と呼び、職能の違いによって部門化を行う組織構造を、職能別組織という。職能別組織は、集権的な構造といわれる。研究開発、製造、販売、技術など、それぞれの部門は、部門として定められた職務の遂行に専念

【図10－1　職能別組織】

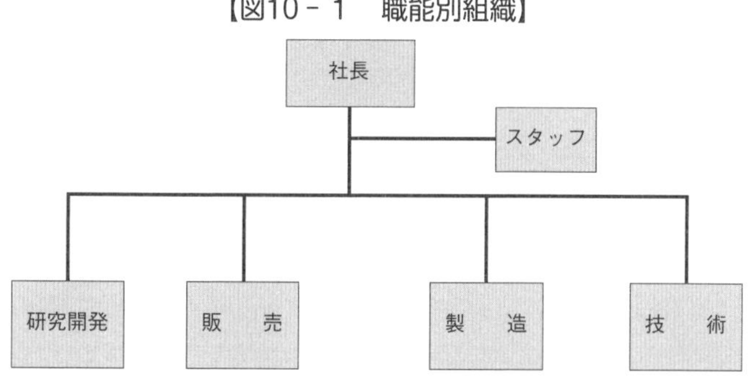

する。一方で、組織全体としての意思決定は、すべての部門を統括する形で、トップ・マネジメントが行うのが一般的だからである。

職能別組織は、専門の異なる部門ごとに編成されているので資源展開の重複や業務の重複を排除できる。社員の育成に関しても、各部門で職能を中心とした教育がなされるため、部門固有の知識や技能を学習しやすくし、高度な職能をもつスペシャリストを育成することができるとされる。しかし、職能別組織には、いくつかの限界も指摘される。１つは、集権的な意思決定の負荷の問題である。職能別組織では、各部門からの情報をトップが集約して総合的判断を下すことになる。よってトップ・マネジメントが収集・処理すべき情報の負荷が大きくなりがちで、市場の流れに瞬時に対応した意思決定が困難となることも考えられる。もう１つは人材育成に関する限界である。高度な職能形成の裏返しとなるが、組織全体の視点に立って判断を下していく、ゼネラリストの育成に向かないという指摘がある。

事業部制組織

３Ｍの事例でもみたように、扱う製品やサービスごとに部門化されるのが、事業部制組織の一般的な構造である。製品・サービスラインごとの単位を事業部と呼ぶ。それぞれの事業部には、研究開発、製造、販売、技術などの職能が含まれている。したがって、１つひとつの事業部が自己完結（自前で製品・サービスを開発、製造、販売することができる）しており、利益責任をもちうる。

このような事業部制組織のもつメリットは、意思決定がトップ・マネジメントに集中化する職能別組織に比べて、迅速な意思決定と対応が可能になることとされる。各事業部の責任者が意思決定を行うからである。事業部制組織は、分権的な組織構造といえるのである。それぞれの事業部が自己完結しているため、事業部間に競争意識をもたらすことが可能となる。競争意識を高めることは、組織の活性化に通じるばかりでなく、企業全体の利益向上をもたらす可能性もある。人材育成の面でも、各事業部が利益単位となることから、研究開発、販売、製造、技術などの職能を総合的に理解・判断できるゼネラリストの育成に適しているといわれる。一方で、事業部制組織にもいくつかのデメリットが考えられる。各事業部門がそれぞれ意思決定を行うため、組織全体としてみれば、経営資源の重複や業務の重複が起こりうるのである。他の事業部に対する強い競争意識をもつほど、部門（事業部）間での調整が難航することが予想される。さらに、人材育成面についてみれば、１つの職能

【図10－2　事業部組織】

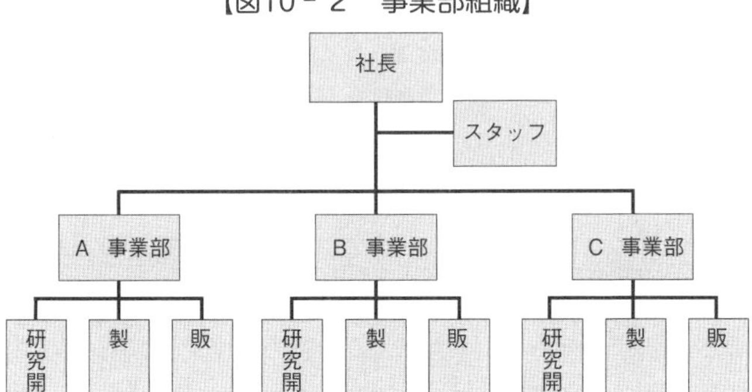

に特化したスペシャリストを求めると、事業部制組織のメリットが追求できなくなるという側面をもつ。

しかし、現実には多くの組織が、この事業部制を基本とする組織構造を採用している。この事実は、他の組織構造に比べて、事業部制組織が何らかの優位性をもつことを示している。他方ここで見た、職能別組織と事業部制組織のもつデメリットの補完を目指す組織構造や仕組みも存在する。たとえば、関連性の高いいくつかの事業部をグループ化することで事業部制による経営資源や業務の重複を調整しようとするものが、事業本部制の導入であろう。また、次にみるマトリクス組織は、職能別組織、事業部制組織の双方のメリットを取り入れようとするものである。

マトリクス（matrix）組織

異なる事業部間であっても、共通利用できる経営資源が存在することや、互いの事業が高いシナジー効果を生み出すことがある。このような場合には、製品・サービスによる分類軸だけでなく、職能の軸を重ね合わせることで、事業部横断的な判断が求められる。職能別組織や事業部制組織のように単一の命令系統から編成されるのではなく、複数の命令系統から組織が編成される組織をマトリクス組織と呼ぶ。製品・サービス（あるいは顧客・地域）に関する命令系統と職能に関する命令系統など、2つ以上の命令系統を重ね合わせた組織構造がその典型である。マトリクス組織の場合、たとえば、自動車を扱う事業部（製品軸）の一員でありながら、同時に全社のマーケティング部門（職能軸）の一員でもあるひとりの人材を配置する。それによって、自動車を扱う事業部の利害を考えながらも、他の事業部が扱う別の

【図10－3　マトリクス組織】

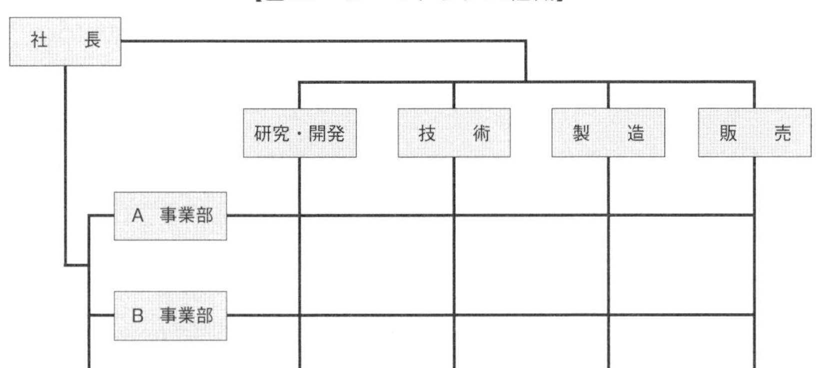

製品との関係性を含む全社的なマーケティングの視点を取り入れていくことが期待されるのである。

このようにマトリクス組織では、理念的には複数の命令系統の流れを汲む社員が部門間の調整に威力を発揮することが期待される。しかし現実には、少なくとも2つの命令系統を通じてひとりの社員に圧力が加わることになる。このような状態をツーボス・システムと呼ぶ。ツーボス・システムの下では、どちらの意向・利害を優先すべきかについて、意思決定に混乱を招く恐れがあることも考えられる。

どのような組織を選択するか

上にみたように、組織構造には3つの基本的な分類がみられ、それぞれに、メリットもデメリットも存在する。そんな中で、経営学者たちは、どのような組織構造ならば優れた経営成果をもたらしうるか、その答えを求めてきたのである。一般に、企業が単一の製品やサービスを供給している場合には、職能別組織が高い経営成果を生み出せると考えられた。しかし、多くの企業は成長を目指して、多角化に向かうようになる。多角化戦略を採るようになると、取り扱う製品やサービスごと、あるいは、ビジネスの対象とする顧客や地域などを軸とした部門化、つまり事業部制組織への移行が見られるようになる。つまり、ビジネスの幅が広がると、組織構造もそれにあわせて変化するという現象がみられたのである。そこから、「組織は戦略に従う」（チャンドラー）という命題も生まれたのである。

また、3つの基本的な分類だけではなく、社員間の結びつき方や役割分担のパターンを切り口として、優れた組織のあり方が議論されてきた。初期のころは、いかなる経営環境においても優れた経営成果をもたらす、唯一絶対の組織がどのようなものであるかが模索された。その答えとして浮かび上がったのは、軍隊をモデルとするものであった。軍隊のように、社員の役割・権限・責任が明確に定められ、専門的な教育が徹底して施され、上から下への（トップダウンによる）命令系統も確立した組織である。官僚制組織と名づけられる組織である。こうした組織は、役割分担の明確化により効率化がもたらされ、正確でスピードがあり、徹底した教育により常に代役を果たせる社員を育てていることから、組織の継続性にも有効と考えられた。しかし、ここまで役割分担を徹底して、みんなが軍隊のように命令ひとつで動くような組織は、不測の事態に対処できない。些細なことであっても融通が利かないなど、その弱点が指摘されるようになった。

こうした議論からもわかるように、いかなる環境でも高い成果を上げられる、唯一絶対の組織構造などないという考えが登場することとなった。むしろ、最適な組織構造は、企業が置かれている状況によって異なるという見方である。企業の置かれている状況とは、たとえば、企業が取り扱う技術が高度な場合とそうでない場合、製品の入れ替わりが非常に激しい場合とそうでない場合、ビジネスの対象とする顧客が広範である場合とそうでない場合など、多様な切り口がある。

たとえば、企業が扱っている製品・サービスが、非常に長期にわたって安定的に売れ続けている場合と、逆に非常に短いサイクルで成熟を迎えてしまう場合とを考えてみよう。製品・サービスの寿命が長く非常に安定的な場合は、上で見た軍隊のように、社員の役割が明確に規定され、命令系統もはっきりとした組織構造が適していると考えられる。逆に、製品・サービスの寿命が非常に短く、常に新しいイノベーションを求められる場合には、むしろ、社員がインフォーマルに結びつき、社員間の話し合いや協力の中で役割が規定され、その場面でもっとも専門性の高い社員に権限やパワーが移行するような、より柔軟な組織構造が適していると考えられるのである。

また、企業がビジネスの対象とする技術を切り口として考えることもできる。たとえば、大量生産が求められる場合には、繰り返し業務や効率化に優れている軍隊のような組織構造が適していると考えられる。一方で、少量の受注生産や装置生産などの場合には、不測の事態への対応や創造性を発揮しうる、より柔軟な組織構造の方が高いパフォーマンスをあげると考えられるのである。

4 ブレークスルーを生み出すためのさまざまな仕組み

タスク・フォース（プロジェクト・チーム）

上で見た職能別組織、事業部制組織、マトリクス組織のいずれかの組織構造を選択しながらも、多くの企業は、新たな事業領域を求めるための、さまざまな仕組みを取り入れている。代表的なものを見ていこう。

特定業務を達成するために編成される協働チームのことをタスク・フォースと呼ぶ。特定業務には、既存の思考の枠組みでは解決困難と思われる問題を扱うことが含まれている。したがって、事業部の枠組みを離れてチームが形成されることも多い。そして、目的とした特定業務が達成されれば、チーム自体が解消される一時的な編成といえる。また、３Ｍの事例でみたような新製品開発のためのプロジェクト・チームも、タスク・フォースの一種といえるであろう。

既存の事業部の利害関係にとらわれずにブレークスルーを起こし、新たな発想での問題解決がもたらされることや新製品が生み出されることが期待される。そのためには、タスク・フォースやプロジェクト・チームに対する経営陣からの理解と支援が不可欠である。経営陣の支援として、古いものを守ろうとする社内の政治プロセスや集団圧力に対する防波堤としての役割も期待される。

SBU（Strategic Business Unit）の枠組み

SBUは戦略事業単位と呼ばれ、より効果的な資源展開と戦略策定を考えるための、部門化の枠組みである。事業部制組織を基盤としつつ、個々の事業や製品を、意味のあるまとまり、すなわち相互に結びつきが強く、そのまとまりで戦略を企画・実行できるグループとして捉えなおす枠組みである。1970年に事業部制組織を採っていたGEに採用されたことで有名である。

もともと事業部制組織は、それぞれの事業部が自己完結的であるため、独自の戦略策定と実行が可能であることはすでに述べた。しかし、市場の変化に対応していくうえで、既存の事業部という分析単位で考えることが、必ずしも適切でない場合

Column10 - 2

組織ライフサイクル論と戦略駆動力

組織ライフサイクル論というのは、創業から年数を重ね、成長を遂げる各段階で、企業が直面する課題を提示したものである。たとえば、創業期、形成期、確立期、成熟期などの段階に分けられる。一般に、活気のある創業期で飛躍して、新たなメンバーが加わる形成期にかけては、企業の目指すべき道筋（経営理念）が示される必要があるという。さらに成長を遂げ、形成期から確立期に至る段階では、創業者のカリスマ性に依存する段階から、それに代わる仕組みづくりを行う必要があるという。本章で見た組織構造の選択やそれに重ね合わされるさまざまな仕組みの追加がその例となる。一方、戦略駆動力の概念は、加護野（2003）によって提唱された。この概念は、「組織の集合的な志」ともいえ、企業の戦略創出と実行のためのエネルギーともいえる。組織ライフサイクル論の各段階で、企業が直面する課題は、根本的には戦略駆動力の盛衰に関わっているといえる。とりわけ、成熟期の段階に入った企業では、組織の集合的な志である戦略駆動力も挫かれがちであるといえる。そのテコ入れは、創業期からの成り立ちを基盤とする、企業の生きざまを問うものとなりそうである。

＊加護野忠男（2003）「戦略駆動力を理解しよう」、『一橋ビジネスレビュー』第51巻1号、84-85頁を参照。

も多い。新たな成長領域や収益源が、既存の事業部を超える発想を必要としたり、逆に、ある事業部のごく一部の事業に集約されたりする可能性があるからである。そこで事業部という既存の利益単位を離れ、企業にとって戦略的に意味のあるまとまりを浮かび上がらせ、そのまとまりごとに事業や製品を再評価する試みが、SBUの枠組みに期待されるのである。SBUは、製品軸と戦略立案機能の軸を重ね合わせているという点で、マトリクス組織の要素を取り入れる試みともいえる。結果的に、その事業や製品を提供している事業部（の単位）とは異なるまとまりとして描き出されることが多い。SBUのメリットは、1つの事業部の枠組みにとらわれることなく、多様な視点を融合する機会となる点である。事業部間の壁を越えて、情報の統合が可能になるといえる。

社内ベンチャー制度

社内ベンチャー制度は、企業における新たな事業機会探索のための仕組みである。したがって、組織構造の基本的なバリエーションを基盤として構築される仕組みである。

社内ベンチャーは、通常は、アイデアの源泉と案件化（提案）、案件の審査、経営資源の付与とプロジェクトの開始決定、プロジェクトの経過観察、経過観察にもとづく判断（継続か撤退か）といった流れを経る。しかし、それぞれの局面を実施するための仕組み、そして決定と実行の主体が誰であるのか。さらには社内ベンチャーの使命や規模などにより、その様相は企業ごとに違いを生み出すといえる。たとえば企業の次代の事業ドメインを担うような新事業創造が使命であり、投資規模も大きな場合には、社長自らが陣頭指揮をとり、社長を中心に頻繁な経過観察が求められるかもしれない。

他方、上にみた３Ｍのように、新製品開発が日常業務化しているような場合には、案件審査も比較的緩やかで、とりあえず自律的な社員を中心に始めてみるという姿勢が求められるかもしれない。

5　おわりに

組織構造をめぐる議論は、基本的なグループ分けとして、職能別組織、事業部制組織、マトリクス組織に集約することができる。しかし本章でみたように、同じ組織構造をとりながらも、タスク・フォースやプロジェクト・チーム、SBUの枠組み、社内ベンチャー制度など、さまざまな仕組みが企業に取り入れられている。時にはインフォーマルなチームが機能することもある。つまり、企業の組織のあり方は、多様性に富んでいるといえる。唯一絶対の組織が存在するわけではなく、企業は自らの属する産業特性や産業における自社のポジションによって、組織のあり方を選択する必要があるといえる。

同時にわれわれが注目しなければならないのは、社員の行動を規定するものが、必ずしも組織構造が示す形式的な役割にとどまらない点である。たとえば、社内ベンチャー制度がどの程度活発化するかという問題は、単にその仕組みだけをみてもわからない。

80年代の企業文化ブームにおいては、組織構造や事業システムなど観察可能な要素だけでなく、企業文化のような目に見えない要素が社員の行動に強い影響を与えることが指摘された。たとえば、マッキンゼーの７Ｓモデルの議論では、戦略、組織構造、システムといった要素（ハードの３Ｓ）に加え、スキル、行動様式、スタッフ、そして共有される価値観といった要素（ソフトの４Ｓ）が注目され、企業経営を語る上で、これら７つの要素の適合関係が重要であるという主張が注目された時期もある。

?考えてみよう

[予習のために]

決まったことを確実に、繰り返して行うことが求められる業務と、これまでにない何か新しいことを生み出すことが求められる業務とでは、業務を推進するための組織のあり方が異なると思われます。それぞれどのようなあり方が適していると思いますか。

[復習のために]

1. ３Ｍにおける新製品開発は、その組織構造が定める役割分担を越えて多くの社員が結びつきをもつことで実現されています。社員が事業部の壁や役割を超えて活動することがテクノロジーとアイデアの交流を促進します。このような社員の自発的な行動を促進するためにあなたならどのような工夫を施すか、事業部長の立場になって考えてみてください。
2. ３Ｍの新製品開発では、正式プロジェクトの半分以上が「失敗に終わる」一方で、「失敗を許容する」姿勢が貫かれています。もし、３Ｍの新製品開発プロジェクトの成功確率が、いま以上に引き上げるとするなら、どのような仕組みを追加しますか。

主要参考文献

佐藤郁哉・山田真茂留『制度と文化—組織を動かす見えない力』日本経済新聞社、2004年。

A. D. チャンドラーJr.（有賀裕子訳）『組織は戦略に従う』ダイヤモンド社、2004年。

次に読んで欲しい本

加護野忠男『経営の精神―我々が捨ててしまったものは何か』生産性出版、2010年。

河合篤男・伊藤博之・山路直人『100年成長企業のマネジメント―３Ｍに学ぶ戦略駆動力の経営』日本経済新聞出版社、2017年。

第11章

ミクロ組織のマネジメント

「みんなのやる気を高めるには？」。企業活動のみならず、身近なサークル活動の場などにおいても上級生となれば頭が痛い問題であろう。仕事の役割分担や責任の所在などが決められたところで、そもそも、各人に働く意欲がなければ、どうしようもない。本章では、人をやる気にさせるにはどうすればいいのか、また、それに関わってのリーダーシップの問題などについて学んでいくこととしよう。

1 はじめに

役割分担や責任の所在にかかわる組織構造の問題とともに、組織のマネジメントにおいて重要なのは、いかにして社員（人間）をやる気にさせるか（動機づけるか）である。企業は人間の集団である。そして人間の行動がやる気によって大きく左右されるということを考えれば、いかにして社員をやる気にさせるかというのが、企業経営におけるもっとも基本的かつ重要な問題の１つだということがわかるだろう。

社員のやる気はいろいろな要素に影響される。本章では、そのなかでももっとも影響力が大きいと考えられる２つの要因、すなわち、①社員にインセンティブ（人をやる気にさせる要因）を与える仕組みである「インセンティブ・システム」の設計と、②部長や課長といった職場のリーダーの部下にたいする影響力である「リーダーシップ」のあり方に注目して、「社員のやる気をいかにして高めるか」という問題について説明する。

はじめに、この問題について考えるための手がかりとして、社員のやる気を会社の生命線と位置づけ、独自の取組みでそれを高めてきた未来工業の事例についてみていくとしよう。

2 事例：未来工業

未来工業の概要

未来工業は、岐阜県安八（あんぱち）郡輪之内町に本社をおく電気配線設備資材（電設資材：電灯のスイッチやコンセントの裏の配線ボックスなど）のメーカーである。同社は1965（昭和40）年８月に山田昭男（2000年まで代表取締役社長）らによって、資本金50万円、社員４名で設立された。

当初の売上は月間20万円程度であった。しかし、「日本ではじめて」、「常に考える」を合い言葉に、新しいアイデアを次々に提案、商品化することで、電設資材と

【写真11－1　創業者：山田昭男】

写真提供：未来工業株式会社

いう成熟市場において、松下電工（現・パナソニック）をはじめとする先行企業のシェアを奪いながら、1973年には月間1億円、1991年には年間240億円の売上を実現し、2006年には名古屋証券取引所第二部、さらに2018年には東京証券取引所第一部への株式上場を果たした。主力製品のスイッチボックスをはじめとする電気設備資材などで売上げを伸ばし、2020年3月の決算において、売上高350億

【写真11－2　社是・「常に考える」】

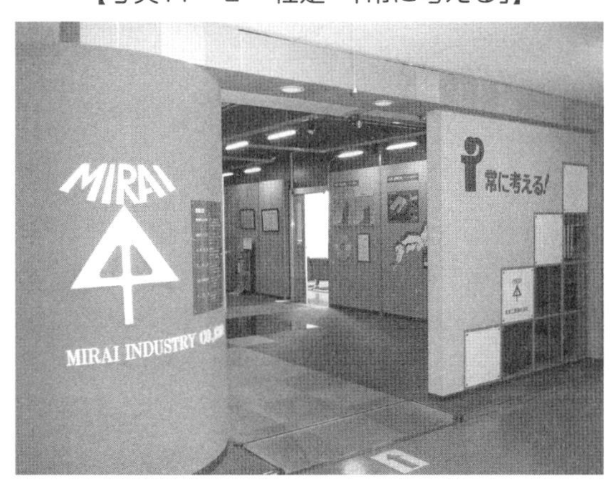

写真提供：未来工業株式会社

【写真11－3　主力製品のスイッチボックス（SBO)】

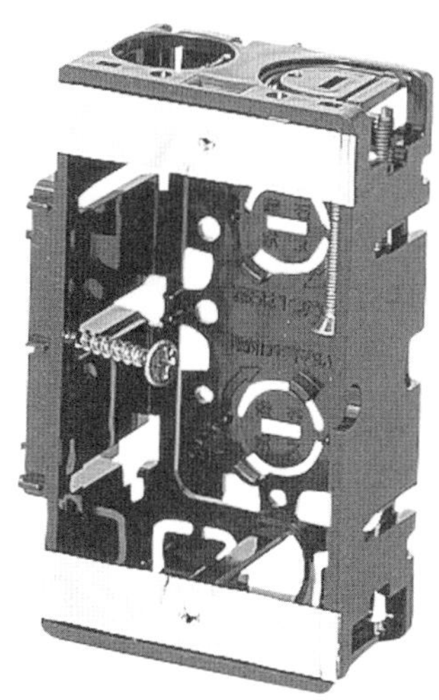

写真提供：未来工業株式会社

円、営業利益40億円以上をあげるまでに成長しつづけている。

このように急成長を遂げ、その後も高業績を維持している未来工業では、創業者である山田の「(社員に）やる気を起こさせれば、会社というのはぜったいに回っていく」（山田自身の著書である『楽して、儲ける』より）という持論にもとづき、社員のやる気こそが経営のベースと位置づけられ、それを高めるため、きわめて大胆で常識に反するようにもみえる独自の取組みがなされている。

「不満・不安の排除⇒やる気」

未来工業では、「やる気のないことの裏には不満がある（前掲書)」として、社員の不満や不安を徹底して取りのぞくことで、社員のやる気を高めようとしている。具体的には、社員が抱きがちな「給料が安い」「休みが少ない」「残業時間が長い」「同じ仕事なのに正社員とパートでは給料が違う」「老後が不安」「安心して出産できない」などの不満や不安が生じないように、「地域トップクラスの給与水準」「年末年始の19連休、ゴールデンウィークおよび夏季休暇の10連休を含む年間140日の休日」「残業ゼロ」「全社正社員」「定年70歳」「３年間の育児休暇」を実現させている。

さらに驚くべきことに、売上などにかかわる目標やノルマは社員にとって本質的に嫌なものであるという考えから、未来工業では、それらが設定されていない。また、成果にもとづいて給与などを決定すると、どうしても不満が生じるので、それを避けるため、社員は原則的に個人の成果にかかわりなく年功序列で一定の給与を受け取れるようになっている。

「成果⇒報酬」ではなく「報酬⇒成果」

今日、多くの会社は、成果に報いることでやる気を引きだそうとしている。成果主義の人事評価制度はその典型である。しかし、このような未来工業のやり方はそれとはまったく逆で、さきに会社の側が社員にできる限りのものを与えることで、社員のやる気を高めようとしたものであるということができる。

これはたしかに働く人にとってとても優しい仕組みであるが、このような仕組みのもとでは、頑張っている社員から不満が生じたり、社員はもらうものだけもらっておいて仕事をしなくなるのではないかという疑問が生じる。しかし、未来工業においては、年功序列の給与体系は不公平だという社員の「不満」にたいして、社長が「働くな。働かなければ不満も起きないだろう」（前掲書）といって説得することこそあったものの、それで社員が働かなくなるということはなかった。むしろ全体としてみれば、「働くな」といわれても、１つには、ここまで会社にやってもらったのだから、それに見合うだけの働きをしないといけないという気持ちから、２つには、この仕組みを守るためには、利益を出しつづけないといけないという気持ちから、目標やノルマがなく、成果が報酬と直接連動していないにもかかわらず、多くの社員が仕事に自主的かつ積極的に取り組むようになったと考えられている。

「任せる」リーダーシップ

独自の成果と報酬のあり方（＝インセンティブ・システム）にもとづいて、社員のやる気を引きだしている未来工業にあっては、リーダーシップのあり方も特徴的である。未来工業では、「社員に能力を発揮する場を与えてやるべきだ」「（できるかどうかは）やらせてみなければわからない（いずれも、山田の著書より）」という考えから、社員はどんどん重要な仕事（や役職）を与えられ、それぞれの持ち場

Column11－1

「年功制か成果主義か。それが問題……ではない」

年功制とは、年齢や勤続年数に応じて給料やポストを決定するという人事制度である。多くの日本企業によって採用されてきた年功制は、いわゆる日本的経営のエッセンスであり、日本企業の競争力の源泉であると考えられてきた。しかし、1990年代以降の経済活動のグローバル化、情報技術の発展をはじめとする急激な環境変化、そのなかでの日本企業の業績低下とともに、年功制（および日本的経営）の問題点や限界、具体的には、若くて意欲的な社員のやる気を削いでしまう可能性があること、不確実性の高い環境のもとで年功制そのものを維持することの難しさなどが指摘されるようになった。そして、年功制に代わるものとして、成果主義、すなわち、具体的な課題や目標にたいする達成度に応じて給料などを決定するという人事制度が注目を集めるようになった。成果主義はより直接的かつ目にみえるかたちで従業員の欲求に働きかけ、モチベーションを向上させようとするものである。多くの日本企業が、この一見したところ、単純、公平で合理的にみえる制度を導入してきた。しかし、ここまでのところ、成果主義は、社員のモチベーションを全体的に高めたというケースは少ない。むしろ、成果の測定、評価にたいする不信、不満などから、結果として、社員のモチベーションを削ぐという結果に終わることの方が多いとさえいわれており、最近では、年功制の意義があらためて見直されている。

一方、人事制度のあり方にかんする議論においては、いまだに「日本型人事制度の崩壊」、「年功制の終えん」、あるいは「成果主義の失敗は当然である」といった極端な表現が目立つ。これらの表現に象徴されるように、人事制度の設計を「年功制か成果主義か」という二者択一の問題へと単純化してとらえようとする傾向が少なからずある。しかし、上述の近年の年功制と成果主義をめぐる日本企業の動向が示しているように、人事制度の設計はそんなに単純なものではない。むしろ最適解は両者のバランスをいかにとるかに求められるべきであろう。その最適なバランスを求めるためには、自社をとりまく社会的、文化的、経済的環境とともに、社員の多様な仕事内容や欲求をしっかり考慮しなければならない。もちろん、それにはかなりの手間がかかると考えられるが、社員のやる気がもつ価値を考えれば、いくらかけてもかけすぎということはないであろう。

を任されている。社長の目から見て間違っていると思えるようなことであっても、まず、やらせてみるという方針が徹底されている。たとえば、日々の仕事の進め方にかんして、一般に組織の基礎といわれる「ホウレンソウ（報告・連絡・相談）」は原則的として必要のないものとされ、社員の自主性が最大限尊重されている。さらに新工場の土地の選定といって大きな意思決定においてさえ、社長の命を受けた社員に一任されるといったことがなされている。もちろん、社員が期待通りの成果をあげられなかったり、大きなプロジェクトが失敗に終わることもあった。しかし、全体としてみれば、このような徹底して任せる、山田の言葉を借りれば「よきに計らえ」というリーダーのもとで、個々の社員のやる気や能力を高めることによって、未来工業は会社そのものの活力、能力を向上、進化させてきた。

未来工業では、「不平不満を排除する」、「報酬⇒成果」のインセンティブ・システム、「任せる」リーダーシップによって社員のやる気を高めてきた。その積み重ねが、新製品開発や新規の顧客開拓という形で実を結び、同社に急成長と高業績をもたらす原動力になったと考えられる。とはいえ、未来工業を模倣したからといってうまくいくとは限らないし、未来工業とは異なる方法で社員のやる気を高めている会社があるのも事実である。その意味で、どのようなインセンティブ・システム、リーダーシップが良いのかという問題にかんしては、絶対的な正解は存在しないのかもしれない。しかし一方で、社員のやる気を高めるために理解しておくべきこと、守るべき原則はあるのもたしかである。以下、この点について説明するとしよう。

3　インセンティブ・システムの設計

欲求とインセンティブ

本章の冒頭でも述べたとおり、インセンティブとは、ヒトをやる気にさせる要因（誘因）である。基本的には、インセンティブは組織からヒトに与えられるものであり、ヒトに本来備わっている欲求を刺激することによって、ヒトのやる気に影響をおよぼす。インセンティブ・システムの設計に先だって、なによりもまず、ヒトがどのような欲求をもっているのか、組織がその欲求を刺激するインセンティブとして、なにをヒトに与えることができるかを理解しておかなければならない。

【図11－1　マズローの欲求階層説】

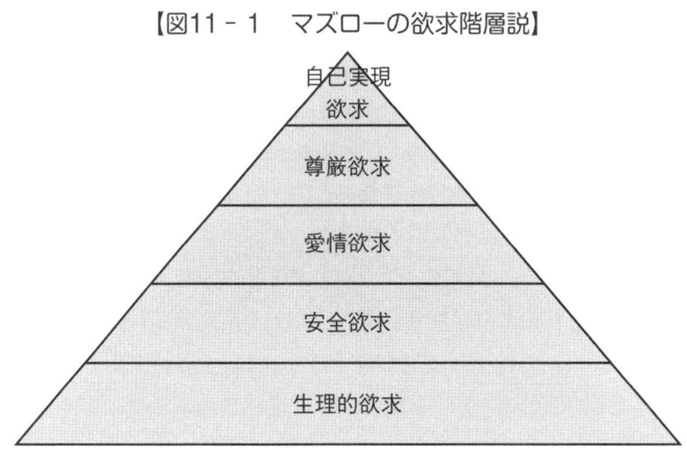

欲求にかんしていえば、一般に、さまざまな欲求が階層構造をなしていると考えられている。その代表的な理論であるマズローの「欲求階層説」によると、人間の欲求には、①食物や睡眠などの生命維持に必要な要素を求める「生理的欲求」、②住居、衣服や貯金などのより安全、安心な生活に必要な要素を求める「安全欲求」、③他人との友情、協働や人間関係を求める「愛情欲求」、④他人に尊敬され、昇進などによって報われたいという「尊厳欲求」、⑤自分の潜在能力を最大限に発揮したいという「自己実現欲求」という５つがあり、これらが階層構造をなしている。

人間はまずもっとも低次の欲求、すなわち、生理的欲求によって動機づけられる。それが満たされると、次のより高次の欲求である安全欲求によって動機づけられていくというように段階的に動機づけられていく。最終的には、もっとも高次の、そして決して満たされることのない欲求である自己実現欲求によって動機づけられる。このプロセスにおいては、より低次の欲求が満たされない限り、高次の欲求はモチベーション要因として作用しない。逆に、低次の欲求が適度に満たされると、そのレベルの欲求はやる気に影響をおよぼすもの（モチベーション要因）として作用しないとされる。

一方、インセンティブにも多様性がある。多くの人々が具体的なインセンティブとしてイメージするのは、金銭的なインセンティブ（昇給やボーナスなど）であろう。これらはたしかに強力かつオールマイティなインセンティブである。しかし、企業は社員に与えられるのは金銭的インセンティブだけではない。たとえば、職場の居心地をよくすることや社員のがんばりをきちんと評価することは、社員の愛情欲求や尊厳欲求を刺激することにより、社員にやる気を起こさせ、みんなで力を合わせて働こうという意識をもたらすという意味で、社員にたいするインセンティブになりうる。

企業が掲げる理念、ビジョンも社員にたいする大きなインセンティブになりうる。企業がそれらを社員に受け入れさせることができれば、理念やビジョンは社員の尊厳欲求や自己実現欲求を刺激し、社員はその実現にむかって熱心に仕事に取り組むようになると考えられるからである。さらに社員が仕事をうまくできるような状況をつくること、あるいは社員が自分のやりたい仕事にチャレンジできるような制度をつくることもまた、社員の自己実現欲求を刺激することによって、社員のやる気を引き出せるという意味において、社員に対する大きなインセンティブになるといえるだろう。このように企業は社員にたいして金銭的インセンティブ以外のさまざまなインセンティブを提供できる。しかも、そのなかのいくつかのインセンティブは、金銭的インセンティブでは十分に訴えかけることのできない比較的高い次元の欲求を刺激するものであるということを考えれば、社員をやる気にさせるうえで、きわめて重要な意味をもっているといえる。

インセンティブの組み合わせ

このようにヒトの欲求と組織がヒトに与えることができるインセンティブには、それぞれ多様性がある。したがって、インセンティブ・システムの設計にあたっては、多様な欲求に対応して多様なインセンティブをいかにして提供するか、すなわち、インセンティブをどのように組み合わせるかが重要な問題になる。

インセンティブの適切な組み合わせのためには、少なくとも以下の２点を考えに入れておかなければならない。１つは、きわめて強力かつオールマイティな金銭的インセンティブには、限りがあるということである。どのような組織でも無尽蔵にお金をもっているわけではないのである。もう１つは、ある人に与えてしまうと、他の人には与えられないという排他的なインセンティブが存在するということである。たとえば、地位やポストなどはその典型である。このようなインセンティブには、それを与えられた人をやる気にさせる一方で、与えられなかった人のやる気が失われる可能性が高くなるという危険性があるのである。

これらの点を考慮すると、インセンティブの組み合わせについての２つの基本的な原則が導き出される。１つは、より多くの人が何らかのインセンティブを得られるように、それぞれ性質の異なる多様なインセンティブを組み込むことである。もう１つは、インセンティブが不足するということのないように、金銭的インセンティブなどの限りのあるインセンティブに依存しすぎないということである。

インセンティブの分配

インセンティブ・システムの設計におけるもう１つのポイントは、インセンティブをどのように分配するかという問題である。もちろん、組織への貢献を分配基準にすべきなのはいうまでもない。しかし、組織への貢献をどのように測定、評価するのかについては、いろいろな考え方がありうる。インセンティブの分配基準にかかわる問題は、組織への貢献をどのように測定、評価するのかという問題、具体的には、組織への貢献を「短期的に測定するか長期的に測定するか」、「個人レベルで評価するか集団レベルで評価するか」という２つの問題にいきつく。

これらの問題が生じるのは、組織に貢献する組織のメンバーの行動には以下のような特性があるからである。すなわち、短期か長期かという問題が生じるのは、社員の行動には比較的短期間で目にみえる成果が現れるもの（たとえば、営業、販売活動）と、長期的にみないと成果がわからないもの（たとえば、基礎的な技術の研究開発、職場の雰囲気作り）があるからである。また、個人か集団かが問題になるのは、企業においては、社員はまったくの１人で行動することはなく、多かれ少なかれ社員のサポートを受けている。しかし、その一方で、具体的な成果についてみれば、それにかかわったすべての社員の行動が同じような重みをもっているとは限らず、むしろ特定の社員がきわめて大きな役割を果たすということも少なくないからである。

このようにインセンティブの分配基準を決定するということは、企業への貢献の測定、評価の基準をそれぞれ「短期－長期」、「個人－集団」という２つの軸のうえに位置づけるということを意味している。では、その測定、評価の基準をどのように位置づければよいのか。この問題についても明確な解答は存在しないと考えられるが、社員による企業への貢献のあり方が多様である以上、それを測定、評価する基準をそれに合わせて多様化すること、つまり、「短期－長期」、「個人－集団」という２軸上でさまざまな位置づけをもつ多様な測定、評価の基準を組み合わせてもつ必要があることはたしかであろう。

以上、ここまではインセンティブの組み合わせ、インセンティブの分配基準の２

Column11－2

ご褒美をもらえると、やる気がなくなる？アンダーマイニング効果

子供のころ、成績が上がったらお小遣いをあげるよとか、欲しいものを買ってあげるよと言われて、勉強を頑張ったという経験があるという人は少なくないであろう。これはお金や欲しいものといった他者から与えられるであろう「外発的報酬」によって、やる気が高まった例といえる。この例からも分かるように、基本的には、外発的な報酬は、やる気を高めるのに大きく役立つものであるといえる。しかし、外発的報酬はいつもやる気を高めるとは限らない。たとえば、外発的報酬は「誰に」、「何を基準にして」、「どのように」与えられるかによっても、やる気に与える影響が少なからず異なることが分かっている。さらにいえば、自ら進んで仕事や課題などに取り組んでいるとき（＝内発的に動機づけられているとき）には、外発的報酬は人のモチベーションを下げることさえある。このように外発的報酬によってモチベーションが下がる現象は、アンダーマイニング効果と呼ばれている。アンダーマイニング効果は、外発的報酬の提供によって、仕事や課題は「他者から課せられた義務」であると感じられるようになるのにともなって、仕事や課題そのものに感じていた面白さや達成感、すなわち、内発的な動機づけが失われてしまうことによって生じるものと考えられている。これらの事実は、外発的報酬は、やみくもに与えればよいというものではなく、それを受ける側の状況をよく理解したうえで適切に与えなければならないということを示しているといえる。

点に注目して、インセンティブ・システムの設計のための基本原則についてみてきた。これらがインセンティブ・システムの設計のポイントである。しかし、それだけがすべてではない。この２点以外にも、インセンティブ・システムの設計にあたって考慮に入れなければならない事柄は多い。まず、もっとも基本的な前提として、人々をやる気にさせるためには、インセンティブ・システムは人々に納得してもらえるものでなければならない。さらに、インセンティブ・システムの有効性は企業をとりまく社会経済的環境、企業組織内部の他のシステムや社員の性格などに大きく影響されるということを考えれば、その設計にあたっては、これらの要因も考慮したうえで、インセンティブの組み合わせや分配基準を決定する必要があると

いえる。

4 リーダーシップ

リーダーシップの源泉

社員のやる気に大きな影響をおよぼすのは、インセンティブ・システムだけではない。職場におけるリーダーの部下への影響力、すなわち、リーダーシップのあり方もまた、社員のやる気に大きな影響をおよぼす。ここでは、部下への影響力としてのリーダーシップの源泉、リーダーシップのあり方（リーダーの行動）の基本的な類型を明らかにしたうえで、望ましいリーダーシップとはいかなるものかについて説明する。

リーダーはリーダーであるというだけでリーダーシップを発揮できるわけではない。それを発揮できるかどうかは、そもそも部下がリーダーをリーダーとして認めているかどうかに依存している。部下にリーダーを認めさせるためには、リーダーには以下のような力が備わっていなければならない。１つは、適切な判断力と行動力である。リーダーが状況に応じて適切に判断、行動できれば、そのリーダーは部下から信頼を得て、リーダーシップを発揮しやすくなる。２つは、人間的な魅力である。たとえば、仕事にたいするストイックな姿勢、人間的な優しさ、知性や教養などが備わっているリーダーはそうでないリーダーにくらべて人間としての魅力があり、部下からの尊敬や信頼を集めやすい。人間的な魅力にもとづく尊敬や信頼が得られれば、リーダーの指示、命令に多少の無理があったとしても、リーダーのために働こうとするだろう。３つは、部下に報奨や懲罰を与える力である。つまり、自分の指示、命令に従った部下には報奨を、従わなかった部下には懲罰を与える力である。このような力は上記２つとは異なり、もともとリーダーがもっているものではなく、組織からリーダーに与えられるものである。したがって、リーダー自身がこれらの力を左右できる余地は少ない。しかし、これらの力が与えられなければ、リーダーはリーダーシップを十分に発揮できないだろう。

リーダーの行動

これらの力を備えたリーダーだけが、自らの行動をつうじて部下に影響力を行使できる。基本的には、リーダーの行動は仕事そのものの遂行にかかわるものと、人間関係や職場の雰囲気作りにかかわるものの２つに集約されると考えられている。これらの２つの次元については、多くの研究者が多様な呼び方をしている。たとえば、リーダーシップ研究の草分けであるオハイオ研究においては、前者は「構造づくり」、後者は「配慮」と名づけられている。オハイオ研究とともにリーダーシップ論の双璧とされるミシガン研究では、両者はそれぞれ「タスク志向」、「人間志向」と名づけられている。

さらに日本の代表的な研究者である三隅二不二は同じく「課題遂行（P)」、「集団維持（M)」と呼んでいる。これらの次元はまったく同じとはいえないが、基本的に類似した内容を示している。具体的には、前者には、全体的な目標を決める、個人の役割分担を明確にする、仕事のスケジュールや手順を決め、それを遵守させるといった行動が含まれる。一方、後者には、部下の個人的な相談に乗る、部下を平等にあつかう、部下をきちんと評価するといった行動が含まれる。

有効なリーダーシップ・スタイル

人をやる気にさせるリーダーシップとはいかなるものかという問題にたいしては、普遍主義理論とコンティンジェンシー理論（条件適応理論）という２つのアプローチがある。

普遍主義理論とは、普遍的に有効なリーダーシップ・スタイルが存在するという仮定にもとづき、普遍的に有効なリーダーシップ・スタイルを追求しようとするものである。上述のオハイオ研究やミシガン研究はその代表的な研究である。オハイオ研究では、構造づくりと配慮をともに高いレベルで実践すること、つまり、部下の仕事内容、計画やスケジュールをしっかり管理するとともに、職場の良好な雰囲気や人間関係に気を配ること（Hi-Hi型リーダーシップ）が、好業績をもたらす有効なリーダーシップ・スタイルであると結論づけられている。一方、ミシガン研究では、人間志向の行動を高いレベルで実践すること、具体的には、部下の個人的な価値観や事情に気を配る一方で、仕事の目標や内容などの決定に従業員を参加させることにより、部下との信頼関係や部下の組織や集団への愛着を醸成するとともに、部下の自己実現欲求を刺激する「参加的リーダーシップ」こそが、有効なリーダーシップ・スタイルであると結論づけられている。

これらの有効なリーダーシップ・スタイルについての理論には一定の普遍性があり、その価値を否定することはできない。その一方で、これらはあくまでも一般的な原則を示すものであって、あらゆる状況に無条件に当てはまるものではないということもたしかである。この点に注目して、有効なリーダーシップ・スタイルは状況に応じて異なるという仮定にもとづき、状況とリーダーシップとの関係を明らかにしようとするアプローチがある。それがリーダーシップにおけるコンティンジェンシー理論である。

コンティンジェンシー理論にもとづく研究においては、リーダーシップの有効性を決定づける要因（状況要因)、状況要因と有効なリーダーシップのあり方との関係が明らかにされている。たとえば、R. ハウスは、タスク特性、とくに仕事の構造化されている程度にかかわる「タスク不確実性」を主要な状況要因として、タスク特性と有効なリーダーシップの関係を分析し、結論として、タスク不確実性が高いときには、構造づくり重視の、逆の場合には、配慮重視のリーダーシップ・スタイルが有効だということを明らかにしている。

さらに、この結論については、人間のやる気の決定にかんする主要なモデルである「期待理論」にもとづいて以下のように説明される。まず、期待理論によれば、

【図11－2　期待理論の考え方の大枠

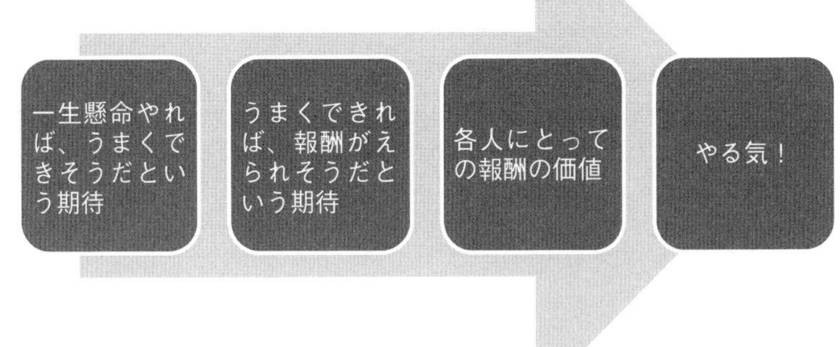

仕事にたいする人間のやる気は、「一生懸命やれば、うまくできそうだという期待」、「うまくできれば、報酬が得られそうだという期待」、そして、「各人にとっての報酬の価値」という3つの要因によって決まる。この3つがともに高ければ、つまり、一生懸命やれば仕事の成果が上がり、成果が上がれば相応の報酬が得られることが保証され、しかも、その報酬が各人にとって値打ちのあるものであれば、人々の仕事にたいするやる気は大きくなる。逆に、3つの要因のうち、いずれか1つでも低ければ、人々のやる気は大きくならないとされる。

この期待理論の枠組みに従っていうと、タスク不確実性が高いということは、一生懸命仕事をしてもうまくいくかどうか自信をもてないが、その仕事を遂行できれば、そこから得られる報酬（達成感）は大きいということを意味している。このケースでは、部下をやる気にさせるためには、一生懸命仕事をすれば、うまくいくと思わせなければならない。したがって、リーダーは仕事の目標とそれを達成するための仕事の割り当てや手順を明確にすることに力を入れなければならない。つまり、構造づくり重視のリーダーシップ・スタイルがより必要とされることになる。逆に、タスク不確実性が低いケースでは、人々は一生懸命やれば一定の成果を得られることがわかっているので、構造づくりの行動の必要性は低く、職場の良好な雰囲気や人間関係という報酬をつうじて部下をやる気にさせる。つまり、配慮重視のリーダーシップ・スタイルがより重要になるといえるのである。

トップの制度的リーダーシップ

ここまでは、組織内の部、課やチームなどの集団を念頭において、そこでのリーダーの行動や望ましいリーダーシップのあり方について述べてきた。しかし、組織には、もっと上のレベルのリーダーが存在する。それは組織そのもののトップに位置するリーダー、企業でいうところの社長である。トップ・リーダーもまた、部下のやる気を高めるという点では、集団レベルのリーダーと同じ役割を担っているといえる。しかし、そのための働きかけという点では、両者のあいだには少なからず違いがある。すでに説明したように、組織内の集団レベルのリーダーには、配慮や構造づくりにかかわる行動をつうじて、具体的なタスクの達成にむけて人々のやる気を高めることが主に求められる。一方、トップ・リーダーには、それよりもっと高邁かつ包括的な次元で、組織の目的、理念や価値観を浸透させることによって、言い換えれば、理念的なインセンティブを与えることによって、組織のメンバーのやる気を高めることが求められる。このような働きを「制度的リーダーシップ」という。その実現のためには、トップ・リーダーは、自らの発言、行動をつうじて目的や理念などを伝えつづけることで、それらを組織のメンバーに共有させなければならない。もちろん、それほど大規模でない組織においては、トップが組織内の集団のリーダーとしての役割を果たさなくてはならないこともある。しかし、その場合でも、やはりトップはトップとしてのリーダーシップを発揮しなければならない。また逆に、集団レベルのリーダーであっても、とくに自らが率いる集団の規模が大きかったり、そのメンバーに多様性がみられるケースにおいては、制度的リーダーシップが求められることがある。

5 おわりに

本章では、人をやる気にさせるインセンティブ・システムの設計、リーダーシップのあり方について、その理論や原則を説明してきた。本章を終えるにあたって、そのなかでもっとも基本的かつ重要なポイントとして、あらためて以下の点を指摘しておきたい。

社員をやる気にさせるという点にかんして、絶対的に有効なインセンティブ・システムやリーダーシップのあり方というものは存在しない。言い方を換えれば、年功制と成果主義のどちらが優れているかとか、あるいは厳しいリーダーと優しいリーダーのどちらが良いのかは、それぞれの企業（および、そのなかの集団や個人）が置かれている状況によるのであって、一概に決まるものではない。したがって、社員をやる気にさせるためには、それぞれの状況を正確に把握することがきわめて重要であり、それに合わせて柔軟にインセンティブ・システムを設計し、リーダーとして行動することが求められるのである。

?考えてみよう

[予習のために]

1. これまでもっともやる気が高まったのは、どのようなときですか、逆に、やる気がなくなったのはどのようなときですか。それぞれのケースについて、(1)自分自身がどのような状況にあったのか、(2)外部からどのような働きかけがなされたのか、という2つの観点から説明してください。

2．自分の周りのリーダー（アルバイト先の上司や店長、クラブやサークルの部長、キャプテンなど）のなかで、あなたが「良いリーダー」と「悪いリーダー」と考えるリーダーをあげ、それぞれについて、どうしてそのように考えるのかを説明してください。

［復習のために］

1．未来工業のインセンティブ・システムは、社員の欲求にどのように働きかけているのでしょうか。また、それがうまく機能しているのはなぜでしょうか。社員（人間）の欲求、会社が社員に与えることができるインセンティブの特質をふまえて説明してください。

2．あなたが現在所属している組織においては、どのようなリーダーが望ましいと考えられますか。組織の特徴とリーダーの行動の特質との関係をふまえて説明してください。

3．経営理念やビジョンは社員のやる気をかき立てるうえで大いに役立つものの、それらを強調しすぎるのは、社員の「燃えつき」につながるので危険だとも考えられる。それはなぜでしょうか。経営理念がビジョンが社員の欲求のどの部分に働きかけるのかを明らかにしつつ、説明してください。

主要参考文献

伊丹敬之・加護野忠男『ゼミナール経営学入門（改訂三版）』日本経済新聞社、2003年。

太田肇『承認とモチベーション』同文舘出版、2011年。

金井壽宏『リーダーシップ入門』日経文庫、2005年。

桑田耕太郎・田尾雅夫『組織論（補訂版）』有斐閣アルマ、2004年。

坂下昭宣『組織行動研究』白桃書房、1985年。

山田昭男『楽して、儲ける！』中経出版、2004年。

次に読んで欲しい本

高橋伸夫『虚妄の成果主義―日本型年功制復活のススメ』日経BP社、2004年。

ダニエル・ピンク（大前研一訳）『モチベーション3.0―持続する「やる気」をいかに引き出すか』講談社、2010年。

第12章

キャリアデザイン

「就活対策の講義なのかなあ？」。ここで学ぶのは、たんなる就活に関わるノウハウではない。より幅広く、自らの生涯に関わる問題を取り上げていく。流されるままの人生を送りたくない。自分には夢があり、それに近づいていくための、自分の人生のデザインについて考えてみたい。本章では、考えていく助けとなる議論について学んでいくこととしよう。

1 はじめに

ひとは未来を予測することができない。自分の予測した通りにビジネスや人生が展開すれば、ひとはいろいろなことに悩まされずにすむのかもしれないが、実際は思った通りにことは進まず、予想外、想定外の事態が起き、思わぬ方向に転がっていくこともある。それがいい方に転がっていくこともあるし、悪い方に転がっていくこともある。

企業はその未来が予測しづらい中で自分たちの事業を成功させるために、企業のいきたい方向、望む方向に向かうための戦略を立て、その戦略に従って事業を展開していく。同じような方向性についての戦略が、われわれ１人ひとりの仕事人生についてもあるべきだと考えられても、それは当然のことである。

本章で扱う「キャリアデザイン」は自らのキャリアを主体的に考えるという個人の問題であるが、同時に企業のマネジメントに大きな影響を与えている。国際的な競争にさらされている現代企業においては、個々の従業員が最大限にその能力を発揮し、その上で力を合わせてその能力を何倍にも高めることが求められている。もし従業員のキャリアが不透明ではっきりしないものであるならば、従業員は十分に力を発揮できず、ひいては企業の競争力を削ぐ結果になる。企業が個人のキャリアデザインを支援し、個々の従業員と一緒に進める、「キャリア開発」を行うならば、従業員はやる気を持ってその能力や努力を発揮する。もはやキャリアデザインとキャリア開発はマネジメントの重要な課題の１つなのである。

みなさんはこれまで経営学のいろいろなトピックについて学んできた。キャリアデザインは仕事人生のデザインであるから、経営学について理解せずにはできない。この章が最後の方に用意されているのは、経営学を理解したところで、みなさん自身の問題として経営を考える、そういう意味があるのである。

キャリアデザインは、既存のキャリア論の流れをふまえて、自分が目指したい、楽しく充実した仕事人生のために、自分の力でキャリアを開発していく、そしてそのためのプランを立てるという考え方である。将来のことを考えなさいといわれると、めんどくさいと思う人もいるかもしれない。しかしたいていの場合そういう人は、こう聞かれるとたぶん“No！”と答えることが多い。

【写真12－1　自分のキャリアの方向はどっちなのだろうか】

写真提供：筆者撮影

「流されるままの人生でいいのか？」

この問いに“No！”と答えることが、実はキャリアデザインのスタートラインに立つことを意味する。もし“Yes！”と答えてしまったという人がいたら、それでもこの先を読み進めてもらいたい。「流されるままに楽して生きること」を自分の力で実現すること自体、実は相当に高度なキャリアデザインが必要になるからである。

2 事例：ロックバンド「Official髭男dism」

Official髭男dism

まずはこの章で用いる事例を紹介する。取り上げるのはロックバンド「Official髭男dism」（オフィシャルヒゲダンディズム：以下「ヒゲダン」）についてである。ロックバンドにキャリアデザインも何もないんじゃないかというのがイメージとしてあるかもしれないが、成功するバンドというのはしっかり地に足をつけて考えている（事例は彼らのウェブサイト、彼らを取り扱ったテレビ番組、および雑誌記事から構成している）。

藤原聡（Vo/Pf）、小笹大輔（Gt）、楢﨑誠（Ba/Sax）、松浦匡希（Drs）の４人で構成されるロックバンド。バンド名には髭の似合う歳になっても、誰もがワクワクするような音楽をこのメンバーでずっと続けて行きたいという意思が込められている。2015年４月1stミニアルバム「ラブとピースは君の中」でデビューし、2018年４月Major 1st Single「ノーダウト」でメジャーデビュー。ブラックミュージックをはじめ、様々なジャンルをルーツとした音楽で全世代から支持を集め続けている（ウェブサイトより）。

メジャーデビューまで

ヒゲダンのキャリアの特徴は、結成からデビューしてしばらくまでの間、地元の島根を活動の拠点にしていたところである。

フロントマンの藤原は小学生からピアノとドラムを習い、スタジオで知り合った大人とコピーバンドを結成しドラムやキーボードを担当、ジャズやフュージョンにふれた。当時を振り返る藤原は、「音楽の師匠が自分の住んでいる町にいてすごく恵まれた環境でした。東京に出てから『どこでそんな音楽聞いてたの？』『どこでそういうフレーズを？』と聞かれるが、それは全部、地元で音楽をやっていたという自分のバックボーンがあるから」と語っている。

島根大学に進んだ藤原は、軽音楽部の先輩である楢﨑、後輩の松浦、松江高専に通っていてライブハウスで知り合った小笹とヒゲダンを結成、松江・米子を拠点に活動する。３人と個別にさまざまなコピーバンドを組んでいた藤原は、「いろんなバンドを経験した上で一緒に組んだ仲間だから、このメンバーには全幅の信頼を置いている」と語っている。しかしバンドを結成し最初に音を合わせたときはうまくいかなかったという。しかし藤原は音合わせの時に率直に否定的な意見を言えたことが、このバンドにとっていちばん大事なことだったんじゃないかと振り返っている。

就職、そして上京

地元での活動を積んでいた彼らであったが、就職のタイミングで藤原は地元の銀行に就職、小笹は学生、楢﨑と松浦は複数の仕事をかけもちという環境の変化があった。藤原は音楽と両立できる環境を求めて銀行を就職先に選ぶが、当時を振り返り、「人に恵まれたんですよね、ぼくたちは。それぞれが自分の仕事や学校があっても応援してくれる人たちがいた」と、周囲の支援に感謝している。また動画サイト等に自分たちの音楽をアップロードしたことがきっかけで現在の事務所から声がかかるが、彼らもまた地元での音楽活動を理解してくれた。「今の事務所のスタッフは島根までわざわざワンマンライブを見に来てくれて、居酒屋でごはんをたべて、『別に働きながらでもCDは出せるよ』といってくれた」と振り返るように、事務所の支援もあって彼らは地元での活動を継続する。

バンド活動に手応えをつかんだ４人は仕事を辞めて上京する。藤原は「３年やってダメだったら戻ってくるから」と両親の理解を得る。４人で共同生活を送りながら音楽活動を続け、2018年「ノーダウト」でメジャーデビューを果たす。2018年のライブツアーで最後の場所に選んだのが島根だった。当時の最新曲にして大きな手応えをつかんだ曲「Stand By You」で支えてくれた人への感謝を伝えたかったという。「仲間のことを思っている歌なので、島根という街、島根で応援してくれる人たちにもすごく愛を持っている」「明るい未来を一緒に歩んでいってほしいという思いをこめました」

紅白出場、そして

2019年、大ヒット曲となった「Pretender」を含む最新アルバム「Traveller」を発表、その年のNHK紅白歌合戦への出場を果たす。そのあとに発表されたシングル「I LOVE…」はじっくり時間をかけて作った曲だといい、本曲について藤原は、「(「Pretender」が) ヒットしたからまたそのラインでやっていくみたいな、そんなことで自分の人生棒に振りたくない」という。音楽が好きだからバンドをやっていくという思いを「自分たちのなかで一番大事な心の灯」であると語っている。

3 キャリアとキャリアデザインとは

過去も未来もキャリアの一部

キャリア（career）は非常に複雑な概念である。ともすれば簡単に「ひとの仕事人生」などとまとめてしまいがちであるが、そこから自身のキャリアにかんする方向性やヒントを見つけることはできない。まずはキャリアの本質をしっかりと理解するところから、そのキャリアをデザインすることは始まるといえる。

ここで少し難しいが、キャリアの定義についてみていこう。キャリアとは、「成人になってフルタイムで働き始めて以降、生活ないし人生（life）全体を基盤にして繰り広げられる長期的な（通常は何十年にも及ぶ）仕事生活における具体的な職務・職種・職能での諸経験の連続と（大きな）節目での選択が生み出していく回顧的意味づけ（とりわけ、一見すると連続性が低い経験と経験の間の意味づけや統合）と将来構想・展望のパターン」とされる（金井：2002、140頁）。この長い定義にはキャリア論のこれまでの成果とキャリア、そしてキャリアデザインの基本的な考え方がぎっしり詰まっているので、投げ出さずに１つひとつ理解する必要がある。その内容についてこれから説明する。

まず「回顧的意味づけと将来構想・展望のパターン」の部分である。キャリアはそのひとの過去の経験と、未来への展望、両方を含む。過去があって現在の自分があるのであり、その過去から将来に活かすさまざまなヒントや展望を得なければ意味がない。そして未来への方向性がなければ、やがて息切れしてしまうだろう。ヒゲダンも島根での過去の音楽活動の経験を大事にして音楽の道に進んでいるし、音楽が好きだからバンドを続けていくという夢（未来）を大切にして活動している。社会人になっても過去と未来の両方を考慮に入れてこそ、より充実したキャリアをデザインすることができるのはいうまでもない。どちらか一方のみをもとにキャリアをデザインするのは、材料不足になってしまう。両方をしっかり把握することこそ、キャリアデザインの第一歩である。

2つのキャリア

「回顧的意味づけと将来構想・展望のパターン」、もう１つは「意味づけ」の部分である。ヒゲダンのこれまでのキャリアを振り返ってみると、いつ、どこで、どんな活動を行い、どこでライブを行ったかという部分と、その際にどのような考えを抱き、どのような気持ちになり、何を学んだかという部分の２つがあることがわかる。この「２種類のキャリア」は両方とも大事であるということである。

社会人にそれまでのキャリアを振り返ってもらうと、「最初の配属は本社勤務で、人事部に６ヶ月いた」「２年目に営業部に行って、新製品の販促キャンペーンに携わった」、「４年目に生産管理部で係長になり、ラインのコストダウンに携わった」という内容がよく聞かれる。これはその企業で歩んできた経験を、所属した部署や携わった仕事によって表現したものである。これは外部からわかるキャリアということで「客観的キャリア」と呼ぶことができる。どの部署でどのような仕事に携わったかというのは、会社に決められる部分が大きいが、自分の希望もある程度反映されているはずであり、とても重要なキャリアの部分である。ヒゲダンの事例でいえば、ウェブサイトにあるようなこれまでの活動内容がそれにあたる。

しかしキャリアはそれだけではない。そのキャリアをどのような気持ちで選択し、どのような気持ちで過ごし、その中で誰に出会い、どのような言葉を交わし、何を学び、どう変わったかというような問題を、自身がどう考えたかという部分も大変重要である。これはそのひとの内面や気持ち、アイデンティティにかんするもので、客観的キャリアに対して自分の思いとしてのキャリア、「主観的キャリア」と呼ぶことができる。ヒゲダンの事例でも、地元のミュージシャンとの濃厚な音楽経験、４人の出会いと活動、上京後の苦悩を経ても変わらない音楽への姿勢、支えてくれた人々への感謝など、その時々にさまざまな気持ちがある。他人にとっては古くさいカバンでも、その当人にとっては愛着のある大切な品であったり、他人にとってはどこにでもある集合写真でも、その当人にとっては思い出のたくさん詰まった大切な写真であったりすることがよくある。ひとのキャリアも同様で、そのひとに大きな影響を与えた経験や他人、自分を変えた一言、エピソード、その時の気持ちなども、キャリアを振り返る際にとても重要である。そしてその経験が自身にどう影響しているかをしっかり自分で考えることが、キャリアを考える上で大切なことなのである。

キャリアをデザインするとは

そんなキャリアをデザインするとなると、とくに学生のみなさんの中には「めんどくさい」「そんなにきっちり考えられない」と思う方もいるかもしれない。しかし考えてみてほしい。たとえば神戸に旅行に行き、北野異人館（古い洋館がたくさんある観光スポット）に行くとして、何の手がかりもなく適当な方向に歩くであろうか。そのときはガイドブックや地図などをみながら、異人館の方向を目指して歩く（あるいはバスに乗る）と思う。キャリアのデザインとはこの「方向」を決める作業なのである。これまでの過去の経験や、自分のやりたいことなどをよく考えて、大まかな目的地を含め、こちらの方向に進むという方向を決めれば十分なのである。企業の戦略も、あまり細かく方向を決めてしまっては、かえって何が起こるかわからない世の中で、臨機応変さを失ってしまう。企業の戦略はそういう意味で大まかな「基本設計図」「構想」でなければならない。キャリアのデザインもそれと同様である。自分の人生を完全に予測することなどできないし、想定外のことが起こったときにすぐ対応できるように、大まかな方向性を持つことの方がむしろ重要なのである。

方向性が自分を夢に近づける

自身のキャリアは会社の方針によって大きく影響を受ける。日本の会社では入社数年間はいろんな経験を積んでもらうために定期的な異動（＝ジョブ・ローテーション）が行われるし、時には自分のいきたくないような部署や、やりたくない仕事を任されることもあるであろう。しかしこの会社の方針・計画によって一方的にキャリアが形成されるのではない。他方に個人のデザインしたキャリアのプランがあり、その両者がすりあわさり、混じり合うことによってキャリアが形成される。このプロセスを「調和過程」という。

この**図12－1**を見るとよくわかるように、個人のキャリアデザインと会社のキャリア開発に基づく方針・計画のすりあわせによってキャリアが形成されるのである。だからこそ先ほど述べた「方向性」が重要になるのである。ヒゲダンの事例でも藤原は、地元で培った音楽経験やメンバーへの信頼から、将来が見えない時でも自分たちの音楽を続ける強さがあったとしている。それが環境の変化にもぶれないバン

【図12－1　調和過程】

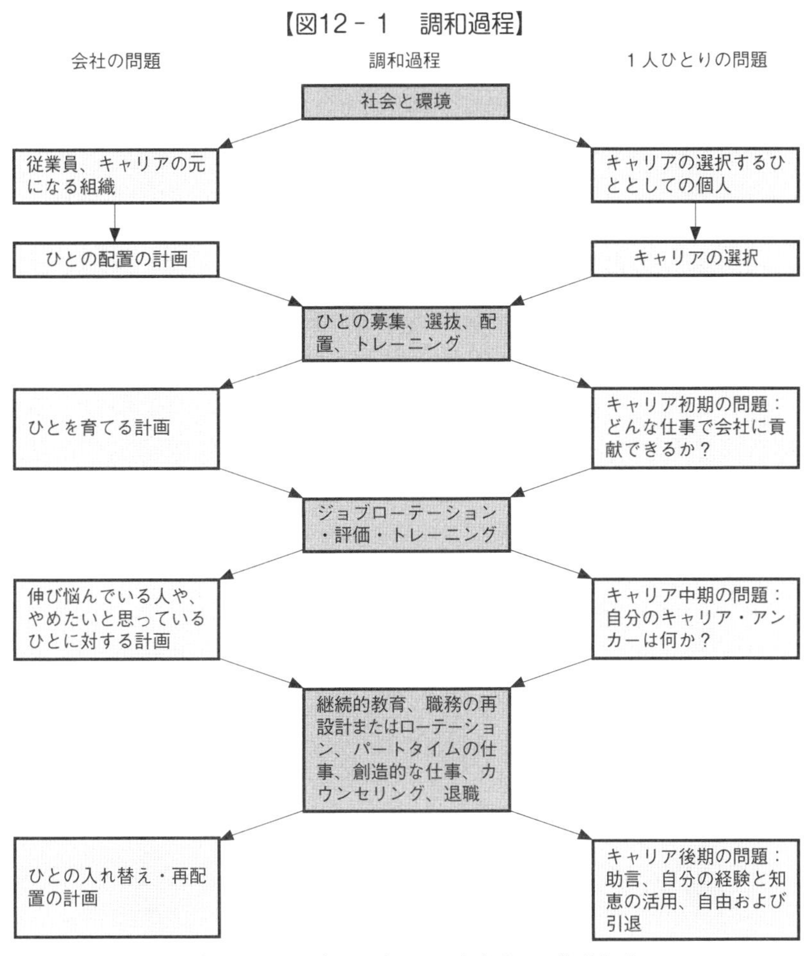

出所：シャイン（1991）、4頁を参考に、筆者作成。

ド活動につながっているといえる。個人の希望は聞き入れられないことも多いが、だからといって自分なりの方向性がなければ、会社の方針に流されるままになってしまう。会社に対して自身のデザインしたキャリアにもとづいた配置・異動の希望を伝えたり、配属部署でしっかり仕事を覚えたり、時には夜にビジネススクールに通って起業について学んだり、こっそり資格を取得したりといったように、会社の要請に対応（そして時には対抗）する形で個人のキャリアを調和させることがとても重要なのである。

自分にぴったり合うキャリアのイメージをみつけよう

これまでキャリアの研究は、キャリアというものをいろんなイメージでとらえてきた。まだキャリアという概念もはっきりしなかった頃は、社会階層の移動という問題でとらえられてきたが、現在キャリアは大きく、3つのイメージでとらえる流れがある。まず1つめは「天職探し」である。自分という存在にぴったり合う職業がどこかに存在すると考え、それが何なのかを考えたり、手がかりを探したりするというイメージである。就職支援サービスにはアンケートに答えると「あなたに向いている職業」として職業分野を提示してくれるものがあるが、それらもこの考えに基づいている。2つめは「キャリアのステージ」である。企業では就職、昇進、管理職、経営陣就任というように、仕事のレベルに応じてステージ（いわゆる職階）が存在している。キャリアをその仕事のステージを1つひとつ上がっていくことと考え、それに対する準備や心構えを考えるというものである。あるいは人には就職、結婚、転勤、出産、子どもの入学など、人生のステージ（ライフサイクル）も存在する。それをもとにキャリアを考えたり、仕事のステージと同時に考えたりするのもこのイメージである。そして3つめは「旅行」である。キャリア全体を「人生の旅」と考え、行き先を決めてそこで何をするかを考えたり、その旅の途中で遭遇する出来事、人との出会いや別れ、アクシデントやチャンスに対して対応しながら、旅を続けていくイメージである。最近は1つの企業で一生過ごすという仕事の考え方が当たり前ではなくなり、転職をする人も増えている。企業間の移動というキャリアもこの旅行のイメージに含めて考えることが求められている。

3つのキャリアのイメージにはそれぞれ一長一短がある。天職探しのイメージは「今の自分に合う職業」という形で問いが立てやすく考えやすいが、見つけた職業が天職かどうかははっきりわからないし、うまくいかないと終わりのない自分探しに陥ってしまう危険性もある。キャリアのステージはやがてくるステージに対して1つひとつ準備をするという形でプランが立てやすいが、変化の激しい現代で決まった1つのキャリアを進むという保証はないし、そのステージを外れたときにどうするかというところでは考えづらい。旅行のイメージは幅広い可能性を考慮に入れてその場その場で考えるという考え方は一番現実的であるが、そもそも「目的地のはっきりしない旅」という考え方が苦手な人もいるかもしれない。

大切なのは自分にとってキャリアを考える上で考えやすい、ぴったり合うイメー

【写真12－2　「自分のキャリアをじっくり考えてみよう」】

提供：筆者撮影（掲載許可済）

ジを、短所を踏まえた上でうまく用いるということである。また３つのイメージのいいとこどりをしながら、より現実的な考え方をするというのもよい。その意味でも一度、自分にとって３つのうちでどれがしっくりくるのかを一度考えてみるのは有意義だろう。

4 キャリアをデザインする

節目での選択としてのキャリアデザイン

細かく自分の人生を設計しても、そうならないことの方が多いであろう。しかし何の方向性も持たず、ただ日々の仕事に流されるだけの仕事人生でよいのであろうか。キャリアにおけるこの「流されて生きている感じ」のことを「キャリア・ドリフト」というが、大まかな方向性があれば、たとえ毎日の仕事がとても忙しく、キャリアを振り返るいとまがなくても、安心していられる。道に迷っても目的地の方向がわかっていれば焦ることはないのと同じである。

そしてこれもとても大事なことであるが、キャリアのデザインは、「いつも自分のキャリアを考えて生きろ」とか「1日5分、自分の将来について考えろ」というようなことを強要するものではない。仕事が忙しいのにそんな余裕はない、という意見はもっともである。ではいつ考えるのか。

自身のキャリアは「考えるべき時に考える」、つまり人生の中で訪れる「節目」に考えればよいのである。それはキャリアの最初の節目である職業選択（就職）から始まり、配置、異動、昇進、転勤などの会社側からのイベント、あるいは個人的に重要であるとされる節目、たとえば初めて担当した業務、仕事に対する考え方が変わったイベント、尊敬する上司・仲のよい同僚との出会い、別れ、重要なプロジェクトの担当、大変な時期を乗り切った経験（一皮むけた経験）なども節目になりうる。あるいはその会社を転職という形で離れることも大きな節目であろう。そしてキャリアは定義にもあるように「生活ないし人生全体を基盤にして」いるのであるから、個人的な節目、たとえば結婚、出産、引っ越し、子どもの進学・就職・結婚、その他の個人的な出来事も節目になりうるのである。ヒゲダンの事例でいえば、大学時代のバンド結成、メンバーの就職時、上京時、メジャーデビュー時、そしてアルバムリリース時などがそれにあたるだろう。

キャリアはこの節目にさしかかった時、ふと自分の仕事人生について考えるべきものであり、その「人生の節目」以外は現在の方向性が合っていれば、流されていても別によい、というのが基本的な考え方である。方向性なく流されるのはただのドリフトであるが、それがあれば「デザインされたドリフト」になる。またその方向性があるおかげで自身に必要な情報のアンテナを常に立てておくことができるし、必要な情報、あるいは機会をうまく捉えることも可能になるのである。

以下ではこの考え方に従い、代表的な節目について関連するキーワードを織り交ぜながら紹介していくことにする。

節目としての採用・就職

キャリアにおける最初の節目となるのが、会社へのエントリー、つまり就職である。学生のみなさんは就職活動というプロセスを通じて、最初のキャリアデザインを行う。その際問題となるのは職業の選択およびその活動の他に、自分の夢を実現できるような仕事・会社のイメージを形成しなければならない（シャイン：1991、92頁）。それがあってはじめて、会社でいろいろなことが起こっても、そのイメージ・方向性（企業でいえば戦略）に基づいて対応でき、組織の方針に対応できるからである。

しかしこの際の問題として、事前に持っていた仕事や会社のイメージと現実とのミスマッチが起こるということである。事前のイメージが十分に考えられていなかったりすると、それは現実を前にすると「リアリティ・ショック」につながり、会社へうまくとけ込めなくなったり、せっかく就職してもすぐ辞めてしまう原因になったりする。

これを避ける方法は２つある。１つは事前によく自分自身を理解し、仕事や会社について多くの情報をもとにイメージするということである。いわゆる自己分析に加え、業界研究や企業説明会での質問、OB・OG訪問など、さまざまな方法を用いて対応すれば、自分自身についてのイメージ（自己概念）と、仕事や会社に対してより正確なイメージを形成することができる。この２つのイメージは就職活動を乗り切るのには片方だけではなく両方必要である。企業や仕事に対するイメージが不足していれば、就活において現実感のない受け答えをしてしまうし、自分自身に対するイメージが不足していれば、就活において自分をアピールできない。リーダーシップにおけるPM理論のように、自己（Self）と仕事（Work）の両方についてしっかりイメージすることが重要なのである（**図12－２**）。

【図12－２　就職活動における「SW理論」】

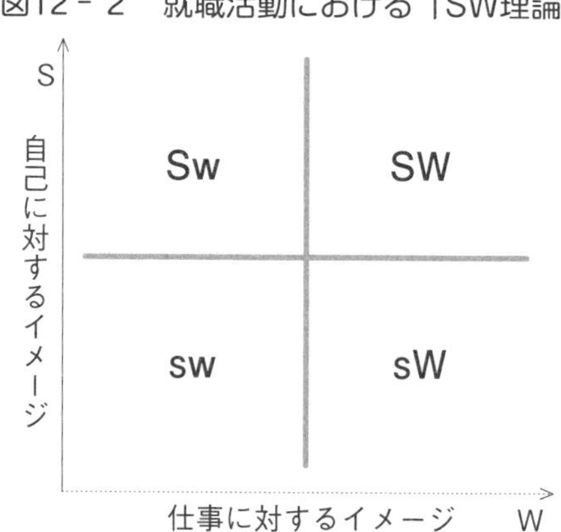

注：就職活動においては、自分自身に対するイメージ（Self）と、仕事や会社に対するイメージ（Work）の両方をしっかりもつ「SW型」になることが一番重要である。

Column12－1

リアリスティック・ジョブ・プレビュー(RJP)

リアリスティック・ジョブ・プレビュー（RJP）はもともと採用側の会社のための理論である。採用時に会社はいい人材をたくさん集めるため、しばしばいいことばかりを会社説明会で話すことがある。しかしそれを鵜呑みにして仕事への期待を高めに設定して入社すると、実際の仕事経験で期待が裏切られ、不満足につながりやすいのである。むしろ嫌なこともきちんと伝える会社の方が、学生も（興味をなくす人もいるかもしれないが）過度な期待を持たず納得して入社することができ、実際の仕事経験でそれが確認されるので、結果的に満足度が高まる可能性が高い。学生にとっては「仕事がきつい」とか「根性のない人には勤まらない」など、ネガティブなことを伝える会社は敬遠しがちかもしれないが、実はそのような会社の方が誠意があるということもあるのである。

２つ目は「リアリスティック・ジョブ・プレビュー（realistic job preview: RJP)」と呼ばれるものである。これは学生側にとっては、企業が伝える情報に対して、より客観的・現実的な視点で接するということであり、企業側はそのような情報を与えた方が、ミスマッチを防げるという考え方である。就職説明会やOB・OG訪問など、多様な情報チャネルを駆使して、より企業の現実に近い情報を集める必要があるだろう。

節目としての配置・異動

実際に会社に入ったあとで、その企業の一員になっていくプロセスを「社会化」という。どんなに事前にイメージを形成していても、企業に入ると想定外の事象が「リアリティ・ショック」を生む。とくに学生にとっては「会社で働くこと」そのものが未経験なのであり、会社や仕事、上下関係や上司との関係、そして働き方を学んでいきながら、徐々に会社の一員となっていく。やがて会社は個人を一員として受け入れ、また個人もその会社で働くことを受け入れるという「相互受容（お互いに受け入れること)」のプロセスへと至る。このようにスムーズに進めばよいのであるが、実際にはその前でつまずいてしまうこともあり、会社に対して素直にとけ込めないということにもなってくる。

ここでシャイン（1991）は組織のキャリアを考える上で、キャリア形成を三次元で考える「キャリア・コーン」というモデルを提示している（**図12－3**）。つまりキャリアは階層（＝部長や課長など会社における地位）と職能（＝営業や人事など仕事の種類）だけでなく、もう1つ「中心性」という次元が必要だとするモデルである。

中心性はその組織の中で周辺、つまり新人でいくらでも代わりはいるようなポジションにいるのか、あるいは組織の中心、つまり仕事を覚え、責任が増し、重要な仕事を任せられて、組織の一員として認められている、組織になくてはならないようなポジションにいるかということである。つまり、たんに職能を転々とするのではなく、その部署でどのような仕事をし、どのように組織の中で責任を引き受け、一員となって活動できているかという視点が必要になるのである。

【図12－3　キャリア・コーン】

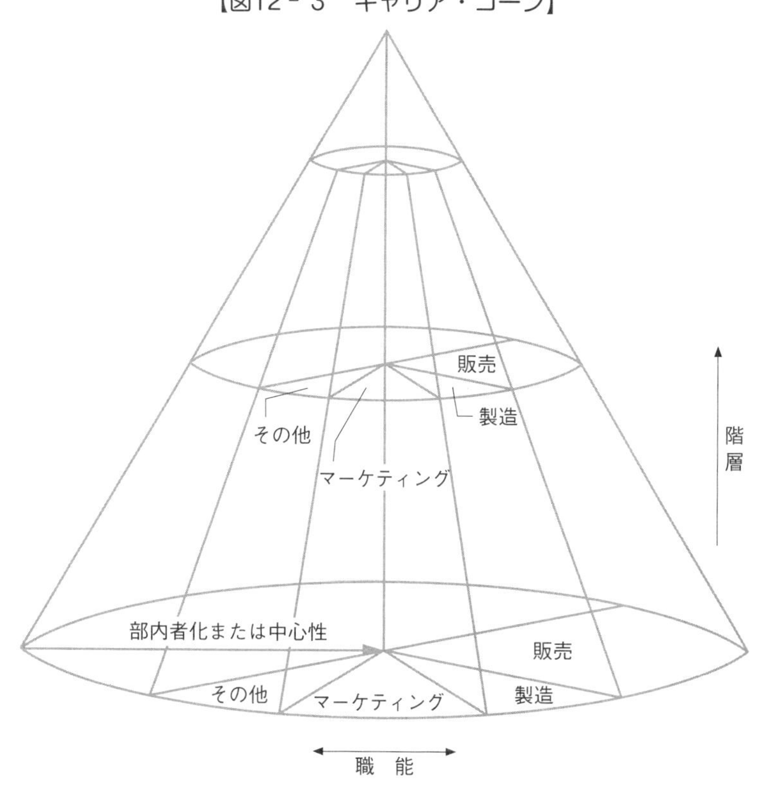

出所：シャイン（1991）、41頁を参考に、筆者作成。

それでは社会化を促進するのに大切なこととはいったい何だろうか。それは会社における「学習（仕事を覚えること）」と、「会社への参加（一員になること）」、そしてその会社の成員としての「アイデンティティ（会社員としての自覚）」が同時に形成される、それが理想的な学習のあり方であるということである。会社に受け入れられるためには、まずその会社で必要な仕事を覚えることである。まず会社の隅っこ（周辺）で仕事を覚えることが、その会社に『こいつは会社にいてもよい』と思わせる。そして能力形成が会社への参加（＝会社の中心へ向かう）を促し、またそれが新たな仕事を個人に与え、それによる能力形成が進むという、同時進行なのである。そしてその同時進行が徐々に個人に、「自分は会社の一員だ」というアイデンティティを構築させるのである。会社のキャリア形成を促進し、キャリアデザインを促進するものは、他ならぬ「能力形成」、仕事を覚えることということである。

キャリア・アンカーの形成

そしてその先に、個人はキャリアデザインをするにあたって、現在の会社で働くことに対する「職業上の自己イメージ」を確立する。これが「キャリア・アンカー」である。アンカー＝錨であるから、そのイメージはキャリアデザインにとっては現在自分がいるところの「現在地」となり、将来のキャリアをデザインするに当たっての「出発点」となるべきものである。ヒゲダンの事例では、地元での活動期間がそれにあたる。地方での活動は都市部での活動に比べて不便なことも多いが、藤原はこのことを振り返り、音楽ルーツを持つ経験を与えてくれたこと、就職しても支えてくれた人々があったから今の自分たちがあると語っている。困難な状況でも支えてくれた人々を思うことが、音楽を続ける上での「出発点」を明らかにしてくれる。余談だがシングル「Stand By You」という楽曲には、支えてくれた人々への感謝を表し、これからの活動もともに歩みたいという思いが歌詞に表れているそうである。

キャリア・アンカーは起点となる職業上の自己イメージであるから、キャリアデザインにとって不可欠であり、最重要なものである。シャインは代表的なキャリア・アンカーを以下の８つの類型にまとめている。

① 専門・職能別コンピタンス（専門的能力を発揮することに意味を見いだす）

② 全般管理コンピタンス（責任ある地位について組織を動かすことに意味を見いだす）
③ 自律・独立（自分のペースで働くことに意味を見いだす）
④ 保障・安定（安全で確実な人生に意味を見いだす）
⑤ 起業家的創造性（新しい製品・サービスを生み出すことに意味を見いだす）
⑥ 奉仕・社会貢献（世の中をもっとよくすることに意味を見いだす）
⑦ 純粋な挑戦（困難を乗り越えて成功することに意味を見いだす）
⑧ 生活様式（仕事と家庭・プライベートの調和に意味を見いだす）

このキャリア・アンカーは３つの自己イメージから構成される。それを形成するための「３つの問い」は、会社で働いている人はもちろん、これから就職活動をするひとにとっても重要な問いである（金井：2002、36頁、シャイン：1991、143頁）。

① 自分はなにが得意か。（自覚された才能と能力）
② 自分はいったいなにがやりたいのか。（自覚された動機と欲求）
③ どのようなことをやっている自分なら、意味を感じ、社会に役立っていると実感できるのか。（自覚された態度と価値）

この３つの問いから、会社の一員であるひとにとって、自分のキャリア・アンカーがしっかりもてていれば、今後のキャリアデザインもそこを出発点にできるので、より確実に行うことができるであろう。またこれから就職活動を行うひとにとっても、３つの問いは職業選択にとても役立つものであるといえる。

節目としての転職

そしてもちろん、所属する会社を離れ、転職するのも重要な節目である。近年は組織や会社、あるいは業界にこだわらない、１つの会社の中に限定して考えるべきではないとする「バウンダリーレス・キャリア」（境界のないキャリア）も提唱されている。現在、若年層の２割が入社３年以内に会社を辞めているとされ、とくに若年層においては、１つの会社でずっと生涯を送るというこれまでの職業観は変わりつつあるようである。

しかしそれは、会社はどんどん替わってもよいということと同じではない。近年

Column12－2

フリーター

小杉礼子は、一般的なフリーターの概念を、その背景によっていくつかに分類している。その中でも一般的なフリーターは「モラトリアム型」に分類される。本文中の「就職活動をしていなくて、あるいはそれに失敗してフリーターになっている」というのが「離学モラトリアム型」フリーター、「曖昧なイメージで入社したあと、会社の現実について行けなくて、次の職も決めずに辞めてしまうケースは「離職モラトリアム型」と呼ばれる。他にバンドや役者、ある種の職人のように、フリーター期間を経て活動あるいは修行をすることが職を得る前提になっているようなフリーターは「夢追求型」、病気やトラブルに巻き込まれたりするなどしてフリーターになってしまったケースは「やむを得ず型」に分類される。「夢追求型」といえば聞こえはいいが、しっかりしたキャリアデザインもなく闇雲に夢を追っているのは、モラトリアム型フリーターとあまり変わらない。フリーターを続けるには、実は正社員以上のキャリアデザインが必要になる、とさえいえるのである。さらに詳細は小杉礼子（2003）『フリーターという生き方』勁草書房、を参照。

定職に就かないニートやフリーターの問題がクローズアップされているが、一般的なフリーターのイメージは、就職活動をしていなくて、あるいはそれに失敗してフリーターになっている、というものであろう。「働かざる者食うべからず」の格言に従えば、働かないよりは定職に就いた方がいいということになるが、そうして就職してもそれが自分のやりたかったこととミスマッチしたり、あるいは曖昧なイメージで入社したあと、会社の現実について行けなくて辞めてしまったりというのは、その先の職がなければ結局フリーターになってしまう。事前の情報収集やイメージの形成がなく、とりあえず就職活動をするということで第１の落とし穴（就職時の無業）を飛び越えたところで、次の第２の落とし穴（離職後の無業）に落ちてしまい、結果は同じことになる。その意味でも先述の自己イメージの形成は大変重要であるといえる。

また組織の境界に対する考え方も転換しなければならない。よく「１つの会社に縛られるのは嫌だ」という学生に出会うが、大きな会社に属していても、多くの人と関わり合いながら、自由に仕事をしているビジネスパーソンも多い。つまり会社に縛られない＝会社の境界を越えるのは自分自身のあり方であり、組織の境界は自分が決めるのだという考え方がある。外から見ると企業の一員でも、実はいろいろな人と会社の境界を越えて関わっているのであり、そのさまざまな人や集団・組織と関わり合ったりして、会社に属してはいても自分の気持ちとして「組織に縛られないこと」が大事なのである。

5 おわりに―能力形成がキャリアを動かす

キャリアデザインは、流されるままの人生を送るのではなく、自分の夢により近づくための、自分の人生のデザインである。仕事の時間が１日８時間であるとするなら、それは人生の３分の１を占め、40年働くとするなら、それは人生の半分程度働いていることを意味している。その半分は実りあるものにしたいものであるし、ましてや人生は一度きりである。やり直しの利かない人生を楽しく生きるために、将来を考えようとすることは当然のことである。

しかし将来を考えるということはこれまであまりにぼんやりとしていて、どう考えてよいのか見当もつかないというのが実情であった。キャリア論はそれに対して、キャリアデザインという形でその方法とツールを提供するものである。ぜひ有効に利用してもらいたいものである。

そして一般的なキャリア論に加えて、本章は「能力形成がキャリアを動かす」という基本的考え方に基づいている。組織と個人の「調和過程」において、個人の側の「すりあわせ」のもとになるもの、それはキャリアに対する方向性と、そのひとの形成した能力である。「自分はこういうことができる（ようになった）から、もっと違うことがやってみたい」、「自分の夢に近づくためには、こんな能力が必要だ」という具合に、それはより強い力で、自分の夢に近づく力になるのではないであろうか。シンプルにいえば「やりたいことに近づくためにはまず力が必要」ということであろう。勉強したり経験から学んだりと、自分のペースでできる能力形成は、先述の通り組織への参加を深め、仕事に対する自身のアイデンティティをはっきりさせる材料になる。それはより深く仕事から学ぶというモティベーションを生み出すであろう。この好循環を意識することが、キャリアを動かす原動力になると思われる。能力形成とキャリアデザイン、両者の共通点は「自分の未来への投資」なのである。

本章は新人のキャリア形成が中心となっているが、基本的な考え方は中高年になっても同じである。そして先述していないキャリアを考えるもう1つの節目、それは「キャリアの理論を知った時」、つまり今である。キャリアデザインは今からでもすぐに始められる。これまで学んだ経営学の理論とともに、まずは「3つの問い」を考えることから始めてほしい。

?考えてみよう

[予習のために]

1．芸能人・アーティストの中から、好きな人物をとりあげ、その回顧的記述から、その人物のキャリアをまとめてください。そしてその中で、自分がその人のキャリアのポイント！と思うエピソードを抜き出してみてください。
2．学生の人は自分のご両親にインタビューして、これまでのキャリアをいっしょにまとめてみましょう。その際「これまでのキャリアでうれしかったこと」「つらかったこと」「自分のキャリアの転機」について聞いてみてください。
3．社会人の人は「キャリアにかんする3つの問い」を参考に、これまでのキャリアを振り返り、今後のキャリアについて考えてみてください。

[復習のために]

1．8つの「キャリア・アンカー」のうち、自分が重視するものを3つ、順番をつけてあげてみてください。そしてなぜそれを選んだのか、考えてみてください。
2．「3つの問い」の1つめの問い「自分は何が得意なのか」を念頭に、自分の能力について見つめてみましょう。そして自分をさらにステップアップさせるためには、何が必要か、まとめてみましょう。
3．学生の人はそれを参考に、将来どんな職業に就きたいか、3つあげてみてください。その際、残り2つの問いも考えておき、参考にしましょう。
4．社会人の人はその自分の能力がこれまでどんなキャリアに結びついてきたか、そしてこれからどう結びついていくか、そして自分の将来やってみたい仕事に必要で、自分に欠けている能力がないか、考えてみてください。

主要参考文献

金井壽宏『働くひとのためのキャリア・デザイン』PHP新書、2002年。
E.H. シャイン（二村敏子・三善勝代訳）『キャリア・ダイナミクス』白桃書房、1991年。

次に読んで欲しい本

内田樹『下流志向―学ばない子どもたち 働かない若者たち』講談社文庫、2009年。

大久保幸夫『日本型キャリアデザインの方法』日本経団連出版、2010年。

松田公太『すべては一杯のコーヒーから』新潮文庫、2005年。

村上春樹『海辺のカフカ（上）（下）』新潮文庫、2005年。

第13章

経営学の広がり(Part. 1)

ファミリービジネスのマネジメント

「トヨタ自動車の社長は誰？」。これまでの経営学の研究では、創業者の一族が経営に関与している会社（ファミリービジネス）の存在には、あまり注意が払われてはこなかった。大企業ともなれば、その数はわずかなものであり、また「古くさい」経営のやり方と見なされてきたためである。本章では、そうした見方に異議を唱え、その存在に積極的な意味を見いだそうとする、経営学における新しい見方について学んでいくこととしよう。

1 はじめに

本章および次章では、最近の経営学研究において注目を浴びているトピックについて論じていこう。まず本章では、「ファミリービジネス（同族会社）」について見ていこう。

ファミリービジネスとは、創業者およびその一族が株式の相当量を所有、あるいは、それらが経営者の席にあるなどして経営に大きな影響力を持つタイプの会社のことである。その株式を株式市場に上場していない中堅あるいは中小企業と呼ばれる会社の大半は、このファミリービジネスに該当する。

しかしながら、上場する大企業、それも国を代表するような企業の中にも、ファミリービジネスと呼びうる会社は思いのほか、多数存在する。たとえば、トヨタ自動車である。現在の社長である豊田章男は、トヨタグループの創始者である豊田佐吉のひ孫に当たる。章男の父、祖父もトヨタ自動車の社長の席にあった。スズキも、同様である。創業者は鈴木道雄である。２代目社長は道雄の女婿の鈴木俊三、そして現在の会長は俊三の女婿の鈴木修である。任天堂の場合には、創業家出身の山内溥が長きにわたり経営者の席にいた。

日本だけではない。たとえば、米国に本社を置き、世界最大のスーパーマーケットチェーンであり売上高で世界最大の企業であるウォルマートも、ファミリービジネスと呼びうる。ドイツの自動車会社であるフォルクスワーゲンやBMWも創業家が大株主を占め続けている。

近年、ファミリービジネスあるいは同族会社の経営への関心が高まり、経営学の分野においても注目を浴びるようになっている。欧州ではたとえばスイスのIMD、米国ではハーバード大学など、一流と称される少なからざるビジネススクールが、数十年も前からファミリービジネスに特化した教育プログラムを設けている。

日本でも近年になり、ファミリービジネスの経営に関わる講座や後継者教育を重視する大学が急増している。しかしながら日本の経営学者の間では、ファミリービジネスあるいは同族会社はマイナーな存在と見られてきた。経営学の主たる研究対象になってきたのは同族経営を脱皮した上場企業であった。

ところが世界的には、ファミリービジネスの再評価が進んでいる。日本でも、ファミリービジネス研究への機運が盛り上がりを見せているのである。日本のマスコミは一般的に、創業者一族が経営に深く関与するタイプの会社に対しては、否定的な見解を示すことが多かった。不幸なことである。企業不祥事が起こると、そうしたタイプの会社の経営は閉鎖的であり、それが不祥事の温床だと批判されることが少なくなかった。同族経営への否定的な見方が強いのは日本だけではない。米国でも、同様の傾向があった。

経営学者の間でも、企業はファミリービジネスから、専門経営者によって経営される企業へと進化していくと考えられていた。人文学者のフランシス・フクヤマは、著書『「信」無くば立たず』の中で、信頼ある社会と信頼のない社会とを区別し、イタリア、フランス、中国、韓国などの信頼のない社会では国家や同族による経営が中心になるのに対して、日本、ドイツ、米国などの信頼性の高い社会では企業という中間組織体を形成、経営することができると指摘する。そして、家族に頼らざるを得ない国々は中間組織体を作れないので、豊かになれないとまで彼は主張している。日本では、創業者たちの意思で同族から脱皮した本田技研工業の経営が賞賛されている。

しかし、ファミリービジネスにおける経営の真の姿がどれほど知られているのか。「ファミリービジネスの重要性」や「ファミリービジネスの意義」などについて問われても、多くの人々は答えに窮する。その実態については殊の外、知られていないことが多いのである。

そこで本章では、その疑問に答えるものとして、ファミリービジネスにみられる特徴や経営の仕組みについて事例をあげながら解説していきたい。ファミリービジネスの特徴を理解して、経営学をより広い視野で捉えてほしい。

2　事例：竹中工務店

幅広い分野の建築

竹中工務店（以下、竹中）と聞いて、建設会社であろうと想像はつくだろうが、実際どのような建物を建てている会社なのか知らない人も多いかもしれない。「東京ドーム」や「福岡ドーム」「札幌ドーム」を知らない人はいないであろう。近年、竹中は、高層ビルなどの建築だけではなく、「東京ドーム」を日本で最初に手がけ、

【写真13－1　東京ドーム】

写真提供：株式会社竹中工務店

【写真13－2　特別史跡平城宮跡 第一次大極殿】

写真提供：株式会社竹中工務店

それを皮切りに次々とドーム型競技場を手がけるようになっている。「ドームの竹中」とまで呼ばれるようになった。

こうした最先端の技術を持つ同社であるが、2007年には伝統建築への対応を強化する目的で設計本部内に専門部署を設立し、そこで唐招提寺金堂（2009年）、平城宮大極殿正殿（2010年）、富岡製糸場西置繭所（2015年）の復元・改修工事を引き受けるなど、近代建築で培った免震技術や防火技術を応用し、伝統と近代技術を融合した文化財保護に関わる事業も手がけている。じつに幅広く、さまざまな建築物の建設などを取り扱う日本を代表するゼネコン（総合建設業者）となっているのである。

また同社は、バブル崩壊後の景気低迷にともない多くのゼネコンが莫大な有利子負債を抱えているにもかかわらず、長年、実質無借金経営を貫くという財務内容の良さでも知られる。

日本を代表するゼネコンであるこの竹中も、じつはファミリービジネスの１つなのである。同社の歴史を振り返るとともに、創業家の経営への関わりなどを見ていこう。

伝統建築から近代建築への転換

同社の歴史は古く、1610（慶長15）年には、初代竹中藤兵衛正高が名古屋にて創業、大工の棟梁として、神社仏閣の造営をはじめた時にまでさかのぼる。

竹中が近代建築に進出するきっかけとなったのは、名古屋に駐屯する陸軍の兵舎工事を11代目藤右衛門、12代目藤五郎の父子が入札受注し、近代建築に取り組んだことであった。しかし、入札制度への不慣れや、相次ぐ設計変更にくわえて追加工事が連続した上、物価や労働賃金の暴騰も重なり、請負金額に対して、50%近い赤字になってしまった。このため竹中家は、陸軍を裁判に訴えて損失を取り戻そうとして、最終的には大審院にまで持ち込んだが敗訴となった（大審院とは、明治憲法下で最高の位置にあった司法裁判所のことである）。この損失は竹中家存亡の危機となり、屋敷を処分しても足りず、親戚や得意先にも借入れを申し込むほどの状況となったと社史に記されている。

しかし、この教訓は、意外なことに新たな受注先の獲得に繋がった。それは、陸軍御用達であった三井組（三井銀行を経て、現在の三井住友銀行）や三井元方とのつながりが深まり、竹中に近代建築の仕事を数多く発注したのである。これ以後、竹中は公共事業ではなく、民間建築を重視し、近代建築の経験を積んでいくことになる。

1899（明治32）年頃から、14代目竹中藤右衛門によって、本格的に近代建築への転換が図られた。当時、神戸は国際貿易港として開発が進み始めており、財閥系の貿易会社や商社が支店を構えていた。竹中家はこれらの企業からの受注を目指して、神戸に支店を設けた。これにより、民間の三井銀行や鐘紡といった新たな顧客とのつながりを生み、多くの建築の仕事を受注することとなる。1909（明治42）年には、本店を名古屋から神戸に移し、合名会社化し竹中工務店と改称した。さらに、1923（大正12）年には大阪に本店を移転し、1937（昭和12）年には資本金150万円で株式会社竹中工務店を設立し、現在の体制が整うことになる。竹中工務店は神戸へ進出した1899（明治32）年を創立元年とし、2019（令和元）年に創立120周年を迎えた。

創業者一族による経営

同社の経営の特徴（特長）として指摘できるのは、大手ゼネコン５社（鹿島建設、清水建設、大成建設、大林組、竹中工務店）の中で、大林組とならんで創業者一族が代表権を持ち、経営を担っていることである。現在の代表取締役名誉会長CEOは竹中統一であり、初代正高から数えて17代目の当主、改組後は５代目社長に当たり、代々経営の責を竹中家が担ってきた。

しかし、これらの歴代当主の血縁関係は養子縁組によった場合があり、必ずしも長子相続ではなく、家の存続のために優秀な人物を外から取り込み、当主に据えるなど柔軟に対応していた。これは、一族の中から、もしくは、他家から養子を取ってでも技能や能力に秀でた人物を継がせることを意味している。とくに、大棟梁（棟梁らを束ねる大工の総責任者の役職名である。大規模な大工の組や工事などで見られた。

竹中家の場合は、本店の名古屋から大棟梁が、各現場で指揮をとる部下の棟梁らに指令を出していた）を務める当主には、大工の技能が求められるのと同時に、大工集団らを束ねる経営能力も求められたのである。明治時代に入っても13代目藤五郎は長男であったが、神戸で成功を収めた二男の14代目藤右衛門が若くして経営の中心となっている。

【図13－1　竹中家歴代当主および竹中工務店歴代社長】

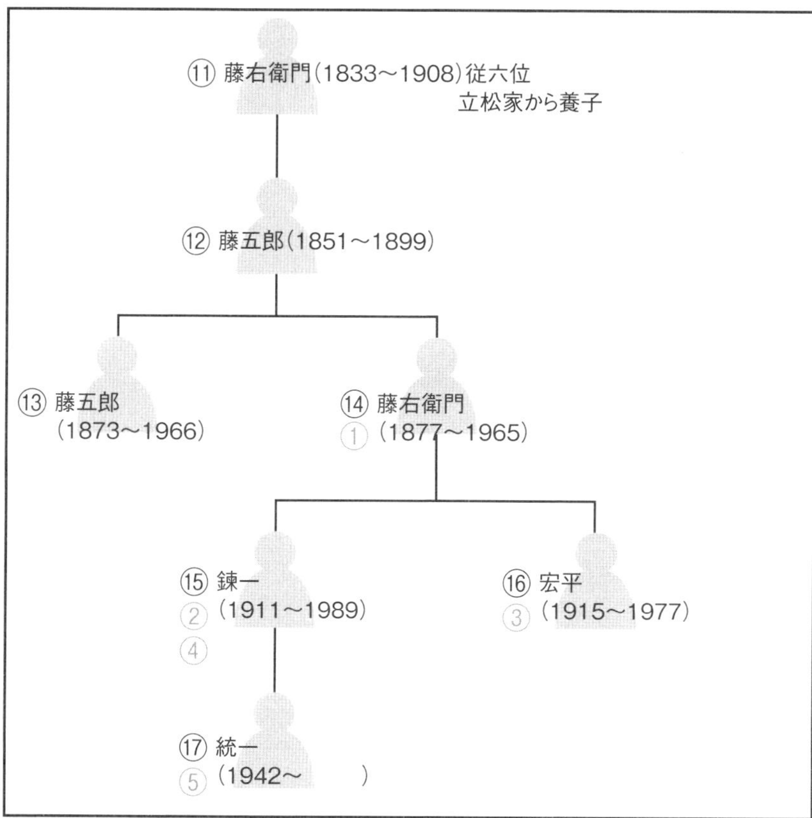

注：○内の数字は、歴代当主の順番。○内の数字は、歴代社長の順番。
出所：竹中工務店七十年史』、インタビューをもとに作成。

非上場企業

企業規模、業績の面から上場して当然と思われるのであるが、同社は上場もしていない。一般的には、株式会社化とその後の株式市場への上場は、企業を永続的事業体として存続させるための重要な手段だといわれている。また、建設業界でも多くの建設会社は資金調達方法として、株式会社化、そして上場を選択した。実際に、1956（昭和31）年に大成建設がいち早く株式を公開し、倍額増資している。それ以降、建設各社の株式公開が相次いだ。当時、株式公開しない企業は、経営の近代化に背を向けるに等しいとまでいわれた。

しかし、竹中や（後に説明をする）多くの長寿企業は、法制度としての株式会社制を採用しているが、その最も大きな長所である上場による資金調達はしていない。竹中は総合建設会社にまで成長し、さらには、業界を代表する大企業にもかかわらず、株主から経営に介入され本業に集中できなくなることを嫌い、株式上場もしていないのである。

明治維新以後から続く大手ゼネコン他社が、公共事業の受注に走り株式上場していく過程で、当時の社長であった14代目藤右衛門は、特命受注（発注主がはじめから特定の建設会社を信頼して決める方法である）の獲得に、この危機を脱していく活路を見出していた。

実際、14代目藤右衛門は、1963（昭和38）年、ラジオ番組で株式上場について問われた際に次のように答えている。

「どうもその問題については、まあはっきり答えたいね。竹中では、株は公開しません、とこういいたいんだ。（中略）根拠というのは、まあいろいろあるでしょうが、要するに、私どもは、株式というものは、私ども役職員とその他わずかの一部分が得意先に出ているのみです。世間では、一般に公開しなければ、事業の発展性がないとかいうようなことをいわれておりますけれども、私どもといたしましては、社員と私どもがほんとうに一団となって、心を一つにして、苦楽をともにしようと、こういう考え方、今の形態のままで経営をつづけるのが一番いいと、こう思っている。解釈や考え方の相違なんだな。それは確かに、公開して資本を集めるというのは、あるいはそういう時代かもわかりません。（略）また、資本を集めることの利益を知らんわけでもないのですが、しかし私どもはこの前にもお話したように、どうも自分の力相応の仕事をしておればいいという考え方なんです。いたずらに大きくなりたいという考えを持っていないのです。ちょっとここだけは、私どもの精神は少し違うんだ。ハッハハハ。場合によっては、利害を超越しても責任を全うするのが、竹中の伝統的な精神なのだから、そういう独得の経営方針を、株主から拘束されたくないし毎日株の相場を見なければならんとか、株が下がって株主からぐずぐずいわれるなんていやですよ（田中：1982、315-316頁）」

信頼、技術と品質経営

多くのゼネコンは、公共事業に経営の相当部分を依存してきた。一方で竹中の発展の鍵となってきたのは、前述したような民間企業との繋がりであった。たとえば、鐘紡（後のカネボウ）との関係をみていこう。1899（明治32）年当時の日本では、紡績会社の資本金の合計は全製造企業の25%を占めており、カネボウはその紡績のトップ企業であった。経営者であった武藤山治の知遇を得て、この鐘紡の仕事を竹中は十数年間にわたり受注している（たとえば1908年の鐘紡京都工場、鐘紡洲本工場など）。これらの仕事を継続してこられたのは、顧客との関係の継続性、その奥にある信頼にあると考えられる。

その後も竹中は耐震・耐火鉄骨レンガ造りの日本生命名古屋支店（1909年）、日本最初の鉄筋コンクリート商店建築である、髙島屋京都支店（1912年）、さらには最初の鉄骨鉄筋コンクリート造の大阪朝日新聞本社（1916年）と数多くの建物を竣工させていく。

14代目藤右衛門は顧客との関係第一に「最大たらんことを期すなかれ。ただ最良のものたらんことを期すべし」と述べているが、これが同社の経営理念「最良作品を世に遺し、社会に貢献する」を生む。

日本経済を取り巻く環境は大きく激変する。それは第二次世界大戦であり、高度成長期におけるオイルショックであり、阪神淡路大震災などである。日本の企業がいかに生き延び、そして成長するかを模索する中、竹中がこれらの環境変化を乗り越えたのは「お客様第一の信念であり、それを支えるのは技術であり、人材」という強い想いであった。民間企業の工事を設計施工で得るためには「竹中さん是非やってください」といわれるものがなければならない。それは技術であり人材である。この想いは具現化すべく竹中は業界に先駆けて研究室（1953）を、そして技術研究所（1959）を開設している。当時建設会社が研究所をもつことなど考えられない時代の中での決断である。

そこからプレハブ建築の走りとなる南極観測施設（1956年）、建物の深層化に対応する技術として開発された竹中潜函工法で建築された日活国際ビル（1952年）、名古屋のテレビ塔（1954年）に続き、東京タワー（1958年）と多くの業界を先駆ける技術が生まれ、建物が手掛けられた。また、日本初となる国立劇場の設計競技において一等に入選している（1963年）。この設計競技における入選は建

【写真13－3　デミング賞 実施賞】

写真提供：株式会社竹中工務店

築会社の設計力を認識させるものであり、設計施工のあり方を示す大きな契機となった。

さらには、1976（昭和51）年から、品質管理の一環としてTQC（Total Quality Control）を全社的に導入し、1979（昭和54）年には、その総決算であるデミング賞を建設業界で初めて受賞した。また、オイルショック時には省エネルギー技術が拓かれ、阪神淡路大震災では免震技術が開発されている。環境の変化を技術力で乗り越える、ここに竹中工務店のパワーの原点があると考えられる。

こうした技術の竹中を支えてきたのが人材であった。同社のパンフレットに「創業より受け継がれてきた棟梁精神を、従業員一人ひとりがよく理解し、身につけ、そして自らの知恵を付加して時代に適合した新たな価値を生み出していくという考えのもとに、仕事を通じての人材育成を重視する」とある。これを実現する１つの要因が、ユニークな新入社員教育である。

同社では入社後１年間を新社員教育期間と位置づけ、創立の地、神戸で全寮生活をする。１年間で４か月毎の部門ローテーションをベースに実務研修を重ねるとともに、月１度の役員との懇談会や先輩社員とのミーティングが開催され、この場を通して竹中の経営理念や社是を学ぶ。１年間の全寮生活は新入社員同士や地域とのコミュニケーションを深め、本配属後のネットワークにもつながることにもなる。

竹中の理念の継続は、ここにも鍵が隠されているのかもしれない。

3 ファミリービジネスの存在感

その量

日本を代表するゼネコンである竹中工務店であるが、その規模にもかかわらず非上場企業であり、くわえて創業以来、同社の経営の舵取り役を担ってきたのは創業家である竹中家であった。本章の冒頭にも記したように、竹中のような事例は例外的なものではない。日本企業の実態を冷静に見つめてみると、その「量」は相当なものである。身近な中堅・中小企業だけではなく、世に広く名の知られた大企業であっても、ファミリービジネスに分類されうる会社は少なくない。たとえば、日本を代表する飲料メーカーであるサントリーは非上場企業であるとともに、その経営の舵取りは創業一族である鳥井家・佐治家によって担われてきた。農機具などで有名なヤンマーも、非上場で創業家出身者が舵取りを担い続けている（竹中、サントリー、ヤンマーの３社で「関西御三家」なる用語もある）。

トヨタ自動車、スズキ、任天堂だけでなく、上場企業のなかにも相当な数のファミリービジネスが存在する。創業者自身、その一族が経営に参画している上場企業は、約３割程度、存在しているのである。自動車にくわえて、戦後の日本経済の牽引役であったのは電気機器・精密機器の企業であるが、その代表格であるキヤノンの経営者も創業家出身者である。

こうした傾向は日本だけに見られるわけではない。先に引用したフクヤマが信頼のある国と分類した米国でも、S&P500社（ニューヨーク証券取引所など米国を代表する株式市場に上場している各業種を代表する500社）の37%、ドイツでも上場企業の50%、信頼のない国と分類したフランスでは主要企業1,000社の60%がファミリービジネスとの指摘もある。

Column13－1

「スリー・サークル・モデル」と「三次元発展型モデル」

ハーバード大学で教科書にもなった、Generation to Generation（邦訳：『オーナー経営の存続と継承』）では、「ファミリー」「経営（会社の運営）」「株主（会社の所有）」の３つの円が重なりあう部分を用いた、「スリー・サークル・モデル」（**図13－2**）や「三次元発展型モデル」（**図13－3**）を表している。これらは、多くのファミリー企業にみられる創業期からの会社（の経営）と株式所有の問題など変遷状況を示している。

たとえば、創業時に、創業者が会社の運営と大株主の両方を兼ね、創業者のファミリーが従業員として働く場合は、３つの円はほとんど重なる。他方で、企業の発展とともに、創業者ファミリー以外の従業員や株主が増加した場合は、３つの円の重なりが小さくなるのである。

【図13－2　スリー・サークル・モデル】

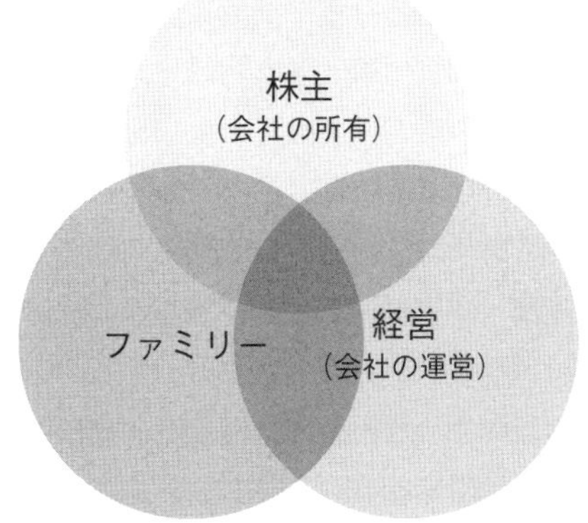

出所：デーヴィス他（1999）の14頁より。

【図13－3　三次元発展型モデル】

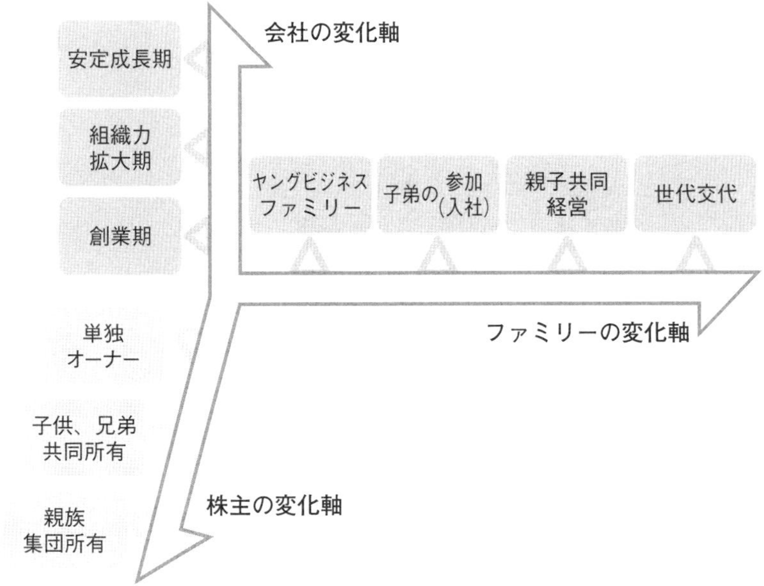

出所：デーヴィス他（1999）の28頁より。

その質

こうしたファミリービジネスの経営の質はどうであるのか。閉鎖的な経営が行われ、企業不祥事にまみれている会社ばかりであるのか。

まず、法律的あるいは倫理的な側面から社会的な批判を浴びるような不祥事については、ファミリービジネスにおいてとくにそれが多いということを示す証拠は見当たらない。創業家の存在など、まったく関係のない会社においても不祥事は起こっている。

業績はどうか。長年、同族経営を調査研究してきた、カナダ・HECモントリオール、アルバータ大学教授のダニー・ミラーも著書『同族経営はなぜ強いのか？』において、ファミリービジネスとそうでない会社の比較研究を行い、その結果、前者は後者よりも寿命が長いと指摘した。S&P500社を対象とした実証分析では、創業一族による株式保有や取締役会への参加など経営への関与がある企業、つまり、

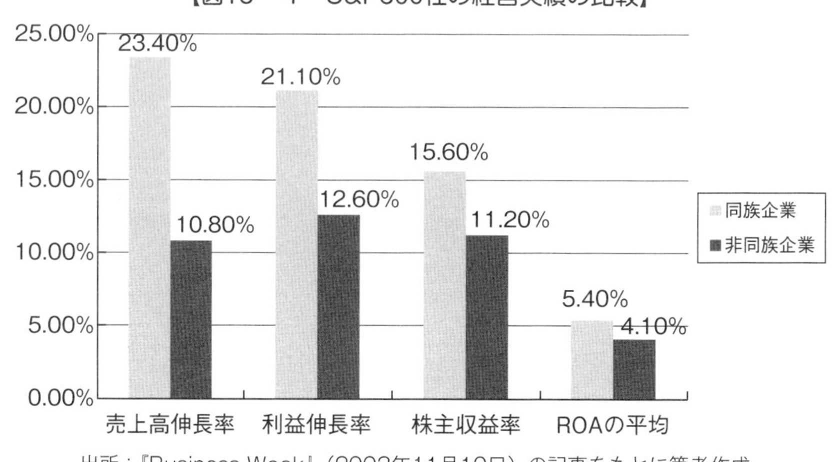

出所：『Business Week』（2003年11月10日）の記事をもとに筆者作成。

ファミリービジネスが非ファミリービジネスよりも経営実績が高いことが示されている（**図13－4**）。

なぜ質がいいのか

なぜ、一般的なイメージとは違って、ファミリービジネスの業績は良好であるのか。再び、竹中の事例で考えていこう。

竹中は創業以来、設計と施工を一貫して請け負う方法（設計施工一貫体制）を貫いている。現在、日本の公共事業では設計と施工が分離することが原則とされている。設計と施工を一貫するということは公共事業の受注に不利な戦いを強いられるのみならず、技術者を社内に抱え込むために他社と比較して資金力が求められる。現在では、このような理由から別に請け負う企業が、業界の大半を占めている中、同社は設計施工一貫体制を貫いているのである。

これには、竹中家の14代目が示した経営理念「最良の作品を世に遺し、社会に貢献する」が現在の竹中の経営における根幹にあることが大きい。この理念を反映する代表的なものとしてあるのが、宮大工の特徴でもある「設計施工一貫請負」である。こうした設計施工一貫を維持していくには、確かな技能や技術が要求される。江戸時代の竹中家「大隅屋」（竹中家では、大工の流派、「大隅流」を継承してきたことから、「大隅屋」の屋号を名乗っていた）では、職人の技能を一定水準に保つ

Column13－2

社会情緒資産理論（SEW）と鈴与グループ

ファミリービジネスを論じるうえで有用な分析視角の1つに社会情緒的資産理論（socio-emotional wealth theory、以下SEW）がある。このSEWとは、前提として、金銭的な経済合理性よりも非財務的効用（金銭的な富以外を指す）を優先し、社会的認知や情緒的動機に導かれた意思決定を通じて、ファミリーによる永続経営、情緒的なニーズを満たすことを指す。くわえて、地域のステークホルダーとの関係を重視してきたのである。

その一例をあげよう。静岡県静岡市の清水港地域を本拠にし、長年存続、発展してきた総合物流企業の鈴与株式会社（以下、鈴与）である。創業は1801年であり、200年以上の歴史を持つ。廻船問屋を源流とし、その後、物流を中心に発展してきた。現在は物流に加え、エネルギー、建設、食品、情報、航空など、7つの事業、140社以上の企業に多角化し、グループの年商は4,800億円にのぼる。創業以降、鈴与は幾多の困難に見舞われた。明治維新では、問屋の特権だった免許制度が廃止になった。さらに鉄道が国策として重用されることで、物流は陸運に代わり、海運は衰退した。その後も世界大恐慌、太平洋戦争、オイルショックの困難も経験してきた。そのたびに、清水港の港湾開発、石炭・石油販売、緑茶の海外輸出取扱い、まぐろ・みかんの缶詰製造と輸出といった新しいことへの挑戦、そして社内改革を重ね、危機を脱してきた。過去の失敗談も教訓として伝わっている。例えば、大正時代における米価の物価上昇に乗じた先物取引失敗の教訓について、8代目鈴木与平会長は、「幼少期より投機をしてはいけない、実業をやれ」と教えられたという。

さらに、同社を支える経営理念も存在する。その1つが「共生（ともいき）」である。共生とは、「社会」、「お客様・取引先」、「社員同士・グループ各社」の三者との共生で成り立ち、寄り添う「優しさ」と自立して生きる「厳しさ」を表す。この理念を受け継ぎ、常に社会と顧客から必要な存在であるよう、自己改革し続けたことで長期存続を果たしてきた。石炭から石油、ガス、電気とニーズに合わせ変化してきた。そして、清水港の修築工事、大工場の誘致など、地元に密着してきた。近年では、地元サッカーJリーグの清水エスパルスの支援を請われて経営を引き受けた。清水港の再開発でも複合商業施設「エスパルスドリームプラザ」をオープンさせ、観光拠点の場を提供している。また、富士山静岡空港開港後の支援として航空会社のフジドリームエアラインズ（FDA）を設立した。これにより、地域間を結びつけることも実現した。鈴与の戦略は一貫している。それは、「共生」を軸に、地元の活性化を願い、短期的な収益にこだわらず、時間と労力と費用をかけてでも持続可能な共生関係を築くことを積み重ねてきたのである。

【写真13－4　法被 山三与】

写真提供：鈴与株式会社

【写真13－5　フジドリームエアラインズ飛行機】

写真提供：鈴与株式会社

ため、職人同士を互いに競わせるという人材の育成方法をとっていた。この方法は、同じ宮大工の金剛組にもみられる。金剛組内に複数の組を持ち（現在は８組）、これらを競わせることにより、技能の低下を防いでいる。現在の竹中でも東京・大阪の本社間、支店間、部署間、現場間において競争原理を働かせ、時代が変化しても、顧客の要望に応えうる作品づくりへの追求を欠かさない。こうした努力が、環境の変化への対応を敏感なものとしてきたのである。

しかし、こうした内部競争は行き過ぎると、さまざまなグループや派閥を生む。そのような状態になっていない理由の１つに、竹中というオーナー企業にあるカリスマ性がある。つまり、創業者の想いや経営理念というものをしっかり堅持し、これらが、規制として強く働いてきたことがあげられる。竹中家の当主を筆頭にして、コントロールが同社では上手に働いてきたとされているのである。同社での歴代の竹中家の舵取りは強力なものであり、事業運営への竹中家出身者の貢献には非常に大きなものがあったと思われる。それにくわえて、同家出身者の経営者は、会社をまとめていくに必要な「求心力」を提供してきたとの指摘は少なくない。こうした当主のリードのもと、「本業以外に手を出さない」、「株式を上場しない」、「設計施工一貫体制」を貫いてきたのである。これが現在の好業績を支えてきたのである。

4 ファミリービジネスに関わる研究の面白さ

ファミリービジネス研究の学術的意義

ファミリービジネスに対する一般的なイメージと、その実態の間には大きな差があることがおわかりいただけたであろうか。

それなりの会社数が存在し、その業績も高いということになれば、経営学、とくに経営戦略論や組織論の分野の研究対象としては、じつに魅力的なものである。ただし、それだけではなく、ファミリーという存在に注目することを通じて、経営の研究と人文社会科学の研究の接点となる研究領域を切り開いていくこともできるのである。なぜなら、経営と地域の社会や文化とのかかわりが見えてくるからである。あるカナダの研究者は、カナダでも英語圏のファミリービジネスよりも、フランス語圏のファミリービジネスの方がより閉鎖的であるという。アメリカのファミリービジネス研究家、ハーバード・ビジネススクール名誉教授のデビッド・ランデスも日本のファミリービジネスの開放的な特徴に着目している。「直系の男子だけを後継者とみなして、娘婿はおろか娘も会社に参加させず、彼らを部外者とするファミリー企業も多い。しかしその反対に、トヨタ自動車のように血統に関しては寛大で、姻戚だけでなく、養子縁組も認める文化もある」と書いている。日本の「イエ」は欧米とくにラテン系よりも開放的であり、新しい血を入れながら存続してきていると考えることができる。血統を重視する中国や韓国よりもより開放的である。

石井淳蔵によるアジアの商人家族の研究によれば、中国や韓国の商家では、子弟に商いを継がせようとする文化は弱いようである。儒教の影響で、子弟を商業の後継者にではなく、より社会的地位の高い医師や教師にさせようとする。その結果、大きな商業企業が育たない、と指摘がなされている。

日本には、欧州や米国、さらには中国や韓国と比べて長寿企業が多い。その原因の１つは、日本的な家族の制度と文化によるものと考えることができる。この考え方が、上場企業にまで応用されているようである。先に述べたようにフクヤマは、日本は家族に頼らない信頼社会だと指摘しているが、より正確には、「イエ」というオープンな制度を利用していると考えるべきなのかもしれない。日本文化の研究者の間で議論されてきたように、日本の「イエ」は西洋のファミリーよりも大きな広がりあるいは抽象性を持っていると考えた方がよいかもしれない。日本の会社で「お家大事」の「家」というものは、創業ファミリーよりも、企業そのものをさしていると考える方がよい。

ファミリービジネスと長寿企業（老舗企業）

ファミリービジネスに関する研究が主として展開されてきたのは、海外においてであった。一方、日本では、ファミリービジネスに関わる研究としては、商家や長寿企業を対象とした研究にある程度の蓄積が見られる。そこに見られる家訓や店則を中心に研究が進められてきた。これらの研究を行う日本の経営学者を見回してみると、隣接した研究分野のためファミリービジネスと長寿企業の両方を研究対象とする研究者も多い。

日本の会社の寿命は30年だといわれた時期がある。米国の著名なビジネス雑誌である『フォーチュン』誌が発表する世界の企業の売上高ランキング500社を対象にした研究によると、その平均寿命は40年から50年であるとされる。企業の平均寿命は意外に短く、日本人の平均寿命よりもはるかに短いのである。

ところが日本には、長寿企業が数多く存在している。帝国データバンクの調査によると、創業または設立から100年以上（1919年以前に創業または設立）の企業は３万3,259社になるという。企業全体（146万5,154社）の約2.27％が100年の歴史を誇る企業となる。また、創業200年以上は938社、300年以上は435社に達するとされる。しかし、これらの数は法人化した企業（会社）についてであり、創業がいつかが把握できた企業に限られている。個人で営業していたりすると把握できず、実際は上にあげた数よりも大幅に増えると考えられる。

こうした長寿企業は、どのような経営を行っているのだろうか。そのヒントを与えてくれる研究がある。世界中で100年以上の歴史を持つ長寿企業がどのように経営されているのかが調査され、その成果が『リビングカンパニー』として出版されている。それによると長寿企業には４つの共通点がある。

第１に、環境の変化に対して敏感であること。第２に、長寿企業には強い結束力があり、企業組織全体の健康状態を大切にする経営者に経営を委ねていること。第３に、長寿企業は、連邦型の経営を行って現場の人々の判断を大切にしていること。第４に、長寿企業は、資金調達に関して保守的で質素倹約を旨としていること。

このうちのいくつかは、日本の長寿企業にも当てはまる。日本の長寿企業がどのような経営をしてきたのかを知ることは、経営の長期的な健全性を考えるうえで貴重なヒントになる。

日本の長寿企業も、時代の変化に対して敏感である。それだけではない。変化への対応に際して、自社の基軸を大切にしている。伝承された技術やノウハウが利用できる範囲でしか仕事をしていない。清酒醸造会社の多くは、明治になり、全国市場が成立するとともに、瓶詰めの酒を出荷し、自社ブランドを確立した。戦後は焼酎、地ビールやワインなど、他の種類にも進出している。最近では飲食業にも進出している会社が少なくない。酒だけではなく、飲酒文化を売り始め、製造業からサービス業に変わり始めた。しかし、多くの酒造企業は、清酒事業あるいは醸造業という基軸を大切にしているのである。

他の業種の長寿企業も同様である。京都の福田金属箔粉工業（1700年創業）は、もともとは仏壇や織物、蒔絵用の金箔や金粉の製造販売を手がけていたが、最近は、携帯電話機用の金属箔に進出し、変化に対応している。

ツカキグループ（1867年創業）も、もともとは呉服問屋であったが、リスク分散の考え方である三分法をもとに、主力商品を呉服のみに限定せず、ジュエリーや毛皮、補正下着、ブライダルなど、婦人ファッション全般に事業を広げている。

セラリカNODA（1832年創業）は、もともとは木ロウから出発。和ロウソクやちょんまげを結う油、明治以降も整髪料のポマードの原料として木ロウを製造、販売し拡大してきた。しかし、1960年代、ヘアトニックなどの石油化学系の整髪料が主流になり傾きはじめる。これを打開すべく、大手コピー機メーカーに売り込みをかけた。天然ロウの熱ですぐに溶け、固まりやすい性質を生かすことで日本独自のコピートナーの開発に役立つことが認められ、1990年代には国内コピー機のトナーの５割以上に同社の天然ロウが使用された。現在、同社の最大の関心事は環境問題の解決。たとえば天然物タイヤの開発を代表メーカーと進め、石油系ワックスの代替に天然ロウを用い、従来のタイヤと同等の高機能性で際立った光沢性を発揮することを見出し、若手社員の積極的な取り組みで特許を取得した。また、紙ストローに使用する無臭天然ロウも開発され、海洋汚染を防ぐ働きに一役買っている。

技能や技術の伝承は、たんに守り続けるだけでなく、技術進歩や環境変化に対して新しい技術を生み出し、習得することも含むのである。

5 おわりに

本章では、近年着目されつつあるファミリービジネスや長寿企業にまつわる研究を通じて、経営学の広がりについて考えてきた。

ファミリービジネスへの関心は世界中でこれまでになく高まっている。前節にて紹介したデビッド・ランデスも、その著書『ダイナスティ』で金融、自動車、天然資源などの分野におけるファミリービジネスの歴史を紹介し、企業経営におけるファミリーの重要性に着目する必要性を説いている。

現代は、ファミリービジネスの研究が経営学者だけでなく、社会学者や歴史学者、さらには文化人類学者によっても行われることが望まれている時代となっている。そのような基礎的研究が進めば、応用科学としての経営学の内容もより豊かになるであろう。

？考えてみよう

[予習のために]

ファミリー企業が陥りやすい問題点はどのようなものがあるでしょうか。ファミリー企業の不祥事などの具体例をあげながら検討してみてください。

[復習のために]

1. 日本の自動車会社９社のうち、どの企業が同族企業であるか調べてみてください。同族企業であるかどうかは、どういった点で見なしたか、また企業と一族がどういう関係にあるか調べてください（経営者のみに限らず、大株主等の場合も考えられます）。
2. みなさんの住む地域（市や県）にある100年以上続く会社を１社あげ、その歴史やコラムでとりあげた分析視角（理論）に照らして調べてください。

主要参考文献

鈴木与平編『地方創生とフジドリームエアラインズの挑戦』イカロス出版、2019年。
鈴与200年史編纂委員会編『鈴与二〇〇年史』鈴与、2002年。
曽根秀一『老舗企業の存続メカニズム』中央経済社、2019年。
竹中工務店七十年史編纂委員会編『竹中工務店七十年史』竹中工務店、1969年。

田中孝『企業のこころ―物語竹中工務店上巻』日刊建設通信新社、1982年。
帝国データバンク史料館・産業調査部編『百年続く企業の条件』朝日新書、2009年。
ファミリービジネス学会・奥村昭博・加護野忠男編『日本のファミリービジネス』中央経済社、2016年。
山田幸三編『ファミリーアントレプレナーシップ』中央経済社、2020年。
吉村典久『日本の企業統治』NTT出版、2007年。
アリー　デ・グース（堀出一郎訳）『リビングカンパニー』日経BP社、1997年。
ジョン・A・デーヴィス、ケリン・E・ガーシック、マリオン・マッカラム・ハンプトン、アイヴァン・ランズバーグ（岡田康司監訳、犬飼みずほ訳）『オーナー経営の存続と継承』流通科学大学出版、1999年。
フランシス・フクヤマ（加藤寛訳）『信無くば立たず』三笠書房、1996年。
ダニー・ミラー、イザベル・ル・ブレトン・ミラー（斉藤裕一訳）『同族経営はなぜ強いのか？』ランダムハウス講談社、2005年。
デビッド・S・ランデス（中谷和男訳）『ダイナスティ』PHP研究所、2007年。

次に読んで欲しい本

牛島信『少数株主』幻冬舎文庫、2018年。
梶山三郎『トヨトミの野望―小説・巨大自動車企業』小学館文庫、2019年。
山崎豊子『暖簾』新潮文庫、1960年。

第13章

第14章

経営学の広がり（Part. 2）

病院の経営

「なぜ、病院にも経営が必要なの？」。これまでの経営学の研究では、いわゆる企業組織の経営に焦点が当てられがちであった。しかし、現代の経営学においては、議論の適用可能範囲はじつに幅広いものとなっている。本章では、病院経営について取り上げる。そこでの議論をもとに、経営学の応用可能性について学んでいくことにしよう。

1 はじめに

ここまでみなさんは経営学の基礎について十分理解してきたと思う。これまで学んできたことは、株式会社や雇用制度、経営戦略や経営組織に関わる問題など、重要なトピックばかりである。本章では、経営学の広がりというテーマで、これまで学んできたことを前提に、その応用について考えてみよう。

経営学というと、ソニーやNTTドコモなどいわゆる企業の経営、さらにはもっと平たく近所のレストランや洋服屋さんのような店舗経営を思い浮かべたかもしれない。経営学とは金儲けの学問ではないかという誤解をもつ人もいるかもしれない。だが、経営学の対象は、企業やお店といったビジネスに関するものだけには留まらない。経営学の知識は、医療・福祉、学校組織、市役所などの行政サービス、みなさんが所属するクラブ・サークルなどあらゆる組織に活用できる。そもそも経営学は、どんな原理で運営されたときに、組織が効率的なものとなり、社会的に有益なものになりやすいかを研究する学問であり（伊丹・加護野、2003)、本書の第1章にも述べているように良いことを上手に実現するための学問である。どんな組織にも課題や悩みはつきものである。経営学はこのような悩みを解決するヒントになる。

本章では、病院の経営に着目する。病院にもいろいろ悩みがある。医業収入を獲得するために、どのような取り組みをすべきか。病院を効率的に運営するために経営資源をどのように割り振るのか。医師、看護師などの医療従事者が適切に能力を発揮してもらうには、何に配慮すべきか、どのような取り組みが必要か。効果的に、安全に患者に対して医療提供をするために病院はどうあるべきか。地域との医療連携への取り組みはどうあるべきか。病院も組織である。経営の観点から考えるべき問題はたくさんある。みなさんは、病院の事例というだけで、なんだか難しそう、専門的だと思うかもしれない。病院、もしくは医療はみなさんの身近にある極めて重要な問題である。それにもかかわらず、病院の経営、医学・医療の管理というと、なんだか難しそうと敬遠してしまうことがある。しかし、病院について考えることは、経営学だけでなく、社会的な観点からも意味があるということだけは強調しておこう。本章を読むことで、みなさんの健康に関与する組織である病院の経営について少しでも考えるきっかけにして欲しい。

2 病院経営の重要性

まずは、現在の病院を取り囲む状況について確認しておこう。超高齢社会が前例のないスピードで進んでいる。総務省統計局の調査によると、2019年現在で65歳以上の高齢者の人口に占める割合は、実に、28.4%にもなるという。2040年には、その比率は35.3%まで上がると考えられている。１人の高齢者を２人で支える社会の到来である。超高齢社会において、医療の必要性が高まっていくことは、みなさんも直感的にわかると思う。また、医学・薬学の発展は、これまで治癒させることが不可能であった疾患にも対応できるようになってきた。このような時代背景の中で、国民の医療に対する期待や要望はますます大きくなっている。これに呼応するように、2018年度の医療費は実に42兆6,000億円までに増加した（**表14－１**）。国民１人当たりに換算すると、なんと、われわれは１年間に平均約35.5万円も医療費を使用している。これまでも国民医療費はほぼ右肩上がりに増加し続けてきたが、団塊世代と呼ばれる人々が、後期高齢者になるのも目前で、国民医療費はさらに大きく増大している。

【表14－１　医療費の動向】

年度	2014	2015	2016	2017	2018
医療費（兆円）	40.0	41.5	41.3	42.2	42.6
医療費の伸び率（%）	1.8	3.8	▲0.4	2.3	0.8
受診延べ日数の伸び率（%）	▲0.3	0.2	▲0.7	▲0.1	▲0.5
１日当たり医療費の伸び率（%）	2.1	3.6	0.3	2.4	1.3

参照：厚生労働省「平成30年度 医療費の動向」
（http://www.mhlw.go.jp/bunya/iryouhoken/database/）

次に、病院とはについて簡単に説明する。みなさんも、一度くらいは病院を利用した経験があると思う。それはどのような病院だっただろう。われわれが一般的に「病院に行ってくる」という時に、それは必ずしも大学病院のような大病院を指すとは限らず、小規模病院の時もあれば、近所のクリニックかもしれない。われわれは、医療機関の総称として病院と呼ぶことが多い。ここで少し専門的な話をすると、医療法では、入院ベッドの数（病床）が20床以上ある施設を病院と定義する。たとえ入院施設があったとしても入院ベッドが19床以下の場合、それは有床診療所と言われる。以降で病院と書かれている場合は、医療法の定義に基づく意味であると解釈して欲しい。また、病院の規模については、ベッドの数で表現されることが多いことも付け加えておく。

では、病院の経営状況はどうだろうか。公益社団法人全日本病院協会の平成29年度調査によると、会員病院の30.1％が赤字であった。病院といえども赤字続きでは存続することができず、経営を考えなければいけない時代が到来している。実際、近年では病院の閉院、合併統合もしばしば見受けられる。2025年には65歳以上人口が30％を超えるといわれる超高齢社会を迎え、医療の重要性はいっそう高まっている。しかし、それと反比例するように、病院経営は苦しい状況におかれているのである。

近年、医療分野では、医師不足、地域医療の崩壊、救急医療を担う医療従事者の疲弊、はたまた医療訴訟の増大など、なんとなく暗い話題が報道されることも多い。これら医療分野に関わる問題も、経営の発想を持ち込むことで部分的に解決できる問題もある。いずれにせよ、社会は明るくなくてはいけない。ここまで経営について勉強してきたみなさんも、いかにすれば明るい医療供給体制が構築（健康を害した人がお世話になる場所であるからこそ、なおさら）できるか考えて欲しい。

3 事例：地方独立行政法人 りんくう総合医療センター

病院においても、企業組織と同様に経営学の基礎理論を応用することができる。ここで、りんくう総合医療センターの方針や経営への取り組みを見ながら、病院経営の特徴について考えてみよう。

地方独立行政法人 りんくう総合医療センターの概要

地方独立行政法人 りんくう総合医療センター（以下：りんくう総合医療センター）は泉南地域と呼ばれる大阪府南部の泉佐野市にある総合病院である。病院規模としては、総病床数が救命救急病床30床、感染症病床10床を含め388床、全職

【写真14－1　りんくう総合医療センター】

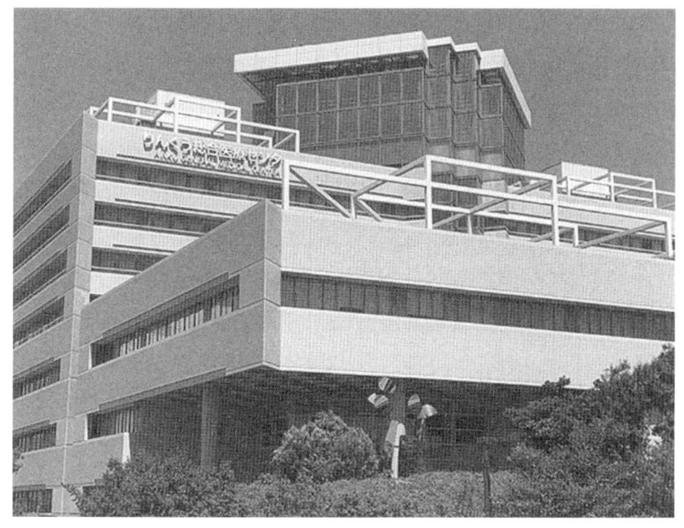

写真提供：地方独立行政法人 りんくう総合医療センター

【表14－2　りんくう総合医療センター決算状況】

年度	2014	2015	2016	2017	2018
入院患者数	121,313	125,448	125,866	130,293	127,266
病床稼働率	90.8	90.7	91.2	94.4	92.2
入院診療報酬額（千円）	9,993,562	10,357,806	10,255,625	10,663,088	10,563,795
外来患者数	215,809	200,639	200,122	198,801	204,167
外来診療報酬額（千円）	3,090,950	3,026,513	3,027,693	3,239,917	3,291,097

参照：りんくう総合医療センター　平成30年度医事統計
http://www.rgmc.izumisano.osaka.jp/about/annual_report/rgmcreport_30/

員数が常勤医師101名、常勤看護師513名を含む常勤職員865名、非常勤職員等232名を合わせて1,097名（2020年７月現在）、医業収益（入院診療報酬額＋外来診療報酬額）が約138億円規模の総合病院である。

また、同病院は泉州救命救急センター、泉州広域母子医療センターの機能も有し、泉南地域の救急救命、母子医療を支えている。さらに、同病院は、成田赤十字病院、国立国際医療研究センター病院、常滑市民病院と並んで全国に４つしかない特定感染症指定医療機関としての機能を有し、感染症疾患の最前線を担う医療機関でもある。このように、りんくう総合医療センターは、その規模からも、機能からも泉南地域を支える最重要拠点病院である。

ここで、りんくう総合医療センターの沿革をみてみよう。同病院は、1952年に開設された市立泉佐野病院を前身とする。関西国際空港の開港を機に、1997年に泉州救命救急センター、感染症センターとともにりんくう総合医療センターの中心となるべく、りんくう総合医療センター　市立泉佐野病院として関西国際空港の対岸にあるりんくうタウンへ移転した。2008年には、産婦人科医不足の影響下において安定的な医療供給体制を提供するために、泉佐野市に隣接する貝塚市にある市立貝塚病院産婦人科と、りんくう総合医療センター　市立泉佐野病院産婦人科が統合し、泉州広域母子医療センターが誕生した。この枠組みの中で市立貝塚病院は婦人科センターとして婦人科疾患領域と生殖医療（なお、生殖医療は2013年７月をもって休診）に、りんくう総合医療センター　市立泉佐野病院は周産期センターとして周産期医療（妊娠22週から出産後７日未満の期間に生じる妊娠、分娩、胎児、そして産後の新生児に関わる医療）に特化した医療を実施する体制となる。

このように、りんくう総合医療センタ―　市立泉佐野病院では、地域の医療ニーズに対応すべく、必要とされる医療を提供してきた。しかし、医師不足の深刻化や財政状況の悪化により、抜本的な経営改革が求められるようになる。泉佐野市病院改革プランによると、当時の市立泉佐野病院では毎年10億円を超える純損失を計上し、不良債権が27億円に達していたという。そこで、病院経営改革の一環として、2011年に地方独立行政法人　りんくう総合医療センターとして、併設する医療センターを統合的に管理する現在の体制で病院を運営することになる。2018年度のりんくう総合医療センターの純利益は２億2,500万円の黒字であり、多くの公的医療機関が赤字運営であるのとは対照的である。もちろん、りんくう総合医療センターは、公的病院であるゆえ、病院収益には、運営費負担金・交付金等の公的資金が提供されてはいる。2018年度に計上された公的資金は約13億円である。しかし、経営改革以前の状況を考えると、近年の経営改革の状況は成功しているといえよう。

病院といえども赤字が続けば存続することはできない。たとえ、公的病院であっても赤字額が大きければ、行政はいつまでもその病院を資金面でサポートすることが困難である。病院の閉鎖、統合の事例も多い。とはいえ、採算性だけを考えた病院経営は地域の同意が得られにくい。わが国では病院の経営は、地域の医療を支援する、患者に貢献するという社会的使命と、採算のバランスの中でうまく舵を取らなければいけないのである。とりわけ、公的病院はその傾向が強い。このような状況の中で、りんくう総合医療センターの現在の取り組みについてみてみよう。

国際診療科の設置

りんくう総合医療センターの特徴的な取り組みとして、まず挙げられるのが国際診療科の設置である。国際診療科は国際外来を発展させた形で2012年に開設された診療科である。外国人を対象とした診療科は極めて珍しく、非常に差別化された診療科といえよう。

近年、訪日外国人旅行者、在留外国人の急速な増加に伴い、外国人患者の医療ニーズが増加している。ただし、日本において外国人患者受け入れ体制が整備されている医療機関は非常に少ないのが現状である。特に問題となるのが、医療通訳である。言葉が正確に通じなければ、医師に症状や状況を伝えることができないし、医師が伝える診察内容を理解することもできない。これは、時に命に関わることもある医療の場面において重要な問題である。もちろん、英語であれば、対応できる医師も多いが、それ以外の言語であれば対応できる医師も少ない。

国際診療科では、英語はもちろんながら、中国語、スペイン語、ポルトガル語の４か国語に対応可能な体制をとっている。また、保険制度や、受診の流れ、費用の支払いなど、日本と他国では病院受診の仕組みが異なることも多く、それを理解していない外国人も多い。外国人が円滑に受診するためには、日本の病院受診の仕組みについても理解してもらう必要がある。こうした外国人患者特有の問題に対応するために、国際診療科では医療通訳、コーディネータを配置し、対応している。同科では2018年度において、年間約1,500人の医療通訳、約150人の外国人救急患者の受け入れを行っており、受診する外国人患者数も開設以来右肩上がりに増加している。

地域連携への取り組み

病院にとって地域や他医療機関との連携も重要な経営課題である。これには２つの役割がある。１つは社会的な役割である。疾患や症状には無限の広がりがあり、あらゆる患者を１つの病院で対応することは難しい。地域連携を充実させることは、地域の医療資源全体で患者を支えることを可能にする。特に、りんくう総合医療センターのごとく公的医療機関では、社会的な役割は重要である。

もう１つは経営的な役割である。地域の医療機関と関係を構築することで、他医療機関で対応するのが困難な患者をりんくう総合医療センターに紹介してもらうことができる。つまり、地域連携は患者を地域で支えるという社会的な役割と、患者の確保に寄与するという経営的な役割の２つの意味で重要な役割を果たす。

そこで、りんくう総合医療センターの特徴的な取り組みが「なすびんネット」である。なすびんネットとは、泉州南部地域にあり、同ネットに登録している医療機関の診療情報共有のためのネットワークシステムである。テスト運用を経て、2014年から運用され、現在、りんくう総合医療センター、市立貝塚病院、阪南市民病院の診療情報を患者同意のもとで地域77の医療機関が情報を閲覧することができる。

ここで、診療情報の共有といっても、みなさんはピンと来ないかもしれない。例えば、あなたが何らかの症状で医療機関を受診したとしよう。あなたを診察する医師は、あなたが過去に他医療機関でどのような診察や治療を受けてきたか、その治療の過程であなたの身体状況や病状はどのように変化していったかなどが正確に記載された医療情報（診療録など）を持つ場合と持たない場合で、どちらがより適切な診断や治療方針の決定をできるだろうか。また、場合によれば、X線やMRIなど過去の画像検査の情報を共有した上で新たに検査することで病状の進行をより正確に確認できるかもしれないし、画像情報を共有することで必ずしも必要のない検査を省略できるかもしれない。地域で医療情報の共有システムを構築し、運営することは医療の効率化、適切な診断など利点が存在するのである。

もちろん、地域の医療機関との関係構築をいっそう強いものにするためには、顔が見える関係も重要である。そこで、院内の診療科部長が連携医療機関を訪問するだけでなく、2016年から病々連携協議会、2017年からはりんくうメディカルネットワークを立ち上げ、地域の医療機関と積極的な意見、情報交換の取り組みも実施している。また、りんくう総合医療センターでは「地域医療だより」を年に12回発行し、院内の状況や機能について、地域の医療機関に情報提供をすることで関係の強化に努めている。

人材育成への取り組み

効果的な医療サービスを提供するために人材育成への取り組みも考慮しなければいけない。企業組織と同じく、病院組織についても人材育成は重要な経営課題である。りんくう総合医療センターでは、おおよそ2か月に1回程度、特定の疾患や症状をテーマとした専門的な研修会であるCPC（セルフプロセシングセンター）カンファレンス、院内で勤務するあらゆる職種の職員が参加できるようなテーマで実施される多職種カンファレンス、1年に1回程度開催される患者応対に関する研修会である外国人患者対応研修（2017年度までは医療英会話講座）、職員接遇研修など複数の職員研修を実施し、医療従事者を含む病院職員の人材育成に関わるさまざまな活動を実施している。

こうした研修会に加えて、りんくう総合医療センターでは1年に1度、TQM大会を実施している。TQM大会とは、病院職員が会場に集まり、そこで日常業務の効率化や改善に関する工夫や取り組みをチームごとに発表し、評価が高いものについては表彰するというプレゼンテーション大会である。ここで発表された取り組みが、日常業務の改善に役立つのは当然ながら、取り組みを実施する過程において、病院職員はどのような取り組みが業務効率化や改善、医療の質向上につながるかを考えることになる。このようにりんくう総合医療センターでは、さまざまな研修会

【写真14－2　泉州南部卒後臨床シミュレーションセンター】

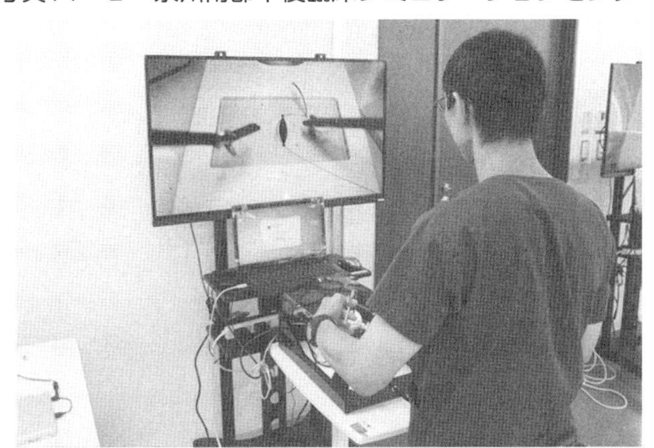

写真提供：地方独立行政法人 りんくう総合医療センター

や発表会を実施し、積極的に人材育成への取り組みに力を入れているのである。

これら研修活動に加え、りんくう総合医療センターでは、医療従事者の教育の場として、病院の隣地にりんくう教育研修棟を建設し、その2階部分に「泉州南部卒後臨床シミュレーションセンター」を2015年に開設した。ここでは、卒後10年目程度の若手医師の人材育成を主目的とし、臨床技能の育成だけでなく、チーム医療の充実を図る教育プログラムも用意している。また、同センターでは、りんくう総合医療センターの医師だけでなく、泉南南部地区の医師にも開放されているのが特徴である。同センターは、人材育成としての役割だけでなく、りんくう総合医療センターと、地域の医師間ネットワークに寄与する機能も果たしているのである。

4 病院経営とは

病院の経営。経営学を学び始めた人は、病院を経営すると聞いてもあまりピンとこないと思う。ただし、病院といっても企業体であり、経営学の知識は応用することができる。病院といえども、赤字続きでは存続していくことが困難である。人・もの・カネといった経営資源を投入し、それを最大限の価値を生み出すように仕向けるよう考え、実践していくという意味では一般的な企業と何も変わりない。本書でみなさんが学習してきた経営に関する知識（競争戦略のマネジメント、組織のマネジメント、キャリアデザインなど）は病院を経営するにおいても役に立つ。

もちろん、病院経営を考える上で、それを取り囲む経営環境、組織の特性など固有の条件については考慮する必要がある。しかし、よく考えてみると、あらゆる事業や企業にもそれは言える。どんな事業や企業にも固有の特性があり、それを念頭においた上で経営を実践しなければいけない。みなさんが学習した経営学の知識は基礎的な事項であり、現実の経営活動に適応させるためには、事業や企業ごとに少しカスタマイズしていく必要がある。ここでは、病院経営の特性である自由な経営行動の制約、病院職員の特徴を念頭においた上で、それを考えてみよう。

自由な経営行動の制約

病院も、より多くの患者を獲得する必要があり、そこに経営戦略やマーケティングなど経営に関する諸問題が存在する。ただし、病院の経営についてはいくつかの

Column14－1

診療報酬とは

診療報酬という言葉を初めて聞いた読者も多いと思う。診療報酬とは保険医療機関や薬局がサービスの対価として受け取る収入である。簡単に言うと、サービス価格である。診療報酬制度の下で、例えば、ある検査は30点、ある処置は100点というように点数で表記される。この点数は１点10円で換算され、みなさんが医療機関で診断・治療を受ける際に支払う医療費計算のベースになる。

しかし、ここからが少しややこしい。診療報酬は、厚生労働省の諮問機関である中央社会保険医療協議会により決定される診療報酬点数表によって全国一律に定められている。保険診療を基礎として行われるわが国では、診療報酬制度によって、どのような医療機関で受診しようとも、同じ医療サービスを受ける限り、基本的に受け取る診療報酬は同一である。また、診療報酬は原則として２年に１度改定されることも付け加えておく。

Column14－2

自由診療とは

厚生労働省に承認されていない治療・一部の最先端医療等で診療報酬表に収載されていない治療、人間ドック、美容整形、ワクチンの予防接種など公的医療保険が適用されない診療については、病院が自由に価格を決めることができ、受診に関する費用については患者の全額自己負担になる。これを自由診療という。

自由診療は保険診療とは大きく異なる２つの点がある。①保険診療の下では、通常、医療費は本人原則３割負担であるが、自由診療の下ではそれが全額自己負担になる。つまり、本人10割負担である。②患者との個別契約の下で医療機関は、その医療サービスの価格を自由に決めることができる。例えば、同じ術式の二重まぶた手術でもＡ病院では10万円、Ｂ病院では20万円というように。これは、診療報酬制度の下で、全国一律に診療報酬が定められている保険診療とは対照的である。

環境条件のため、自由な経営行動に制約が存在するという特徴がある。

まず、価格決定に関する制約である。商品やサービスを顧客に提供する上で価格は重要な意味を持つ。みなさんも、商品やサービスを購入する時に価格について全く気にしないという人は少ないだろう。ただし、日本の病院では、価格設定に関して考慮すべき重要な要件がある。例えば、宿泊サービスでは、高級ホテルと一般的なホテルでは1泊の価格が大きく違う。もちろん、高級ホテルと一般的なホテルでは調度品や施設の豪華さは同じではないかもしれないが、宿泊するというサービスを提供していることに変わりはない。しかし、診療報酬制度を基礎として医療サービス提供が行われる医療機関では、どのような医療機関で、どのような医師や看護師から医療サービスを受けようとも、同一の医療サービスを受ける限りにおいて基本的に同じ診療報酬である。つまり、経営戦略の中でも極めて重要である価格設定について、病院が自由に設定することができない。

病院経営には法律や規制などによる制約もある。一般的な企業でも同様であるが、関連する法律や種々の規制に準拠する必要があり、完全に自由な経営行動が許されているわけではない。しかし、病院では、医療法、医師法、薬事法、さらにはこれらの法律に関連する規則や細則など関連する法律や規制が多く、一般的な企業と比較しても行動が制約される範囲が大きい。広告活動だけを考えても、医療法などで自由な広告活動に厳しい制約が課せられている。虚偽広告や誇大広告は当然ながら、例えば、他病院と比較して、自病院が優良であると認知させる広告も禁止されている。

さらに、病院は、患者獲得を巡って競争しているだけでなく、他医療機関や医師会などの利害関係集団と協力、情報共有しながら国民の健康を支えるという役割も持っている。それゆえ、他医療機関との協力も念頭においた経営行動が求められる。自病院より適切な医療サービスを提供できる病院やクリニックがあると判断した場合はそこに患者を紹介するし、反対に他医療機関から患者を紹介されることもある。とりわけ、地域の医療機関との関係は重要である。地域の医療に中心的な役割を果たす基幹病院であればなおさらである。りんくう総合医療センターはその役目を果たすために、診療情報共有のネットワークシステムを運営・構築、種々の協議会やメディカルネットワークの運営を行っている。こうして、病院、とりわけ基幹病院では、競争だけでなく、地域の医療機関との協力も念頭においた経営行動が求められる。逆に、地域の意向を考慮せず、自病院の利益のみを優先した経営行動は、他医療機関、利害関係集団との間に緊張関係を生むことになる。

倫理による制約もある。例えば、収入を上げる医療サービスと、より最適な医療行為を天秤にかけたときにどちらを優先すべきか。医療サービスにおいては法律や制度的には可能であることについても、倫理による行動制約も大きい。さらに、地域の医療提供体制を考慮せずに、ある病院の経営改善のみを目的として不採算部門の診療科を閉鎖すると医療崩壊につながりかねない。

もちろん、一般企業も本当に自由に活動できるわけではない。法律を遵守することは当然ながら、その企業が所属する事業特有の特徴や制度、決まりなど経営を実行していく上で配慮しなければいけない制約事項はあり、企業経営はそれに対応しなければいけない。企業倫理についても同様である。

とはいえ、病院は企業と比較しても、経営行動の自由度が小さいといえよう。とりわけ、事例のような公的病院であれば、よりいっそうである。こうした中で、患者を獲得するために、病院経営についても差別化が重要である。りんくう総合医療センターの事例では、差別化の方策の１つとして国際診療科を設置した。インバウンド需要による今後増加していくだろう外国人患者に対応した医療体制を整備している病院は少なく、まさに差別化戦略である。また、泉州救命救急センターや泉州広域母子医療センター、特定感染症指定医療機関としての機能の設置や取り組みを実施することは、地域の基幹病院としての役割はもちろんながら、病院としてのブランド価値に影響を与えている。

病院の組織管理

次に、病院経営の特徴として、そこで勤務している職員の特徴があげられる。りんくう総合医療センターの平成30年度決算状況によると、営業費用約154億円であるが、その中で給与費が約78億円と約50%を占める。このように病院は労働集約型の事業である。医療従事者が、患者に対して、直接的に提供する医療サービス、行為そのものがサービス商品である。つまり、医療従事者そのものが商品である。そこで、治療が上手くいくかどうか（治癒や延命、維持など）は、本質的には医療従事者の能力、さらには病院組織のチームとしての能力に依存する。どのような病気を患っているかを適切に診断する能力、その疾患や症状に最も効果の高い対処法は何かに関する知識、手術やリハビリなど医療技術に関する技量、そしてそれをチームとして適切に遂行する能力などがそれである。もちろん、質が高い医療を提供する病院は、患者の満足度も高く、それが評判となって、多くの患者が来院するようになろう。結果として、医業収入を向上させることは言うまでもない。このように、病院では、コストの側面をみても、また、医療サービスそのものにおいても人の果たす役割は重要である。

さらに、病院の組織的特徴は、勤務する病院職員、とりわけ医療従事者の大部分が高度な専門的技能、国家資格を持つ職員で構成されていることである。そして、その職務は、専門性が極めて高い。異動によって、検査技師や薬剤師に診療部門の職務を担当させることはできないし、ある診療科で診療している医師を他科に配置換え（整形外科外来担当の医師を来年度から皮膚科外来に異動させるなど）をすることも困難である。

そして、これら異なる職種で構成される複数の医療従事者がチームとなって１人の患者の治療に関わる。例えば、手術を伴う疾患で入院したとすると、そこには主治医と呼ばれる担当医、入院時に関わる複数の看護師、リハビリが必要な場合リハビリ担当の技師、薬剤に関わる薬剤師、検査に関わる技師、また手術時には手術室担当の看護師、技師、執刀医に加えて麻酔医など補佐する医師など多くの医療従事者がチームとなって医療サービスの提供を行っている。このように、高度な専門性を持つ異なる職種の医療従事者が、その職務に対して高い意欲をもち、かつ協働しながら遂行していくよう仕向けるのが病院の組織管理である。病院の組織管理を理解するためにはプロフェッショナルの組織管理が参考になる。

元京都大学の田尾雅夫によると、プロフェッショナルとは素人には理解できない、高度の知識や技術によってサービスを提供する職業を指すという。プロフェッショナルは、①専門的な知識や技術　②自律性　③仕事への関与　④同業者への準拠　⑤高い倫理性　といった特徴を持つ。なかでも、プロフェッショナルの組織管理において鍵になるのが仕事への関与である。

弁護士、会計士、医療従事者などのプロフェッショナルは、その職業に就くために長期にわたる専門的な訓練が必要である。そして、訓練を続けた結果として、一定の業績を上げることでその職業に就くことができる。医師であれば、医師に就くことを目標として医学部に入学し、そこで６年間の医学教育の結果として医師国家試験に合格することで医師免許を受け取ることができる。さらに、そこから２年の期間を初期の研修医として病院での現場研修を受けながら、自分が進みたい診療科を決定する。さらには、多くの場合、そこから進んだ診療科で３年程度の期間、専門医から指導を受ける。こうして職業に就くために長期の訓練が必要であるため、プロフェッショナルは職業への思い、つまり高い仕事への関与が形成されやすい。

こうした仕事への関与が強いプロフェッショナルを動機づけるためには、能力向上機会の提供が非常に重要になる。また、積極的に能力向上の機会を提供している組織は、勤務している職員だけでなく、これから就職しようと考えるプロフェッショナルにとっても魅力的である。りんくう総合医療センターでも、医療従事者の研修の場として教育研修棟を建設、種々の研修会、発表大会など能力向上機会の提供に配慮した組織管理を行っている。

もちろん、職場環境といった一般的な要件はもちろん必要ではある。それゆえ、職員旅行やサークル活動など職員の親睦を深める活動に熱心に取り組んでいる病院は意外に多い。プロフェッショナルにおいても、給与などの報酬、休暇制度などの福利厚生に配慮することが必要であることも否定しない。

しかし、もちろん、生命の危機から回復する、立つことすらできなかった患者が歩けるようになるなど、目の前の患者が健康を取り戻していく様の手助けをする仕事はやりがいがあるものである。患者から感謝されることも多い。自らが施す医療行為によって、患者の状態が改善されると、患者本人だけでなく、医療従事者もうれしいものである。このような仕事は、仕事そのものが動機の源泉になりやすい。これまで出来なかった医療技術が使いこなせるようになる、プロフェッショナルとしての成長が実感できることも、医療従事者にとって大きな喜びにつながる。このような仕事のやりがいを喚起するような仕組み作りが病院の組織管理では重要なのである。

5　おわりに

本章の冒頭に記述したようにどのような組織でも、経営学の知識は活用できる。しかし、企業や事業を取り囲む経営環境、組織特性などは経営の対象になる組織ごとに異なる。病院だけでなく、通信業や自動車事業、観光業など異なる事業においても、その事業特有の経営環境がある。より効果的に経営を実践するためには、本書で学習する経営学の知識と、取り囲む経営環境や組織特性を把握した上で、経営学の知識をカスタマイズしなければならない。あらゆる事業や企業に通用する経営ノウハウなどないのである。そして、それをカスタマイズできる幅広い知識こそが、みなさんがこれから学ばなければいけない経営学の知識である。いわば、1からの経営学を超える、次の経営学である。

本章では、病院経営の考慮要件として、医療関連制度や法律、地域との関係、倫理などの経営環境要件、プロフェッショナルで構成される組織の特徴を述べた。そして、りんくう総合医療センターではそれに対応し、効果的な経営を行っている。もちろん、効果的に病院を経営するためには、地域医療計画、２年に１度改正される診療報酬制度への適応、効果的なチーム医療と職種連携など考えなければいけないことはたくさんある。

いずれにせよ、これまでの人生で１度も病院のお世話になったことがない、将来もお世話になることはないという人はほとんどいないだろう。病院を含む医療機関は、われわれにとっても身近な存在であるし、高齢社会の現在において、その重要性が高まるばかりである。本章を機に、みなさんも病院経営とは？について考えて欲しい。

？考えてみよう

［予習のために］

みなさんが住む地域を代表する病院のホームページにアクセスし、その病院の経営業績、特徴的な取り組みなどについて調べてください。

［復習のために］

1．本章で記述したもの以外で、病院の経営行動に影響を与える環境条件、組織特性にはどのようなものがあるか。できるだけ列挙してください。

2．診療所・クリニックの経営について、病院経営との違いをふまえて考えてみてください。

主要参考文献

伊丹敬之・加護野忠男『ゼミナール経営学入門（改訂三版）』日本経済新聞社、2003年

田尾雅夫『ヒューマン・サービスの経営―超高齢社会を生き抜くために』白桃書房、2001年

参考資料

公益社団法人　全日本病院協会「平成29年度　病院経営調査報告」
https://www.ajha.or.jp/voice/pdf/keieichousa/h29keieichousa.pdf　2020.9月更新
地方独立行政法人　りんくう総合医療センターホームページ

http://www.rgmc.izumisano.osaka.jp/　2020.9月更新
泉佐野市　「泉佐野市病院改革プラン」
http://www.city.izumisano.lg.jp/ikkrwebBrowse/material/files/group/34/20090325siryou1.pdf　2020.9月更新

次に読んで欲しい本

木村憲洋・的場匡亮・川上智子『1からの病院経営』碩学舎、2013年
髙橋淑郎編著『非営利組織と営利組織のマネジメント』中央経済社、2020年
中島明彦『ヘルスケア・マネジメント―医療福祉経営の基本的視座［第二版］』同友館、2009年

索　引

■欧　文■

■人名・団体・企業名■

〔あ　行〕

〔か　行〕

〔さ　行〕

〔た　行〕

〔は　行〕

〔ま　行〕

〔や　行〕

事項索引

〔あ　行〕

〔か　行〕

〔さ　行〕

〔た　行〕

〔な　行〕

〔は　行〕

〔ま　行〕

〔や　行〕

〔ら　行〕

■編著者略歴

加護野忠男（かごの　ただお）

1947年生まれ。神戸大学経営学部、同大学院経営学研究科、甲南大学特別客員教授、神戸大学社会システムイノベーションセンター特命教授を経て、現在、神戸大学名誉教授。1979年から80年、Harvard Business School留学。経営学博士。
専門は、経営戦略、経営組織など。
主な著書に『経営組織の環境適応』（白桃書房、1980年）、『組織認識論』（千倉書房、1988年）、『経営の精神』（生産性出版、2010年）、『松下幸之助に学ぶ経営学』（日本経済新聞出版社、2011年）、『経営はだれのものか』（日本経済新聞出版社、2014年）、『松下幸之助』（編著、PHP研究所、2016年）、『日本のビジネスシステム』（共編著、有斐閣、2016年）などがある。

吉村　典久（よしむら　のりひさ）

1968年生まれ。学習院大学経済学部、神戸大学大学院経営学研究科、和歌山大学経済学部教授、大阪市立大学（現大阪公立大学）大学院経営学研究科教授、現在、関西学院大学専門職大学院経営戦略研究科教授、和歌山大学名誉教授。2003年から04年、Cass Business School, City University London客員研究員。博士（経営学）。
専門は経営戦略、企業統治など。
主な著書に『日本の企業統治』（NTT出版、2007年）、『部長の経営学』（筑摩書房、2008年）、『コーポレート・ガバナンスの経営学』（共著、有斐閣、2010年）、『会社を支配するのは誰か』（講談社、2012年）などがある。

執筆者紹介（担当章順）

加護野忠男（かごの　ただお）……第1章、第2章
神戸大学名誉教授

吉村　典久（よしむら　のりひさ）……第1章、第2章、第4章、第5章
関西学院大学専門職大学院経営戦略研究科教授、和歌山大学名誉教授

三上　磨知（みかみ　まち）……第3章
大阪学院大学経営学部教授

松本　雄一（まつもと　ゆういち）……第4章、第12章
関西学院大学商学部教授

小林　崇秀（こばやし　たかひで）……第6章、第7章
国士舘大学経営学部准教授

井上　達彦（いのうえ　たつひこ）……第7章
早稲田大学商学学術院教授

真鍋　誠司（まなべ　せいじ）……第8章
横浜国立大学大学院国際社会科学研究院（経営学部）教授

石井　真一（いしい　しんいち）……第9章
大阪公立大学大学院経営学研究科教授

稲葉　祐之（いなば　ゆうし）……第9章
国際基督教大学教養学部上級准教授

河合　篤男（かわい　あつお）……第10章
名古屋市立大学大学院経済学研究科教授

出口　将人（でぐち　まさと）……第11章
名古屋市立大学大学院経済学研究科教授

曽根　秀一（そね　ひでかず）……第13章
静岡文化芸術大学文化政策学部教授

竹田　明弘（たけだ　あきひろ）……第14章
和歌山大学観光学部准教授

1からの経営学（第3版）

2006年12月12日　第1版第 1 刷発行
2012年2月1日　新1版第63刷発行
2012年4月15日　第2版第 1 刷発行
2020年10月15日　第2版第157刷発行
2021年3月15日　第3版第 1 刷発行
2023年2月15日　第3版第61刷発行

編著者　加護野忠男・吉村典久
発行者　石井淳蔵
発行所　㈱碩学舎
〒101-0052 東京都千代田区神田小川町2-1 木村ビル 10F
TEL 0120-778-079　FAX 03-5577-4624
E-mail info@sekigakusha.com
URL http://www.sekigakusha.com
発売元　㈱中央経済グループパブリッシング
〒101-0051 東京都千代田区神田神保町1-31-2
TEL 03-3293-3381　FAX 03-3291-4437
印　刷　東光整版印刷㈱
製　本　誠製本㈱

ISBN978-4-502-37521-7　C3034